FILOSOFÍA PARA POLICÍAS

FILOSOFÍA PARA POLICÍAS

(Hacia una actuación de calidad y prestigio en las policías del mundo.)

Jose Luis Ruiz

Para pedidos de copias adicionales de este libro, por favor contacte con:
Palibrio
1663 Liberty Drive
Suite 200
Bloomington, IN 47403
Llamadas gratuitas desde EE. UU. 877.407.5847
Llamadas gratuitas desde México 01.800.288.2243
Llamadas gratuitas desde España 900.866.949
Llamadas internacionales +1.812.671.9757
Fax: 01.812.355.1576
ventas@palibrio.com
426598

ÍNDICE

"El ser es lo más vacío y al mismo tiempo la riqueza desde la que todo ente, tanto conocido como experimentado como conocido y por experimentar, es dotado del respectivo modo esencial de su ser."

Nietzsche II. **Martin Heidegger**.

INTRODUCCIÓN

La filosofía es una ciencia, un arte, una tendencia, una posibilidad, una intuición que se desarrolla en torno al conocimiento, a la sabiduría. En términos griegos, la filosofía es "amor al saber", y etimológicamente, tenemos que es "amor a la sabiduría".

De donde concluimos que la filosofía es una inquietud que se desarrolla en el ser humano por buscar el conocimiento más allá de las estructuras cognitivas ordinarias, básicas y fundamentales. Es una inclinación natural de la propia especie humana.

En otras palabras, tenemos que todos los seres vivientes, tienen una función específica en su existencia; las vacas, el dar leche, el león cazar para comer, reproducirse y todo lo que ello implica, así como descansar. Si continuamos, a cada ser vivo le encontraremos una función específica. Mientras que a los seres humanos nos caracteriza el cerebro y el misterio que se encuentra en el mismo: sus capacidades, debilidades y fortalezas.

Entonces el órgano más importante del ser humano es su cerebro, la mente y los actos inteligentes que se generan como consecuencia de los procesos mentales.[1]

De donde obtenemos que una mente humana bien informada, tendrá un horizonte de posibilidades para responder de la mejor forma posible a los actos humanos, generando con ello actos inteligentes y de calidad.

---

[1] Aunque en términos pragmáticos todos los órganos vitales son fundamentales para el correcto funcionamiento del actuar y exisitir humano. Cf. Bartra, Roger. *Antropología del cerebro.* FCE. México, 2008, así como De la Fuente, Ramón. *Psicología médica.* Fondo de Cultura Económica. México, 2008.

Por lo tanto, la filosofía es una ciencia a disposición de las personas que están en búsqueda permanente por la perfección a través de sus buenas acciones y de la búsqueda interminable del conocimiento filosófico; de un conocimiento que se proyecta hacia nuevos horizontes, nuevas tendencias, nuevos objetivos, nuevos paradigmas, nuevos compromisos, nuevas responsabilidades. En suma, es una ráfaga de luz interna que te estimula a seguir creciendo como ser de conocimiento.

En esta oportunidad abrimos un espacio donde podemos apreciar los diferentes niveles de conocimiento humano. En una primera aproximación encontramos el conocimiento básico, el cual es el conocimiento experimental, el conocimiento empírico, el conocimiento de todos los días, el conocimiento rutinario; posteriormente tendremos el conocimiento científico, el que nos permite entender por ejemplo, la salida del ser humano de la atmósfera terrestre, y finalmente, encontraremos el conocimiento sapiencial, el conocimiento filosófico, el conocimiento que suma todas las posibilidades cognitivas del ser humano con la idea de disfrutar del mismo y tenerlo en consideración para la construcción de nuevas posibilidades cognoscitivas.

Es así como vislumbramos tres niveles de conocimiento: 1. El conocimiento empírico, 2. El conocimiento científico y 3. El conocimiento sapiencial.

Cada uno de nosotros podemos distinguir en qué nivel de conocimiento nos encontramos. El filósofo se mueve en estos tres niveles, y sabe que los tres se interrelacionan para generar más conocimiento; es decir, los tres niveles de conocimiento se activan para aportar salidas al conocimiento fundamental-ordinario cuando es necesario aportar nuevas ideas, nuevos paradigmas cognitivos.

Una persona que no sabe moverse en estos tres niveles de conocimiento, que se enfrasca sólo en uno o dos de ellos, pierde la capacidad de producción intelectual de calidad. Por ende hay conocimiento, pero es un conocimiento parcial, un conocimiento básico. En suma, la gran calidad del conocimiento filosófico y por lo tanto, la operatividad de actos humanos de calidad, se da, cuando es posible usar, maniobrar, manipular y operar esos tres niveles de conocimiento.

De donde concluimos que el uso de los tres niveles de conocimiento va a generar mentes de mayor envergadura, exóticas y complejas. Mentes lúcidas, críticas y con proyección hacia la excelencia y calidad humana. Las mentes conformistas, tradicionales, que se cierran a las grandes expectativas de la evolución humana a través del conocimiento, son seres humanos respetables pero sin mayor impacto que la vida básica: nacer, vivir y morir. Sin mayor trascendencia que la realización de una vida ordinaria. Son animales racionales superiores, pero que por diversas circunstancias no pueden desarrollar su potencialidad inteligente.

Entonces en nosotros está esa libertad de actuar y asumir nuestra posición cognoscitiva, los seres que hacen posible nuestra existencia y el mundo que nos rodea.

Pero, ¿conocer para qué? ¿Todo conocimiento es bueno? Ya lo hemos referido en un principio: la función básica del ser humano en este planeta es la de asumir el conocimiento para desarrollarse como una persona libre, inteligente y en un mundo de superación permanente.

En todos los países en que esta dividida la tierra, encontramos escuelas, academias, institutos, universidades, entre otras instituciones formativas del intelecto humano que se preocupan por explotar las potencialidades cognoscitivas de las personas. Por lo tanto, la formación humana es el acto por excelencia que se le puede atribuir a la propia humanidad. Entonces las oportunidades están, es importante lanzarse a la conquista del conocimiento y no quedarse con la fomación básica, siempre hay que buscar la superación y enriquecimiento intelectual, con la finalidad de ser más conscientes, responsables y comprometidos con nosotros mismos y nuestros seres queridos, pues finalmente, tenemos esa posibilidad cognitiva: hasta el último segundo de nuestra existencia dejamos de percibir, y si percibimos, esta en actualización nuestra mina cognitiva para entender nuestra realidad socio-cultural y mundo personal.[2]

Pero, ¿qué obtenemos con la aprehensión del conocimiento, con la apropiación del mismo? Primero, es una forma de vivir porque a través del conocimiento profesional que se obtenga, viviremos a través de un trabajo de donde se obtienen los recursos para crecer y desarrollase y si ya se cuentan con los suficientes recursos, se aprehende para ser libre y como un acto de justicia para nuestra inteligencia. Segundo, conocemos para dignificar nuestra persona, en el entendido de que si no nos educamos a través del conocimiento, nuestra actitud estará siempre distinguida por

---

[2]   Ibid., p. 39. Es importante destacar que el acto de pensar, compromete toda una cosmología de interrelaciones neurofisiológicas, psiquiátricas y filosóficas. De tal forma que pensar con calidad va a depender de toda nuestra biografía cognoscitiva. Cf. De la Fuente, Ramón. *Caminos de la psiquiatría.* FCE. México, 1992.

ser conformista, limitada y con pocas oportunidades para desarrollarnos y crecer como seres humanos en potencia.

Tercero, conocemos para gozar de la sabiduría. Una persona sabia, disfruta sus actos con mayor plenitud, calidad y responsabilidad. Una persona que sabe, es más libre pues no esta atado, enfrascado, limitado a determinado campo de conocimientos, pues su capacidad cognoscitiva ha podido desprenderse de los conocimientos ordinarios-limitados. Ser una persona sabia, significa que puedes construir, desconstruir y moverse entre los horizontes, laberintos y paradigmas del conocimiento ordinario y extraordinario. Un sabio, sabe de las fortalezas y debilidades de los seres humanos. Una persona que sabe, reconoce que cuanto más sabe, se da cuenta que menos sabe, como lo diría algún filósofo de la antigüedad.[3]

En otras palabras, cada vez que aprendemos algo nuevo y nos quedamos sorprendidos con dicho conocimiento, nos damos cuenta que en realidad nuestro conocimiento es muy poco, en relación al conocimiento universal. Nuestra corta vida, no nos alcanza para dotarnos de grandes conocimientos, por lo tanto, es importante que en el corto tiempo de nuestra existencia, la alimentemos con conocimiento de calidad que nos sirva para mantenernos vivos, nos genere satisfacciones y nos permita continuar hacia la perfección.

Finalmente esa es la filosofía, una oportunidad, un camino, una posibilidad, un estimulo mental para lanzarnos a la búsqueda permanente de la sabiduría, del conocimiento y de la justicia mental de los seres racionales superiores, de las naturalezas inteligentes, de lo seres humanos inconformes que buscan permanentemente la superación. Para eso es la filosofía, para despegar y desprendernos de nuestros acondicionamientos sociales-culturales y buscar siempre, la superación, desarrollo y crecimiento permanentemente.

Sabemos que cada rama del conocimiento tiene su propia filosofía, -amor a la sabiduría. Desde las ciencias sociales, pasando por las ciencias naturales y el propio conocimiento filosófico. Entonces tenemos que el conocimiento de la naturaleza, la sociedad y el misterio humano, se unifican en una sola ciencia: la filosofía. Una filosofía general que sacude conciencias e impulsa a la inteligencia humana hacia una superación constante. Esa es la realidad histórica de la filosofía. Un estimulante integral de la especie humana para lanzarse hacia lo conocido, lo desconocido y con posibilidad de conocerse; esa es la ciencia, lo paradigmático, la trascendencia humana

---

[3]   Cf. Verneux, R. *Filosofía del hombre.* Herder. España, 1998.

y el compromiso superior de los seres humanos consigo mismos y la sociedad en su conjunto.

Ese es el horizonte de la filosofía: estimular a los seres humanos hacia su perfección y búsqueda de calidad y confort de vida. Una forma de percibir y asumir la vida desde una posición voluntarista, racional e inteligente. Entonces tenemos que la voluntad y la razón nos van a lanzar a la alimentación intelectual que se traduce en inteligibilidad de la información que percibimos y recibimos para que por medio de esa inteligibilidad, actuemos y hagamos de nuestros actos, actos de calidad y excelencia. No actos mediocres, vacíos y superficiales, sino actos de calidad y profundidad.[4]

En suma, la Filosofía para Policías, la cual desarrollo en la presente investigación, tiene como finalidad los siguientes aspectos:

1. Que el policía conozca los principios constitutivos de la filosofía.
2. Que el policía entienda los principios filosóficos establecidos en los instrumentos jurídicos.
3. Que el policía actúe bien con el respaldo que significa conocer una filosofía policial que busca la responsabilidad, fortalecido por un conocimiento filosófico.
4. Estimular al policía en la búsqueda permanente del desarrollo y crecimiento policial, con la finalidad de generarse una vida agradable, cómoda, confortable y de alta calidad humana.

Esto es lo que buscamos en la presente obra: hacer del policía, una persona libre, responsable, inteligente y en constante superación. Un policía con mente crítica, racionalidad inquieta, inteligencia brillante y sabiduría práctica. En otras palabras: buscar una filosofía policial que permita al oficial, darse cuenta de sus potencialidades, desarrollarlas y ejercerlas en cada unos de sus actos y vida policial.

Finalmente en esta obra abordamos la filosofía desde una perspectiva pragmática, es decir, buscamos aterrizar y materializar los grandes principios filosóficos al mundo del policía. Una filosofía que responsabilice al policía, lo haga libre pero también lo comprometa a hacer bien su trabajo. Con un alto grado de calidad humana, profesionalismo y comprometido absolutamente con el bien hacer y en este contexto con el bien común.

---

4   Cf. Ingenieros, José. *El hombre mediocre.* Editorial Tomo. México, 1998, así como Ruiz José Luis. *El bien común en la policía, la justicia y la gobernabilidad.* Palibrio. E.U., 2012. ISBN: 978-1-4633-3790-2

CAPITULO I.

¿Qué es la filosofía?

Ya lo he señalado: la filosofía es amor a la sabiduría. Pero ¿qué es amor? Y ¿qué es sabiduría? Inmediatamente nos trasladamos a la propuesta universal de que no hay nada absoluto y definitivo en el conocimiento humano. Entonces, las verdades admitidas son relativas mientras no exista otra propuesta que las desplace. En términos popperianos, sería la presencia de otro paradigma desplazatorio de las verdades admitidas temporalmente.[5] Esta idea nos permite argumentar la propuesta en relación al significado del amor y sabiduría. Ambas, son dos palabras con un fuerte historial donde se han interpretado de diferentes formas y con base en las circunstancias socio-culturales determinantes de cada época, periodo, etapas, etc, de la evolución humana.

En otras palabras, la filosofía, ha tenido a lo largo de su historia, diferentes percepciones, dependiendo de las circunstancias fenomenológicas, gnoseológicas y antropológicas por las que ha pasado la humanidad. En esta posibilidad, encontramos las siguientes apreciaciones, de algunos filósofos, en torno a la filosofía.

PLATÓN.- La filosofía es la búsqueda de la verdad. La contemplación de las ideas es la actividad del filósofo. Sólo en la filosofía coinciden la justicia y la felicidad. De tal forma que para Platón, la filosofía es el camino por excelencia humana que busca la verdad de las cosas por medio de la contemplación.[6]

ARISTÓTELES.- La filosofía es el estudio de las primeras causas y de los primeros principios. En este sentido, es la ciencia superior a toda ciencia

---

[5]   Cf. Popper, Karl. *La lógica de la investigación científica.* Tecnos. España, 2004.

[6]   Cf. Platón. *La república y las leyes.*

subordinada, es aquélla que conoce por qué debe hacerse cada cosa. Y este por qué es el bien de cada ser, que, tomado en general, es lo mejor en todo el conjunto de los seres.[7]

SANTO TOMÁS DE AQUINO.- Tomás de Aquino está de acuerdo con la filosofía de Aristóteles. Refiere que la primera filosofía es la ciencia de la verdad; más no de cualquier verdad, sino de aquella que es origen de toda verdad, o sea la que pertenece al primer principio por el cual todo lo demás existe; y por lo cual su verdad es el principio de toda otra verdad; porque en todas las cosas su verdad corresponde a su ser. Y más aún, sabiduría es el hábito por el cual nuestra mente se perfecciona en el conocimiento de las cosas más elevadas. Entonces, la filosofía es una potencia del hombre que puede ser desarrollada por medio de actos inteligentes que maduran el pensamiento con la intención de buscar la verdad, en el caso de Santo Tomás, sería Dios, la persona y el mundo.[8]

MANUEL KANT.- Para este gran filósofo, la filosofía tiene que ver con la ciencia. Para él, la ciencia es la puerta estrecha que conduce a la teoría de la sabiduría, si por esta se entiende no sólo lo que se debe hacer, sino lo que debe servir de hilo conductor a los maestros para obrar bien y con conocimiento, el camino de la sabiduría, que todos deben seguir y, preservar a los otros del error. Mientras menos errores cometamos, mejor realidad tendremos. Entonces, para Kant, la filosofía tendrá que ver directamente con la ciencia, la cual es el camino para llegar a la sabiduría.[9]

MANUEL OCAMPO PONCE.- La filosofía tiene por objeto el universo entero de la realidad. Es la ciencia que estudia a todos los seres por sus últimas causas a la luz natural de la razón. La filosofía es un saber del ser, que busca conocer con certeza y desde sus causas lo que realmente es, no el fenómeno de lo que aparece, sino el ser desde un punto de vista puramente humano o racional. Entonces, la filosofía estudia todo lo que es por su última causa.[10]

---

[7]   Cf. Aristóteles. *Metafísica.*

[8]   Cf. De Aquino, Tomás. *Suma contra los gentiles.* Porrúa. México, 1998., pp. 1-4 y 567.

[9]   Cf. Kant, Manuel. *Fundamentación de la metafísica de las costumbres. Crítica de la razón práctica. La paz perpetua.* Porrúa. México, 2003., p. 231.

[10]   Cf. Manuel Ocampo Ponce. *Las dimensiones del hombre. Un estudio sobre la persona humana a la luz del pensamiento filosófico de Santo Tomás de Aquino.* Edicep. España, 2002.

KARL POPPER.- La filosofía es la autoliberación del ser humano por medio del saber.[11]

JÜRGEN HABERMAS.- El tema fundamental de la filosofía es la razón que se manifiesta a través de la acción comunicativa.[12]

JOHN RAWLS.- La filosofía de Rawls, se da entre la justicia y el liberalismo político. De esta interacción entre la justicia y la política obtenemos la siguiente consideración: La filosofía, sería la interacción y tolerancia entre religión, filosofía y moral. A partir de estas interacciones, se genera y fortalece lo que sería la justicia política como máxima aspiración del ser humano y su relación con el mundo social.[13]

MARTÍN HEIDEGGER.- La filosofía es la cuestión del Ser ya que es la fuente y fundamento de todas las ontologías u ordenamientos de los entes y, por tanto, de todo entendimiento humano.[14]

CARLOS CASTANEDA.- En Castaneda encontramos bastantes acercamientos a una filosofía omnidireccional, hacia el interior y exterior del ser humano. En este caso, hemos optado por la siguiente aproximación filosófica: "El núcleo de nuestro ser es el acto de percibir, y la magia de nuestro ser es el acto de ser conscientes. La percepción y la conciencia constituyen una misma e inseparable unidad funcional."[15]

De las consideraciones anteriores, percibimos que la filosofía se ha caracterizado por cuatro grandes momentos: la filosofía antigua, la filosofía medieval, la filosofía moderna y la filosofía contemporánea. Cada una de ellas ha tenido a sus filósofos, los cuales, se han distinguido por ser personas sabias, es decir, que van más allá del conocimiento ordinario, son anormales, pues para generar conocimiento hay que salir de la normalidad, es decir, de lo socialmente aceptado. Es esa dinámica dialéctica, revoluciones científicas, paradigmas, coyunturas, entre otras formas de reformar el conocimiento, son las que han hecho posible, que el pensamiento humano

---

[11] Cf. Karl Popper. *El cuerpo y la mente*. Paidós. España, 1997., pp. 135-136.
[12] Cf. Habermas, Jürgen. *Teoría de la acción comunicativa I*. Taurus, España, p. 15.
[13] Cf. Rawls, John. *Teoría de la justicia*. FCE. México, 2000., p. 58, así como *Liberalismo político*. FCE. México, 2003., p. 19.
[14] Cf. Gillespie, Michael. *Martín Heidegger*, p. 836., en Leo Strauss. *Filosofía política*. FCE. México, 2004.
[15] Cf. Castaneda, Carlos. *La rueda del tiempo*. Plaza & Janés. México, 1999.

supere lo socialmente y científicamente aceptado para arribar a mejores niveles de perfección humana y un avance sustancioso en la ciencia y tecnología.[16]

De esos cuestionamientos a la realidad, a la ciencia, a la condición humana, es como se ha fortalecido la inteligencia. Es gracias a las ideas y actos humanos excelentes, como las personas han podido sobrevivir ante la guerra, la pobreza, la enfermedad, la contradicción y complejidad humana.

Entonces la filosofía no es cualquier ciencia, es la ciencia por excelencia donde se genera el conocimiento natural y social de la interacción humana. Además de superar estos esquemas de conocimiento, se lanza al cuestionamiento del universo, de Dios y del propio ser humano.[17]

Es así como nos acercamos al epicentro de todo conocimiento universal: el ser-humano. No el ser cualquier cosa, sino ser humano. Es decir, ser consciente de los propios actos, tener aspiraciones, buscar la verdad y lanzarse al cuestionamiento de todo cuanto existe, así como la búsqueda de una vida agradable y responsable.

Por lo tanto, vamos perfilando una filosofía que se desarrolle en torno a la propia circunstancia, misterio, complejidad y trascendencia del ser humano. Con sus problemas fundamentales, con sus errores superables, con sus inquietudes, sus aspiraciones y conformidades; con sus estados de ánimo, con sus potencialidades y posibilidades, con sus enfermedades, con su salud, con su pasión por la vida, con su afán de hacer el bien, con su inclinación hacia el mal, en fin, un ser humano contradictorio, inteligente y trascendente que busca finalmente la felicidad, el confort y la libertad.

En este sentido, no es un ser humano ordinario, es una persona compleja y contradictoria. Observemos las palabras de algunos filósofos en torno al ser humano:

ARISTÓTELES.- El hombre es un animal social y político.

JENOFONTE.- El hombre es un ser subsistente.

---

[16]   Cf. Habermas, Jürgen. *Ciencia y tecnica como ideología.* Tecnos. España, 1989.

[17]   Op. cit. Ocampo Ponce, Manuel.

MARCO TULIO CICERON.- El hombre es una criatura racional que posee un alma racional y comparte con los dioses la facultad divina de la razón, existe en un universo racional y ordenado.

SAN AGUSTÍN.- El hombre es un animal dotado de habla.

SANTO TOMÁS DE AQUINO.- La operación propia del hombre es entender.

ALFARABI.- El ser humano es un profeta gobernante o filósofo gobernante. El ser humano es sensación, imaginación y razón. Someter y dominar a los demás es el estado natural del hombre.

MOISÉS MAIMÓNIDES.- El hombre como hombre está limitado al conocimiento directo del mundo sensible que le rodea.

THOMAS HOBBES.- El hombre es el lobo del hombre.

JUAN JACOBO ROUSSEAU.- El hombre es por naturaleza un animal egoísta e independiente.

MANUEL KANT.- El hombre es un animal que necesita un amo.

ADAM SMITH.- La naturaleza formó al hombre para la vida en sociedad.

ALEXIS DE TOQUEVILLE.- El hombre es un animal democrático.

KARL MARX.- El hombre es un ser necesitado.

FRIEDRICH NIETZSCHE.- El hombre es el animal capaz de crear horizontes. El hombre es un animal doliente.

EDMUND HUSSERL.- El hombre es un animal complejo e inestable.

MARTÍN HEIDEGGER.- El hombre es un ser para la muerte.[18]

KARL POPPER.- El hombre es un ser responsable de sus actos. Somos absolutamente responsables de nuestras acciones. Somos nosotros quienes

---

[18] De estos filósofos considerados, cf. Op. cit. Leo Strauss. *Filosofía política.*

hemos de decidir cuál debe ser la meta de nuestra vida y determinar nuestros fines.[19]

JOHN RAWLS.- El hombre es religión, filosofía y moral.[20]

JÜRGEN HABERMAS.- la persona es un ser intercomunicativo.[21]

CARLOS CASTANEDA.- Mientras un hombre siente que lo más importante del mundo es él mismo, no puede apreciar verdaderamente el mundo que le rodea. Es como un caballo con anteojeras: sólo se ve a sí mismo, ajeno a todo lo demás.[22]

Aquí paro, podemos continuar pero no terminaríamos. Lo cierto es que con lo antes considerado podemos formarnos una idea de la complejidad humana. Por ende, señores (as) policías, el ser humano no es cualquier viviente, es una potencialidad existente capaz de todo. Su arma por excelencia es su inteligencia y su manifestación por medio del lenguaje. Su peor error, no explotar su potencialidad de inteligibilidad para el bien obrar y en esta posibilidad dedicarse a hacer el mal.

Resumiendo, tenemos las siguientes reflexiones:

1. La filosofía es amor a la sabiduría. Amor al conocimiento, un conocimiento que se torna cada vez más crítico, riguroso, complejo y paradigmático. Entonces, la mente de un filósofo no es algo tranquilizador, por el contrario es una mente revolucionaria que busca romper esquemas de conocimiento, realidades sociales, y estructuras socio-culturales. La mente del filósofo es un peligro para los conformistas, un torbellino para los indecisos y una sedante para los conflictos pues, gracias a las aportaciones filosóficas se logran aclarar horizontes, producir esquemas socio-culturales y generar bienestar en las sociedades humanas. Tranquilizar, estimular y revolucionar a la humanidad.
2. La filosofía ha sido, es, y será considerada desde diferentes perspectivas de acuerdo a las circunstancias y mentalidades de sus tiempos. Es decir, cada etapa filosófica lleva una dosis específica

---

[19] Op. cit. Karl Popper. *La responsabilidad de vivir.*, p. 172.
[20] Op. cit. John Rawls. *Liberalismo político.*, p. 29.
[21] Cf. Habermas, Jürgen. *Aclaraciones a la ética del discurso.* Trotta. España, 2000., p. 229.
[22] Op. cit. Carlos Castaneda. *La rueda del tiempo.*, p. 94.

de cada pensador o corriente de pensamiento. Así tenemos que la filosofía para su estudio se ha dividido en filosofía antigua, filosofía medieval, filosofía moderna y filosofía contemporánea, cada una con sus respectivos filósofos y cada filósofo con una tendencia de pensamiento específico. Asimismo, consideramos que la filosofía es la base donde se genera el conocimiento natural y social del conocimiento universal. La filosofía, en este contexto, tiene ciencias auxiliares, las cuales permiten retroalimentarse, como pueden ser la filosofía de las ciencias naturales y filosofía de las ciencias sociales.

3. Consideramos que el conocimiento filosófico posee los siguientes niveles cognitivas: conocimiento empírico-práctico, experimental. Conocimiento científico objetivo-real y conocimiento sapiencial donde destaca la intuición, la metafísica, la teología, la cosmología, entre otras ciencias elevadas del conocimiento filosófico. Para lograr aproximarse a la sabiduría, es necesario interactuar entre estos niveles de conocimiento para obtener de ellos producción cognoscitiva, actuaciones sabias y desenvolvimiento inteligente, característicos de animales racionales superiores, es decir, seres humanos.

4. El conocimiento filosófico le sirve al policía para entender la problemática socio-cultural de la ciudad, municipio, estado o país en donde realiza sus funciones. Mientras más conocimiento tenga, mayores posibilidades se generan para entender la armonía de la convivencia humana, las tendencias delictivas y los fenómenos socio-criminales. Por ende, el policía filósofo, tiene mayores armas intelectuales para entender la fenomenología criminal, la armonía pacífica humana y la violación a los estados de derecho.

5. Un policía sin principios ético-filosóficos, -bien sólidos-, tiene mayores posibilidades de caer en errores. Un policía sin conocimientos filosóficos, no alcanza a entender, muchas veces, los fenómenos socio-criminales. La responsabilidad laboral y el alto compromiso que significa hacer el bien y atacar el mal.

Finalmente lo que se busca con la **filosofía para policías** es sensibilizar, humanizar y estimular la conciencia policial para hacer de su actuación, acciones de calidad, profesionalismo, excelencia y pasión por el bienestar de la humanidad desde el punto de vista de la imposición del orden y la operatividad del Estado de derecho en un ambiente de inteligencia, responsabilidad y libertad.

Tendencias filosóficas

Aquí consideramos algunas premisas de pensamiento junto con sus respectivos pensadores que se han configurado durante la historia filosófica específica. Destacamos solo algunos filósofos que tienen que ver con cierto perfil policial, precisamente porque es una propuesta para policías y no para especialistas.

Filosofía Antigüa

a. **Sócrates**. (470/469-399. a. C. Grecia) En él encontramos el principio de la estimulación mental, es decir, se preocupa porque las personas ejerciten su pensamiento a través del razonamiento. Sus principales tesis son: Estímulo permanente para ser mejores. Es un intelectual solitario dedicado a pensar. Persuade a interesarse no por el cuerpo o la fortuna, sino porque el alma sea lo mejor posible. Es un perturbador de la tranquilidad de las conciencias. Una larga sucesión de preguntas y respuestas tiende a lograr el reconocimiento de la propia ignorancia. Sócrates ayuda a los hombres a dar luz a sus pensamientos. En términos policiales encontramos las siguientes hipótesis: Un policía no debe ser conformista. Debe buscar siempre la superación integral (cuerpo-mente-sociedad); en cuanto a la operatividad policial los interrogatorios a los delincuentes son fundamentales para encontrar las contradicciones de sus pensamientos, sus deficiencias argumentativas en relación a su comportamiento y por ende, oportunidades y posibilidades para encontrar deficiencias que lo relacionen con actos delictivos. De tal forma que, con Sócrates encontramos **los interrogatorios** como paradigmas para encontrar las contradicciones en las investigaciones criminales.

b. **Platón**. (427-347, a.C. Grecia) Con Platón, las ideas se fortalecen. Los seres humanos son generadores de ideales para avanzar en su sistema de vida. Además, éste filósofo orientó su pensamiento en el sentido de encontrar un fundamento sólido para conseguir instaurar un orden justo. Una de sus grandes ideas fue de que sólo el conocimiento de la justicia puede hacernos más justos. El fundamento de la justicia y la posibilidad de su conocimiento deben encontrarse a partir de la filosofía, argumentó. Magnificó el diálogo como instrumento intelectual para aclarar las cosas. Otra de sus propuestas son los mitos como estimulantes para la interpretación de la realidad y en ese sentido generar nuevas ideas, nuevos paradigmas, nuevos esquemas de conocimiento. Encontrar respuestas a las realidades limitadas por la ignorancia. En términos policiales encontramos las siguientes propuestas platónicas como instrumentos para enriquecer la operatividad policial. Primero: El conocimiento de la justicia como base para ejercerla a través del bien actuar policial. Segundo: **la importancia del diálogo** como medio para llegar a la realidad y verdad de los hechos que se investigan y tercero, las ideas, los mitos y fantasías como herramientas para generar escenarios de posibilidades criminales. Entonces, la aportación de Platón para la investigación y operatividad policial sería el conocimiento de la justicia, la política, el diálogo y el fortalecimiento de la relatividad de las realidades, es decir, el no considerar a las realidades como absolutas y deterministas. Sólo como instrumentos para seguir avanzando en la búsqueda del esclarecimiento de los hechos delictuosos.

c. **Aristóteles.** (384/383-322, a. C. Grecia) este es otro de los grandes filósofos de la antigüedad, mismo que se inclinó más por el conocimiento objetivo, real, pragmático, empírico, experimental. Entonces, mientras Platón es idealista, Aristóteles es pragmático. Se preocupó por la política, la naturaleza y la metafísica. Una de sus principales hipótesis son: Critica al idealismo. Más realismo a través del sentido común y la experiencia. El conocimiento lo divide en los siguientes postulados: EL SABER PRODUCTIVO.- es la técnica de saber hacer bien las cosas. EL PRÁCTICO.- es el saber que mejora la conducta humana. EL TEÓRICO.- la búsqueda de la verdad en uno mismo y en las cosas. Finalmente considera a la metafísica como una forma de saber. Asimismo hace referencia al hecho de que todos los hombres por naturaleza desean saber y se socializan De él se desprende la idea de que el ser humano es un animal político por naturaleza. A la filosofía primera, -teología-, la considera como ciencia divina, y la define como ciencia del ser en cuanto ser, porque se interesa sólo por un único aspecto de las cosas en cuanto son o existen. También encontramos en este filósofo la idea de que todo lo que se mueve es movido por algo y el hecho de que todo esta en acto o potencia. Estas dos últimas propuestas del movimiento, del acto-potencia, servirán como trampolín para la intervención de los filósofos medievales. En cuanto a la aplicación policial, tenemos que las ideas hay que aterrizarlas, concretizarlas y continuar en el avance tecno-científico. En otras palabras, es válido el conocimiento idealista, pero lo importante es concretizarlo para obtener verdades que se vean reflejadas en hechos concretos del mundo real, ya sea natural o social. Entonces si tenemos varias hipótesis en una investigación criminal, es necesario irlas descartando, confrontándolas con la realidad y así llegar a conclusiones objetivas que esclarezcan los hechos delictivos. Esta sería realmente una aportación aristotélica a la investigación policial. Aterrizar las hipótesis a las realidades concretas. Claro está que en una investigación policial se necesita tanto del idealismo como de la objetividad. Ambas ramas del conocimiento, finalmente son un instrumento para el trabajo policial. Otra de las propuestas de Aristóteles, que nos permiten entender el comportamiento criminal es el hecho de que todo es movido por algo. Esto nos arroja a la apreciación de un eje central que genera los comportamientos delictivos de los presuntos delincuentes. Ese comportamiento tuvo un motivo. Parte de esos motivos, es necesario que los policías investigadores los analicen para obtener líneas de conocimiento que enriquezcan la investigación. Entonces, nada es aparecido de la nada. Para que haya la manifestación de un fenómeno criminal, tiene que haber un motivo, una circunstancia, un antecedente. Y ciertamente, motivos hay varios, para violar la legalidad.

Con estas referencias, consideramos que hemos cubierto superficialmente la propuesta de los filósofos de la antigüedad, mismas que siguen vigentes y con ello, se demuestra que el conocimiento filosófico trasciende cuando hay propuesta de calidad.

En resumen tenemos las siguientes aportaciones filosóficas de la antigüedad.

1. Sócrates: los interrogatorios para obtener información y nos ilumine el panorama de conocimiento que poseemos y, en este sentido, también su aplicación a los presuntos delincuentes para obtener información que los incrimine o los libere.
2. Platón: el diálogo y los ideales son necesarios para avanzar en la construcción del conocimiento. En cuanto a la opertividad policial también encontramos que, a través del diálogo, aceptamos pautas, premisas, ideas, mensajes, etc, que nos ayudan a entender el comportamiento humano, policial y criminal.
3. Aristóteles: con este filósofo, las ideas hay que aterrizarlas y aplicarlas a la vida real para llegar al esclarecimiento de los hechos que se investigan, sean estos criminales o normales, es decir, sin tendencias delictivas.[23]

---

[23]   Cf. Diccionario de filosofía. Herder, España. Así como Millan Puelles, Antonio. *Fundamentos de filosofía.* Rialp. España, 1981.

Ahora entraremos a la filosofía medieval y la consideración de las hipótesis de algunos filósofos representantes de este periodo histórico-filosófico.

Filosofía Medieval.

La Edad Media designa el periodo de casi siete siglos, que se extiende desde la irrupción del Islam en Europa, en el siglo VIII, hasta principios del XV, en que finalizó el largo cisma de Occidente.

En este periodo destaca la incertidumbre, la fe y en cierta forma, un racionalismo limitado en el sentido de que las propuestas científicas eran minimizadas en relación a la extensión de la religión cristiana.

En este contexto, la filosofía, tiene ese tipo de peculiaridades teológico-cristianas. Los filósofos que destacamos, en este caso, son San Agustín y Santo Tomás de Aquino.

a. **San Agustín.** (354-430. Argelia) Aquí entraremos al lado interno del policía. Es decir, trataremos de visualizar una propuesta que cumple aquellos vacíos que nuestra racionalidad e inteligibilidad no alcanzan a satisfacer. Es entonces cuando surge la presencia de la religión en el mundo del policía como una posibilidad para cubrir aquellos espacios donde el oficial se encuentra ante sí mismo como consecuencia de algún evento importante que le rompió su ritmo de vida como puede ser una experiencia fuerte de homicidio, violación, secuestro, injusticias, entre otros fenómenos criminales. De tal forma que el oficial de policía también tiene su lado de creencia religiosa, la cual puede ser cristiana, santera, vudú, musulmana, de la santa muerte, entre otro tipo de religiosidad. En este caso, consideramos la presencia del cristianismo a través de la aportación de San Agustín donde percibimos las siguientes aportaciones: Lo interesante de San Agustín es que le preocupa unir la fe y la razón, en otras palabras, la integración de la razón en la fe y la fe en la razón. Su idea central es "creo para entender". Si creo entiendo y posteriormente podemos invertir el hecho de entender para creer. Ambas propuestas de conocimiento se juntan en el pensamiento de San Agustín por medio de la presencia de Dios, quien es el Ser eterno. Estas dos líneas epistemológicas son fundamentales para entender la integración de la existencia humana. Un ser humano fundado por su racionalidad y actos de fe. La propuesta de San Agustín es que a la unidad se llega por un camino interior. Cuando se logra esta integración y aceptación humana, se esta llegando a una verdad, esa verdad es Dios, diría San Agustín. Un Dios eterno. Un Dios verdadero que todo lo ilumina. Precisamente porque Dios es la verdad subsistente y es también la verdad de las cosas. Entonces ya estamos hablando aquí de un Dios presente en la constitución integral de la especie humana. Un Dios que le ilumina, le da vida y le permite trascender. Un Dios que esta presente por toda la eternidad. No es un Dios que es culpable del comportamiento humano en términos criminales, por lo contrario, es un Dios que proporciona el ser, para que el ser humano se realice como un ser superior inteligente. El mal, es finalmente un mal camino de la libertad del hombre. En términos agustinianos sería la ausencia del bien. En este contexto, el mal debe ser entendido ontológicamente como privación o ausencia del bien, no como algo que ha sido creado sustancialmente por Dios. En términos generales, depende de la libertad de la acción humana y existe, no como realidad, pero si en la realidad de la acción humana. De tal forma que el mal es una posibilidad del actuar humano. El y sólo él, es responsable del actuar, de su comportamiento y de sus decisiones. Su inteligencia lo delata. Su inteligencia mal utilizada, lo orilla al conducirse por el camino del mal. Pero es importante, por ende, que no se le atribuya el mal a la acción de Dios. Es el propio ser-humano, el responsable de sus actos. Entonces policialmente, tenemos primero, que el policía necesita de la creencia a través de la fe en un ser, ente, o manifestación fenomenal en donde apoyarse para superar los vacíos existenciales. Por eso la necesidad y presencia de la religión. Sin embargo, es respetable la propuesta de los ateos, los agnósticos, entre otras formas de incredulidad. Pero, en el fondo, la religión cubrirá esos vacíos del lado humano del policía. En segundo término tenemos que el mal no se le puede atribuir a Dios sino al propio actuar humano que, gracias a su libertad, hace lo que le interesa. Entonces, diría San Agustín: No se vale canalizar la culpa a Dios del mal comportamiento humano, ni de las catástrofes naturales, pues finalmente el ser humano ha influido, en cierta forma, en la génesis de dichos fenómenos naturales. Estas dos propuestas son las que podemos rescatar del pensamiento filosófico agustiniano.

b. **Tomás de Aquino.** (1225-1274) Con Tomás de Aquino encontramos varias propuestas teológicas, políticas y antropológicas. Con él, se alcanza a vislumbrar lo que sería la antropoteología, es decir, la presencia de Dios en el ser humano a través de su existencia, misma que es actualizada por el Ser. Este Ser, es para Tomás de Aquino Dios. Pero no un Dios inalcanzable, sino que es un Dios que puede ser alcanzado a través de esfuerzos racionales que se manifiestan a la conciencia humana por medio de cinco vías explicativas que permiten entender la presencia de Dios como causante de todo lo que es posible. Un Dios omnidireccional y omnipotente, es decir, que Dios, como máximo generador de Ser en el Universo, es capaz de todo. Es el movimiento principal de todo lo que es y puede llagar a ser. Sus hipótesis son: Dios es el Ser mismo. Dios, el Ser absoluto es el creador del tiempo, en términos comprensibles, sería del entendimiento. Dios es el creador de las cosas. En el ámbito político encuentro la magnificación de la ciencia política al destacar, al igual que Aristóteles que el ser humano es un ser social, y en consecuencia, un hombre socio-político que se rige por el bien común. Es así como se empiezan a vislumbrar los Estados políticos que tienen como primacía la aplicabilidad y trascendencia del bien común. En el aspecto jurídico, refiere que la ley natural es la causante de la ley positiva y por ende, del estado político. Otra de su tesis central, es que la ley se justifica únicamente por el bien común y sólo este justifica el poder. En términos policiales tenemos las siguientes propuestas del aquinante: el ser humano es un ser social que debe buscar el bien común en los Estados políticos; en segundo término, tenemos que lo más importante en un Estado jurídico político, es la ley natural, la ley positiva y la ley universal. En este orden es como debe ser entendida la propuesta jurídica para garantizar el bienestar de las personas y en consecuencia, la aplicación del bien común. Un Estado que no aplica como política central el ejercicio del bien común, no puede ser considerado como Estado, sino como otro tipo de organización humana. Finalmente, la existencia de Dios puede ser entendida por vía racional a través de los principios y causas principales del movimiento, la causalidad y la eternidad del Ser, es decir, Dios, el causante de todo cuanto existe en potencia y en acto; en otras palabras, todo lo que existe, lo que es, lo que puede dejar de ser y se incorpora al movimiento universal eterno. Finalmente, Tomás de Aquino, percibe a Dios en su máxima expresión, como ser universal, eterno y trascendente.

Filosofía Moderna

Esta época filosófica se va a caracterizar por la presencia de las aportaciones racionalistas. Es una época en la que se da un fuerte proceso secularizador, entendido como la minimización del cristianismo de la vida socio-cultural de la acción humana. El pensamiento moderno también se va a preocupar por el sujeto, el mundo y Dios.

Asimismo, el pensamiento moderno magnifica la razón por encima de la presencia de Dios en las interacciones socio-culturales.

Algunos de sus representantes son:

a. **Descartes.** (1596-1650. La Haye en Turena). Con Descartes se dice que empieza la filosofía moderna al aplicar modelos matemáticos para entender la naturaleza, la vida, el cosmos y Dios en la realidad. Asimismo, la duda es una premisa especial para avanzar en el conocimiento científico. En este sentido, es gracias a **la duda** como se va avanzando en las construcciones cognoscitivas. Las hipótesis más importantes de Descartes, son las siguientes: Es el iniciador de la corriente filosófica reconocida como el **racionalismo.** Esta propuesta genera toda una revolución al conocimiento teológico que prevalecía principalmente en la época medieval. Un tiempo donde la razón marcará las pautas de los avances de las realidades científico-sociales. Las ciencias que fortalecen el conocimiento de Descartes son la matemática y la física. Asimismo, la ciencia y el método en que se fundamenta la construcción de su conocimiento es el siguiente: Intuición, deducción, enumeración o inducción y la memoria o recuento de todos los pasos dados. Esta propuesta de Renato va a ser importante pues, en el futuro será uno de los pasos básicos del conocimiento científico. Entonces aquí encontramos la cuna de las investigaciones científicas. Otra propuesta es el hecho de la tranquilidad como premisa para encontrar ideas que permitan avanzar en las investigaciones. La hipótesis es: Encontrar la paz de espíritu necesaria para desarrollar sus investigaciones. Eso es lo que todo explorador de la mente y generador de conocimiento busca en su existencia. Espacios temporales para que haya condiciones especiales y encontrar respuestas a sus interrogantes cognoscitivas. En el caso de los oficiales de policía, es fundamental el lograr la tranquilidad existencial para ordenar sus ideas, sus propuestas en sus investigaciones laborales, así como el rejuvenecimiento de su paz interior. Y hablando de la espiritualidad humana, encontramos la siguiente propuesta en torno a Dios: A Dios lo considera Descartes como un ser perfecto, de la que el espíritu parece que no puede prescindir. Asimismo, la sustancia infinita de Dios, le sirve a Descartes como telón de fondo contra el que se cree entender su propia naturaleza: Dios sustancia pensante infinita y el hombre sustancia pensante finita, pero con él, capaz de abarcar todas las cosas con el pensamiento, esto es, con el conocimiento; entonces tenemos lo finito y lo infinito. Mientras Dios es infinito, el ser humano es finito en ideas y en existencia corporal-espiritual. De esta situación aclaramos que Descartes, sí le da credibilidad a un ser eterno, a un ser infinito que le permitirá darse cuenta de las limitaciones que tiene el ser humano como ser finito. Posteriormente considera una vez más el conocimiento al referir que la búsqueda cognitiva parte de la duda. Es posible dudar de todo, este hecho como policías nos beneficia en gran consideración pues, como oficiales del Estado, de todo hay que dudar. Si dudamos de todo cuanto existe, hasta de los hechos más obvios y que estamos acostumbrados a considerar como verdaderos, de ellos podemos sacar buena información en cuanto a las investigaciones que vayamos desarrollando en torno a la metodología de la investigación científica. En suma, de Renato Descartes como policías, obtenemos las siguientes propuestas: **La duda,** el **razonamiento** y la **intuición.** Con estos hechos y algunos más, estamos demostrando que la filosofía y propuesta filosófica, también le sirve a los oficiales de policía en su vida laboral, social y personal.

b.   **Emanuel Kant.** (1724-1804. Alemania). Con este filósofo la mente se agudiza fortaleciendo lo que ya había iniciado Descartes en el sentido de ser crítico hacia el conocimiento científico y crítico en cuanto a los procesos racionales, logrando con ello, una mente, aguda, inquieta, crítica; en suma, una razón crítica. Una gama de procesos mentales que se van a caracterizar por estar dosificados con la inyección racional. Parte de esta tendencia es su propuesta que magnifica en su *Crítica de la razón pura.* En este sentido, encontramos que la filosofía va a ser para él, más que conocimiento, una crítica del mismo. A partir de las propuestas kantianas surgen las corrientes de pensamiento denominadas *criticismo y racionalismo.* No hay que conformarse con el conocimiento ordinario, sino hay que esforzarse por buscar otras posibilidades de pensamiento que destraben, conmuevan, sacudan y generen otras perspectivas cognoscitivas que superen el conocimiento socialmente aceptado. Es ahí donde radica la fuerza de la razón crítica. ¿Y esto para qué les sirve a los policías? simplemente con esta idea, fortalecen la propuesta de buscar diferentes hipótesis de los hechos criminales para seguir avanzando en su investigación; en otras palabras, no casarse con ninguna hipótesis, y además, en cada camino de exploración de investigación, utilizar su racionalidad en forma aguda, es decir, no conformarse, no entregarse, no doblegarse, no ceder a la razón hasta llegar a sus máximas posibilidades y, en este sentido que se encuentren realidades certeras que coadyuven a llegar a la verdad de los hechos que se investigan. La propuesta kantiana en este sentido, sería que el conocimiento no quede limitado solamente a la experiencia, debiendo reconocer, un conocimiento más allá del mismo, es decir, el conocimiento metafísico. Pero ¿qué es el conocimiento metafísico? Simplemente es el esfuerzo que se hace mentalmente para ir más allá de los físico, objetivo, real y contundente para entender las construcciones humanas y en su caso, los fenómenos naturales. Esto es, en términos generales la propuesta kantiana: ir más allá de lo socio-culturalmente aceptado. Respecto al ejercicio de la filosofía encontramos que nadie aprende a filosofar sino por el ejercicio que cada cual hace de su propia razón e inteligencia. Entonces el objetivo de Kant, va directamente a la racionalidad humana. No a la voluntad de Tomás de Aquino, sino a la capacidad de pensar y criticar ese pensamiento a través del esfuerzo metafísico que rebase el conocimiento establecido y aceptado socio-culturalmente. Otra idea brillante de Kant, es el hecho de que es el examen a que hay que someter a la razón humana, para indagar las condiciones que hacen posible el conocimiento *a priori* o bien en el mero intentar responder a la pregunta de ¿cómo son posibles los juicios sintéticos *a priori?* o a la de: ¿cómo es posible la experiencia? ¿cómo es posible la naturaleza? De aquí podemos percibir en la propuesta de Kant un antes *(a priori),* un durante (actualidad) y un después *(posteriori)* que se genera en los procesos de conocimiento. Esto ¿cómo se lleva a la práctica policial? Seguramente con la información que se obtiene del pasado, presente y posible futuro de los actos criminales, se generan una serie de hipótesis que iluminan nuestras intenciones investigativas. Entonces aquí ya estamos en una transcurrir del tiempo. Un tiempo que es vital para la investigación policial y que cuando se superan los límites temporales en las investigaciones científicas, es posible lograr excelentes respuestas en relación a los hechos que se investigan. Otra de las propuestas kantianas, es que, para entender la experiencia (conocimiento *a posteriori)* es necesario tener conocimientos que no provengan de la experiencia (conocimiento *a priori):* aunque todo nuestro conocimiento empiece con la experiencia, no por eso procede él de la experiencia. ¡Tremenda la situación! Así de denso, contundente y complejo suele ser la propuesta kantiana. Atreverse a pensar a fondo no es fácil, hay que ir despacio, disfrutando el conocimiento, las sorpresas, las exigencias y la trascendencia de los impactos que genera el esfuerzo sistemático por avanzar en la crítica del conocimiento ordinario. Entonces estamos entre el conocimiento empírico, el conocimiento científico y el conocimiento sapiencial, la sabiduría, la metafísica y en términos kantianos sería la filosofía trascendental. Utilizar esas tres propuestas de conocimiento para avanzar. ¿Conocimiento *a priori* o conocimiento *a posteriori?* esa es la cuestión. Pensar, pensar y pensar ¿para qué...? Esa es nuestra condición como policías, pensar para avanzar en la investigación. No quedarse conformes con lo aceptado. Hay que avanzar. Hay que destravar. Hay que evolucionar. Hay que volverse exigentes con uno mismo. Entonces ¿qué es más importante para Kant, -para los policías en este caso-, el conocimiento experimental o el conocimiento científico? Kant refiere que a la filosofía incumbe como primer objetivo averiguar, si antes de toda experiencia es capaz de conocer algo aplicable a todo objeto de la experiencia. Nosotros decimos que lo experimental, junto con lo científico siempre serán dependientes como plataforma paradigmática de generación de conocimiento. Entonces el antes, el durante y el después de los hechos delictuosos puede ser analizado con las herramientas del conocimiento experimental (conocimiento empírico) y el conocimiento científico (la ciencia como base para el esclarecimiento de las verdades). Finalmente tenemos cinco preguntas básicas que nos permiten medir la exigencia de la calidad racional que ejerce Kant en sus propuestas filosóficas: 1. ¿Qué condiciones *a priori* supone el conocimiento sensible? 2. ¿Qué condiciones *a priori* supone el conocimiento intelectual? 3. ¿Qué puedo saber? 4. ¿Qué debo hacer? 5. ¿Qué puedo esperar? Son preguntas que pueden ser contestadas con base en el conocimiento que cada quien posee en torno a la filosofía, y mientras más preparación se tiene, ciertamente las respuestas serán de mayor calidad y rigor mental, porque en última instancia, cada ser humano percibe, entiende, procesa y manifiesta la información que le llega a su mente, de acuerdo a sus capacidades y posibilidades. Con estas preguntas cerramos la intervención de Kant. Un filósofo de grandes vuelos que estimula a pensar a fondo, con una perspectiva crítica y propositiva. Kant es un filósofo que nos ayuda a entender nuestro pasado, presente y futuro en una forma integral y como base para destrabar el conocimiento socialmente aceptado. La propuesta de Kant nos ayuda a ejercer nuestra mente. Una mente crítica para brillar como seres inteligentes. Como policías que saben pensar a fondo y por el bien de los seres humanos.

c. **G.W.F. Hegel.** (1770-1831. Alemania). No podemos ceder a la ignorancia. No podemos ceder a la falta de rigurosidad en el conocimiento, en la sabiduría, en el rompimiento de paradigmas. Esa es otra oportunidad que recogemos con el pensamiento de Hegel; mismo que se caracteriza por el ejercicio de la dialéctica como un circulo de conocimiento donde todo lo socio-cultural y fenomenológico natural, vuelve a lo mismo, como lo diría Nietzsche con su famosa propuesta del *"Eterno retorno"*, más de lo mismo, el regreso al principio y de ahí en adelante. Una dialéctica que se convierte en absoluto devenir, es decir, un movimiento espiritual energético que lo abarca todo. Un absoluto que es destrabado por el tiempo dialéctico y que finalmente vuelve a lo mismo. Un absoluto que se materializa en una realidad que lo abarca todo, pero esa realidad sólo puede expresarse mediante un pensamiento que comprende el auténtico devenir de lo real, en su movimiento y vida, y también que abarque la contradicción que posee todo lo vivo. Este pensamiento comprensivo, es la reflexión mediada, que percibe lo que es, no como un concepto vacío, sino determinado con lo que **no-es,** puesto en relación con el todo. ¿Más genialidad? ¿Más rigurosidad? ¿Más calidad de pensamiento? ¿Más exigirse a si mismo en la pretensión de creaciones de ideas, esquemas de conocimiento, paradigmas? ¿Más ignorancia, cuando nos damos cuenta, de que el pensar exige un conocimiento previo? ¿Más qué … para atrevernos a pensar en grande? ¿Pensar como filósofo? ¿Pensar como policía? ¿Pensar como un ser independiente, autónomo y exigente consigo mismo? ¿Más que... para lograr sacudir los pensamientos ordinarios? Es así, con la revisada parcialmente, pero con calidad, como pretendo invitar a los policías a no conformarse con el conocimiento ordinario. El conocimiento está a nuestra disposición para poder usarlo, explotarlo y proyectarlo hacia nuevos modelos de convivencia e investigación. No para agotarlo, pues como bien sabemos, toda nuestra vida no es suficiente para asimilar el conocimiento universal. De ahí parte la fundamentación epistemológica de la especialización, es decir, mientras más nos espcialicemos, por ejemplo en el delito de fraude, mayores capacidades experiementales y científicas tendremos para encontrar a los presuntos delincuentes de los actos delictivos. Y no rolando a los policías para que se vuelven todologos del conocimiento. Ciertamente tiene que haber bases del conocimiento generalizado, pero mientras más especializados seamos, mayores posibilidades y eficiencia tendremos al investigar un acto delictivo.

Continuando con Hegel, ¿Cómo partir del **no-es,** para generar conocimiento? ¿Cómo a partir de la nada, ir construyendo nuestros procesos mentales? ¿Cómo salir de la nada e introducirnos en el abismo de lo desconocido para ir formulando paradigmas que beneficien, en este caso, la acción de los policías? Sin duda, con el pensamiento hegeliano se genera una descarga energética y con claridad y seguridad, en las mentes de las personas que buscan el horizonte del conocimiento. Es una invitación, el pensamiento de Hegel, para el crecimiento integral del ser humano desde el uso del todo en movimiento. Un todo que está integrado por la voluntad y la razón que al unirse en actos humanos se tornan inteligentes. Entonces estamos ante una inteligibilidad absoluta que nos invita a la recapitulación de nuestras deficiencias para esforzarnos por crecer como seres integrales, no racionales exclusivamente como lo diría Kant, sino para rebasar la racionalidad y usar las potencialidades humanas y con eso crear, refrescar, producir, activar y minimizar (en su caso) conocimiento que nos FORTALEZCA COMO SERES INTEGRALES Y SER PARTÍCIPES DEL TODO ABSOLUTO; finalmente esa es nuestra condición natural con el todo: una entrega recíproca con la fenomenología que hace posible nuestro mundo. Otra de las propuestas de Hegel es que no hay pensamiento verdadero que no sea dialéctico, esto es, que no asuma y resuelva (niegue y conserve) las contradicciones que piensa. En esta dialéctica de la identidad y diferencia, se funda el sistema de Hegel. Aquí surgen las contradicciones como premisa, una vez más, para avanzar en las investigaciones en el caso de la intervención policial. El esquema que usa Hegel para la determinación del movimiento dialéctico y por eso de la metodología científica es: síntesis-tesis-anti tesis. Con este esquema limitado a tres propuestas surge el conocimiento dialéctico hegeliano, mismo que nos ayudará para comprender parte de la metodología de la investigación científica contemporánea. Entonces, toda la realidad conocida por la capacidad humana, lleva estos tres momentos, el más importante es el que se refiere a la anti-tesis que es donde realmente entra en acción substituyendo los esquemas socio-culturales científicos, la rigurosidad del conocimiento hegeliano. De tal forma que, tenemos la síntesis, misma que es la sumatoria de los conocimientos ordinarios, la tesis, es donde los conocimientos ordinarios son elevados a una categoría de cientificidad pues ya han sido demostrados, que los fenómenos de conocimiento son de tal forma y no de otra; y finalmente entra la anti-tesis que es el momento donde dichas tesis son substituidas por otros conocimientos más reales, verdaderos y capaces de resistir la crítica hasta no ser bajados de la cúspide del conocimiento por otra serie de anti-tesis. Estos pasos de la dialéctica cognoscitiva, es parte de los conocimientos que debe tener el policía para poder derrocar tesis criminales o de los hechos delictuosos que se investigan. Como podemos observar nada del conocimiento filosófico le es ajeno al oficial de policía. La filosofía para policías es una realidad que auxilia a los oficiales a entender mejor los fenómenos del conocimiento, los comportamientos criminales y asimismo, con la intencionalidad de que nos demos cuenta de nuestras debilidades, posibilidades, potencialidades y trascendentalidades como seres inteligentes, pues finalmente el policía trabaja con seres humanos, no con máquinas o naturalezas irracionales.

Filosofía Contemporánea.

Ahora entramos a la filosofía más fresca, más actualizada y no por eso minimizamos las filosofías pasadas, por lo contrario, aplicamos el método dialéctico de Hegel para comprender la realidad histórica de la filosofía y no caer en contradicción o en espacios repetitivos que nos hacen retroceder; por lo tanto, es necesario reconocer los datos históricos para que a partir de ellos, empezemos a construir nuestras hipótesis con la idea presente de que no hay conocimientos absolutos. Somos limitados y por ende, nuestros conocimientos, ideales y aportaciones también; sin embargo, con estas aportaciones escritas, dejamos un antecedente para que los compañeros policías lo conozcan, lo disfruten, lo exploten y utilicen, para seguir creciendo en conocimiento filosófico-policial, mismo que no tiene límites; por ende, todos las personas que aporten conocimiento filosófico policial son bien recibidos pues hemos demostrado que todo el conocimiento, en especial filosófico, es de alta estimulación mental. Entonces, hasta aquí llevamos contemplada la filosofía antigua, la filosofía medieval, la filosofía moderna y algunos de sus más altos representantes de las mismas. También hemos destacado el hecho de que algunas propuestas filosóficas, le sirven al oficial de policía para entender los fenómenos criminales.

En suma, tenemos que todas las corrientes de pensamiento filosófico, habidas y por haber, son bienvenidas. En el mundo policial, con mayor intensidad, porque normalmente el trabajo policial lo encapsulan al grado y hecho de hacer, que se cumplan las leyes, pero ¿qué pasa con lo que esta atrás de los comportamientos criminales? ¿Qué hay en el lado humano del policía? ¿Cómo ejercer la inteligencia para la investigación criminal? ¿Cuál es la metodología adecuada para la investigación policial?[24] Un policía en la medida en que más sepa, mayores posibilidades tendrá para generar hipótesis que lo lleven a la verdad de los hechos que investiga, sean criminales, preventivos o simplemente por el afán de conocer más.

---

[24]   En estudio *Metodología de la investigación policial,* asimismo cf. Yañez Romero, José Arturo. *La policía de investigación: entre las técnicas de investigación y las pruebas judiciales.* UBIJUS-IFP. México, 2010.

En cuanto a la filosofía contemporánea, encontramos muchos filósofos y filósofas que se preocuparon por la naturaleza, el ser humano y Dios. Ambas tendencias de reflexión, permiten entender nuestro tiempo y nuestras capacidades y potencialidades. En esta ocasión consideramos algunos filósofos que nos permitirán entender, enriquecer y apoyar la existencia y el trabajo del policía.

   a. **Arthur Schopenhauer.** (1788-1860. Alemania). Hasta el momento tenemos que la filosofía a lo largo de la historia se ha preocupado por el todo. Ese todo que abarca lo perceptible, y en algunos casos, lo imperceptible. La naturaleza, los seres inhertes y los seres vivos, los seres humanos; Dios y las diferentes manifestaciones religiosas. Asimismo, tenemos filosofías orientales y occidentales. Hay religiones occidentales y religiones orientales. En fin, es toda una gama de filosofías y filósofos que se han preocupado por el ser humano y el mundo que le rodea. La razón ha sido una de las premisas fundamentales para avanzar, en algunos casos, sobre la comprensión de este fenómeno racional, sin embargo, ahora nos toca revisar la propuesta de un filósofo que ha magnificado **la voluntad** como facultad inteligente de la especie humana. Esta es la tendencia de Schopenhauer: el voluntarismo, el irracionalismo. La voluntad como proyección fundamental para entender el progreso, la evolución humana y el mundo que le rodea. Algunas de sus propuestas son: la voluntad, es la esencia del hombre que se manifiesta en el cuerpo. Asimismo encontramos que por la voluntad o por la vida que hay en todo, se llega a la esencia misma de las cosas en sí. La voluntad es el impulso, la energía o fuerza original. Entonces, la voluntad es otra faceta de la existencia humana. No sólo razón, también voluntad. Con este filósofo podemos apreciar a la voluntad como aquella facultad irracional humana que te impulsa a continuar viviendo. Que te impulsa a hacer y construir proyectos, movimientos, tendencias, inclinaciones, proyecciones, horizontes en tu vida personal. No choca con la razón, al contrario, se unifican para obtener de ello actos inteligentes. Así es como entendemos la integración humana: voluntad + razón = actos inteligentes. En esta fórmula encontramos la presencia también de tres filósofos: Schopenhauer + Kant = Tomás de Aquino.[25] Logrando con esto una

---

[25]   Cf. Ruiz, José Luis. *Ética para policías. Un cambio en la conciencia policial.* Edición particular. México, D.F., 2008. En esta obra se destaca la integración que se hace con dicha fórmula filosófica: voluntad + razón = actos inteligentes. Con esta fórmula demuestro que cuando hay una comprensión de las facultades

integración plena de la existencia humana. En este sentido, lo que importa en el fondo de esta reflexión es que el oficial de policía se de cuenta, en cierta forma, que los humanos no solamente somos racionalidad, también somos voluntad, también tenemos ese sentimiento del querer, del buscar, del anhelar, entre otras tendencias naturales que rebasan la construcción racional. En el fondo de esta propuesta encontramos que los actos inteligentes son los que finalmente determinarán la calidad del actuar humano. No sólo razón, no sólo voluntad, sino la suma de ambas facultades para generar actos inteligentes. Asimismo, percibimos que la negación de la voluntad de vivir, es el origen de todo mal: exige primero, la negación de la propia individualidad egoísta que impide la piedad y la compasión. Schopenhauer, propone que tras la negación de la voluntad, no queda sino la nada. Hay una idea brillante del pensamiento de Schopenhauer: Las fuerzas y energías que observamos en la Naturaleza no son sino otros tantos casos de objetivación de la voluntad.[26] Entonces del absoluto hegeliano encontramos la voluntad de Schopenhauer que lo abarca todo: movimiento, energía, fuerza, son los ingredientes fundamentales en la idea de la voluntad. En suma, para los policías es importante entender que muchas veces racionalmente estamos preparados para todo, sin embargo, la realidad se impone con la voluntad y alimenta con el querer que nace del fondo del ser humano. En este contexto, somos la síntesis de voluntad y razón, que juntas, se traducen en actos inteligentes que pueden ser buenos y/o malos creando con ello, un ciclo ético existencial.

b. **Sören Kierkegaard.** (1813-1855. Dinamarca) En este filósofo encontramos la presencia del ser humano y su relación con Dios. Su propuesta gira en torno a Dios. Cuando el ser humano no está bien con Dios, entonces se generan una serie de angustias, desesperaciones y debilidades. Su propuesta filosófica parte del propio ser humano. En este sentido, para que se realice la persona en plenitud, tiene que empezar por el reconocimiento de su existencia y sus procesos mentales personales. La idea es que el hombre tiene la posibilidad de un mayor conocimiento de sí mismo en un plano superior: la vida religiosa. Con la vida religiosa el ser humano se

---

inteligentes fundamentales de la vida humana, es posible hacer de la misma, una expresión excelente encaminada hacia la superación permanente de las personas.

[26] Cf. Cruz Prados, Alfredo. *Historia de la filosofía contemporánea.* EUNSA. España, 1991, p. 71.

torna más agudo con sus actos y procesos mentales pues, esta en contacto con Dios, máximo creador de lo que es, de lo que existe y de lo que puede llegar a ser. Otra de sus propuestas es que el futuro se hace actual en el instante. Esa **instantaneidad** se da en el aquí y en el ahora. Este concepto lo entendemos en el trabajo policial de la siguiente forma: No podemos dejar para mañana lo que tenemos que hacer hoy. En otras palabras, es necesario, como policías, manejarnos con la idea de que no existe un mañana seguro, para avanzar lo más que se pueda en las investigaciones. Si vamos aceptando esta filosofía laboral policial, estaremos fortaleciendo nuestro sentido de inmediatez. Eso realmente sería ejercer justicia ante las emergencias y todo tipo de investigaciones por más insignificantes que parezcan. Precisamente porque una emergencia, un acto de justicia penal, un patrullaje sistemático, se da en un tiempo de aquí y ahora. En nuestra mente como policías, debe existir el mañana como posibilidad, pero no como alternativa segura para conformarnos con la dedicación a nuestro trabajo, en forma parcial, precisamente porque, el oficial de policía debe estar un paso adelante de los delincuentes. Si no es materialmente, por lo menos mentalmente. Tiene que estar su mente dosificada con la idea de que hay que ganarle a la delincuencia. No hay tiempo qué perder. Otra propuesta interesante de este filósofo que nos ayuda para entender nuestra existencia y trabajo que desarrollamos, es el famoso conócete a ti mismo. En la medida en que nos conocemos a nosotros mismos, que nos damos cuenta de nuestras debilidades, potencialidades, construcciones racionales y ejercicio de actos inteligentes, automáticamente estamos avanzando en el sentido de que somos una acumulación de potencias en movimiento. Al no darnos cuenta de lo que somos capaces y nuestro capital socio-cultural que poseemos, normalmente hacemos una vida mecanicista donde la linealidad sin propósitos bien definidos se magnifica en nuestra vida, creando con ello, un ritmo de vida demasiado ordinario. La propuesta de Kierkegaard es que el auténtico problema con el que debe enfrentarse la filosofía, es el problema interior del propio yo, el esclarecimiento del significado personal.[27] Por consecuencia, el conócete a ti mismo de la filosofía antigua, es un estimulante certero para ejercer nuestra libertad en forma responsable y con calidad. Hay otra propuesta interesante de este filósofo y es el que se refiere a la importancia de la existencia personal de cada individuo. La idea es que el hombre es plenamente existente cuando

---

[27] Ibid., p. 81.

trasciende el anonimato de lo general de la masa, y toma sobre sí, decididamente el peso y la dirección de su vida. Asimismo, encontramos en el pensamiento de Kierkegaard, que, mientras el hombre se encuentra inmerso en la muchedumbre, perdido en ella como simple parte suya, actuando bajo el imperio de sus impulsos, carece de verdadera calidad existenciaria. La pregunta sería: ¿nosotros como policías, estamos inmiscuidos en la masificación humana o que? Esta pregunta deberá generar oportunidades para la reflexión y estará determinada por la acumulación socio-cultural de cada uno de nosotros. Por ende, habrá respuestas negativas y positivas en relación al cuestionamiento. Mi respuesta es que somos de la masificación, pero dentro de esa masificación estamos en un lugar especial pues, no cualquier persona puede ser policía. Para ello se necesita una serie de circunstancias que hacen posible la permanencia en los cuerpos de policía. Ciertamente existen infinidad de situaciones que determinan el hecho de trabajar como policías. Lo cierto es que hay algunos principios fundamentales para ser policía, los cuales, entre muchos, los resumiríamos en los siguientes: Ser personas de bien. Ser responsables y tener la formación integral de entregarse al trabajo con valor, inteligencia y gusto. Con estas cualidades, el oficial de policía, será un ser superior a la masificación humana, pues, no es fácil mantenerse en la línea de fuego entre el bien y el mal; entre la vida y la muerte. Finalmente, Kierkegaard, destaca la presencia de Dios en las personas humanas. El no estar con él genera la desesperación, la angustia, el temor. Entonces, como oficiales de policía, tenemos la libertad de creer en algo. Un ser superior a nosotros e inclusive, en nosotros mismos como lo refiere este filósofo danés, para no desesperarnos con facilidad. Entonces, la desesperación significa: condena o libertad. Si nos desesperamos, tenemos la posibilidad de rectificar nuestra vida. Si no nos desesperamos difícilmente nos damos cuenta de nuestras debilidades. La pregunta sería ¿la desesperación es algo connatural a la naturaleza humana o qué?

c. **F. Nietzsche.** (1844-1900. Alemania). Otro gran revolucionario del pensamiento occidental. Sus objetivos: el ser humano, sus valores, Dios, la metafísica, la filosofía, entre otros cuestionamientos. Hay que leerlo para sentir el pulso de su coraje, poder, voluntad e inteligencia aguda. El ser humano por excelencia es su objetivo primordial. Una de sus propuestas es que la humanidad se sacuda las limitaciones que causa la racionalidad y atreverse a ir más allá de los esquemas racionales. Un hombre que quiere entender el todo por medio de la racionalidad, del objetivismo, del cintificismo, queda limitado exclusivamente a esa posibilidad dejando incompleta la visión omnidireccional de las capacidades humanas. En otras palabras, el ser humano no sólo es razón, también es voluntad como lo dice Schopenhauer. De tal forma que, limitar la capacidad humana a la razón, es minimizarlo, enajenarlo, empobrecer su capacidad de fuerza inteligible. En el fondo, Nietzsche choca con los racionalistas, los positivistas. El ser humano es un ser inquieto por naturaleza, el conformarse a lo socialmente y cultural establecido, es quitarle su capacidad de intuición, de asombro, trascendencia y lucha permanente por la superación. Su propuesta de *Dios ha muerto* es con la finalidad de que las personas no se limiten exclusivamente a determinados parámetros socio-culturales establecidos. Por lo contrario, el ser humano tiene la capacidad de superar las estructuras técnicas, científicas e ideológicas establecidas, para abrir nuevos horizontes, nuevos compromisos consigo mismo y con los seres que hacen posible su mundo. Por ende, el policía, en este caso, debe ser un animal inteligente inconforme, propositivo, inquieto por alcanzar nuevas perspectivas existenciales. El oficial de policía no debe ser un ser conformista, por lo contrario debe ser inquieto, una inquietud moderada, con inteligencia y con la suficiente claridad de sus objetivos a desarrollar. Un policía conformista con la vida que lleva, queda limitado a un ser ordinario, donde su vida estará marcada por un ciclo básico del ser viviente: nacer, desarrollarse, envejecer y morir. Aquí ¿dónde esta la grandeza humana? ¿Dónde esta la potencialidad que significa ser humano, ser pensante, ser en potencia, ser en acto, ser un universo trascendental? Ese es el pensamiento de Nietzsche. El mover conciencias, el fortalecer voluntades, el magnificar la potencialidad de los seres humanos, y en consecuencia, a nosotros como oficiales de policía nos compromete con mayor energía, pues nuestra responsabilidad implica el no ceder, el levantarse, el no caer, el no abandonarse, el buscar la superación, el ser inquietos, el buscar todas las posibilidades dentro de nuestras potencialidades por crecer como seres integrales en materia de inteligencia proyectada hacia la excelencia humana.[28]

d. **Karl Jaspers.** (1883-1969. Alemania.) En este filósofo encontramos, una vez más, la presencia del existencialismo como base para la trascendencia humana y construcciones socio-culturales. La filosofía, a través de la razón sirve para entender nuestra existencia. Una existencia que no debe estar determinada por ninguna religión,

---

28 Cf. Yepes Store, Ricardo y Aranguren Echevarría, Javier. *Fundamentos de antropología. Un ideal de la excelencia humana.* Eunsa. España, 1999.

corriente de pensamiento o forma de ser en específico. Entonces es una existencia en permanente apertura hacia la libertad; pero es una libertad trascendente que, por su misma trascendencia, estimula a las personas a una permanente superación, una constante búsqueda por esa libertad trascendental y a la vez concreta. Su propuesta es que estos conceptos de libertad, sí-mismo, existencia, etc., carecen de sentido en el mundo de la ciencia, pero lo alcanzan en el ámbito de la filosofía, porque en él, se refieren al individuo singular y concreto y se está en el mundo de la razón práctica. Entonces, la razón es el instrumento inteligente que nos va a permitir entender nuestra existencia a través del conocimiento de nuestras limitaciones. Limitaciones que pueden ser percibidas por medio de la trascendencia racional y que pueden ser rebasadas a través del conocimiento inteligente, exigente, crítico y propositivo. La idea es que experimentamos la trascendencia en dos tipos de situaciones: en símbolos o cifras como mitos, dogmas, poesía, arte, vivencia estética, comunicación, etc., o, en SITUACIONES LÍMITE como por ejemplo la inevitabilidad de la muerte, el sufrimiento, la culpa, la enfermedad, etc. La imposibilidad de evitar estas situaciones revela la presencia de la trascendencia. En este sentido, la situación límite por excelencia es el fracaso: en él acepta el hombre lo inevitable y lo insuperable y se abre a lo trascendente. ¿Estas situaciones límites en los policías cómo entenderlas y aplicarlas en su existencia? La muerte, la enfermedad, el sufrimiento, los vacíos existenciales, deben ser situaciones que fortalezcan la existencia y conciencia de los policías. ¿Cómo reaccionar ante un evento, por ejemplo, donde se encuentra a un ser recién nacido en un horno de microondas sin vida, puesto ahí por sus padres por problemas entre ellos y que se desquitan con un ser indefenso? ¿Cómo entender la presencia de la muerte en nuestra existencia. Sus presencias repentinas que te generan la idea de que no eres eterno? ¿Cómo entender y aceptar la desesperación, la depresión, la angustia, los vacíos existenciales cuando de repente se manifiestan esos estados de conciencia? ¿Cómo entender los robos, por ejemplo, de una persona que trabaja durísimo para pagar renta, alimentos, medicina, entre otros bienes y es despojada de su dinero por una persona que se dedica a robar? ¿Quién reparará esa pérdida monetaria familiar, y cuando se pierde una vida humana por la resistencia a ser robado? ¿Qué hacer? ¿A quién acudir? ¿Quién regresará al ser perdido, al ser robado, al ser violado, al ser secuestrado? ¿Quién ...? ¿El ser humano está preparado para el sufrimiento? ¿Cómo entender el coraje, la rabia, la impotencia de no poder terminar con los criminales? Son muchos cuestionamientos a los que se enfrentan los policías todos los días en sus actividades cotidianas. ¿Estos hechos, fortalecen el espíritu policial? ¿Estos hechos incrementan la capacidad de tolerancia a lo intolerable de los oficiales de policía en su trabajo? ¿Estos hechos finalmente sobredimensionan el sentimiento humano en el policía, logrando con ello, muchas veces vacíos existenciales? ¿Cómo suplir esos vacíos espirituales? ¿Cómo llenarlos con calor humano? ¿Nos damos cuenta que también los policías tenemos nuestros lados humanos, que sentimos, que sufrimos, que constantemente nos esforzamos por superar el mal que se nos impregna por el hecho de atacar a los criminales? ¿Quién fortalece la integridad policial? ¿Su sueldo? ¿El hecho de hacer el bien? ¿El hecho de poder enfrentar a los delincuentes con las mismas circunstancias y armamentos que ellos? Podemos continuar, sin embargo, paramos y recogemos la propuesta de Jaspers de que las **situaciones límite** fortalecen a las personas y nos permite darnos cuenta de un ser superior a nosotros y que está a nuestra disposición para ser considerado. La idea jasperiana es de que en el fracaso, en el vacío, en las situaciones límite experimentamos el ser. Un Dios siempre lejano, nunca alcanzable y sin embargo, siempre presente. Esta es la propuesta de Jaspers: darnos cuenta de nuestras limitaciones y a partir de ello, fortalecer nuestra existencia.

e. **Max Scheler.** (1874-1928. Alemania.) Este pensador queda considerado como perteneciente a la estructura filosófica de la fenomenología y el vitalismo. Dos corrientes de pensamiento que se preocupan, la primera, por las manifestaciones naturales, humanas y socio-culturales que se dan en el transcurrir del tiempo y su impacto en la conciencia; en otras palabras, lo fenoménico o fenomenal es lo que se nos manifiesta, esta manifestación fenomenal, estará determinada por nuestra capacidad informativa que tengamos en relación con nuestro interior y el mundo que nos rodea. Por ejemplo, el viento es un fenómeno, una idea es un fenómeno, con estos ejemplos percibimos fenómenos naturales y fenómenos procesados por la mente humana. Estos ejemplos nos permiten abrir nuestro panorama mental y generar en nuestra mente los fenómenos posibles por construir o reconstruir, es decir, deshacer en cuanto a producciones humanas.[29] Con respecto al vitalismo, Scheler, le da la fuerza a la existencia e inteligibilidad

---

[29] Op. cit. Bartra, Roger. *Antropología del cerebro.* FCE. México, 2008, así como Popper, Karl. *El cuerpo y la mente.* Paidós. España, 1997 y, De la Fuente, Ramón. *Psicología médica.* FCE. México, 2008.

humana. Ese vitalismo que estará determinado por las capacidades humanas para lograr sus objetivos de vida. Por otra parte, este filósofo magnifica la ética como una forma de ser espiritual, inteligente y congruente consigo mismo pues se está consciente de la forma de ser. Asimismo, magnifica la importancia de la existencia del hombre en la naturaleza, humanidad y el impacto en el universo, para ello realizó una obra titulada *"El puesto del hombre en el cosmos."* En esta obra, levanta al ser humano de la tierra y lo compara con el misterio y la potencialidad del universo. Entonces somos seres en potencia que logramos materializar esa posibilidad por medio de nuestros actos humanos. Es decir, en el momento en que actuamos o dejamos de hacer algo, se está generando esa actualización de nuestras capacidades, potencialidades y formas de ser. Una de sus máximas propuestas es que, el descubrimiento de la intencionalidad emocional le permite descubrir los valores que son esencialidades intuitivas y evidentes de las que no se puede predicar ni la inteligibilidad racional ni ningún carácter lógico, pero que se ofrecen a la descripción fenomenológica; en otras palabras, lo que nos gusta, lo que pretendemos, lo que buscamos, son posibilidades de manejarlas como fenómenos considerados como valores y que nos enriquecen como seres morales, éticos y racionales con la proyección hacia la trascendencia. Y entrando a la ética, -misma que es parte de su filosofía-, la percibe de la siguiente forma: La jerarquización de los valores sensibles como: agradables-desagradables; los valores vitales y espirituales: como los estéticos y los cognoscitivos y culmina con el valor supremo de lo santo. Entonces tenemos la percepción, la producción y la trascendencia a través de la contemplación, credibilidad y fe en un ser superior al constitutivo humano. En suma, como policías debemos entender que el ser humano es un fenómeno corporal, espiritual, energético y racional que juntos, integran un ser humano en búsqueda siempre, de la superación personal a través de la ejercitación de nuestra inteligencia·para realizarnos plenamente como seres humanos y no quedar a merced del tiempo sin influir en él. Finalmente Scheler diría que la persona es una unidad esencial actuante.[30] Con principios éticos personales y principios morales socializantes. Con esto, Scheler, deja clara la separación entre principios morales y principios éticos, los cuales frecuentemente son confundidos. Lo cierto es que, somos seres inteligentes,

---

[30] Op. cit. Cruz Prados, Alfredo, pp. 151-155.

inmersos en un cosmos, libres para actuar y para asumir nuestra responsabilidad como seres mortales.

f. **Sigmund Freud.** (1856-1939. Austria.) La propuesta de Freud, ¿Para qué le sirve al policía? ¿Para qué le sirve al policía entender las configuraciones mentales? ¿Cuál es la diferencia entre conciencia e inconciencia? Estas son algunas preguntas, sin embargo, existen muchas posibilidades en materia de cuestionamientos mentales, para poder entender y destrabar, en algunos casos, los principios mentales que permiten a los delincuentes actuar por el camino del mal. Entonces, todo lo relacionado con los procesos mentales, ejercido por personas expertas en dicha materia son bienvenidos pues, finalmente, como lo hemos referido, toda la información que enriquezca el horizonte socio-cultural del policía es rescatable pues, con ello, tendrá mayores posibilidades de entender el comportamiento criminal y por ende, la tranquilidad del comportamiento humano que se rige por los caminos del bien. En este sentido, la propuesta de Freud, tiene como parámetro varias premisas de comportamiento que nos permite entender el acto criminal. Por ejemplo, la constitución del psicoanálisis como una corriente mental que permite entender los procesos mentales y su impacto en el actuar cotidiano. La importancia de la sexualidad en los comportamientos humanos. La neurosis como enfermedad mental. El descubrimiento del inconsciente para entender los procedimientos mentales y de comportamiento. La elaboración de una metapsicología, término con el que alude a los procesos que conducen a un más allá de la conciencia, marca la dinámica de la investigación psicoanalítica y permite distinguir las fases de la obra freudiana y sus escritos más representativos. En términos generales la propuesta de Freud, genera toda una revolución en el centro de la conciencia humana y que rompe la unidad del sujeto en relación a su saber y a su verdad. Entonces, la presencia freudiana en la evolución filosófica, psicológica y metafísica es paradigmática en el sentido de que desplaza parámetros socio-culturalmente aceptados. Por ejemplo, Freud admite que las alteraciones de conducta e, incluso, motoras ya que, pueden ser producto de fenómenos puramente psíquicos, no orgánicos, y que, por tanto, admiten una terapia también psíquica.[31] Entonces ya tenemos aquí un gran dualismo entre el cerebro como órgano corporal y la mente como espacio infinito donde se realizan los procesos mentales. Es un espacio

---

[31] Ibid., p. 98, así como De la Fuente, Ramón. *La patología mental y su terapéutica I y II.* FCE. México, 2005 y 2006.

donde no hay límites, es decir, el cerebro a través de la mente, es un universo donde todo cabe. Sin embargo, cuando la mente enferma, hay que meter el psicoanálisis, la psicología y sus respectivas terapias; cuando el cerebro enferma, hay que meter a la psiquiatría y la neurología fundamentalmente. Entonces hay una gran diferencia entre el cerebro y la mente, entre el cuerpo y la mente. Se abre la mente a través del diálogo y esta información es utilizada para encontrar aquellas premisas que enferman a la mente. Finalmente enfrentar nuestros miedos, nuestras fobias, es una forma de aligerar la pesadez de nuestros procesos mentales que muchas veces nos paralizan pues, la mente humana, deberá estar educada para llevar una vida tranquila y liviana desde una perspectiva analítica. Sin embargo, también existen las mentes preparadas para enfrentarse ante situaciones límite. Situaciones peligrosas y complejas y, esos, podríamos ser los policías, los médicos, los bomberos, los peritos, entre otros profesionistas del bien hacer.

g. **Henri Bergson.** (1859-1941. Francés.) Este filósofo pertenece a la corriente de pensamiento considerada como vitalismo. En este contexto la fuerza, que le da vida a la vida, es lo más importante. Sin esa fuerza, difícilmente los seres vivos se mantienen en movimiento. La idea es que el constitutivo último de la realidad pertenece a la esfera de lo vivo y dinámico, y, por lo tanto, la verdad sólo se alcanza en la interiorización, en el contacto inmediato e intuitivo. Respecto a **la ciencia**, Bergson, considera que empobrece la realidad, la fosiliza; por lo que su valor no radica en el conocimiento que pudiera proporcionarnos, sino en su utilidad: representa **un ahorro de esfuerzos**, tanto en la vida práctica como en la vida intelectiva. Asimismo, refiere que **lo interno** corresponde a lo dinámico y vital: **es fuerza**. Lo externo, a las condiciones de fijeza y estabilidad: es materia inerte.[32] Entonces la ciencia es un ahorro de pérdida de energía y esfuerzo humano. Para eso es la ciencia, para hacer más agradable y placentera la estadía de la humanidad en la tierra. Una ciencia a disposición de la humanidad para su comodidad. Sin embargo, para que el ser humano logre avanzar en su desarrollo y crecimiento, necesita del vitalismo que trae en lo profundo de su ser. Ese vitalismo, refiere Bergson, es la fuerza que constituye su ser. En cuanto a la inteligencia, considera que el lenguaje es su máxima expresión científica. Esta inteligencia necesita distinguir, desligar y fijar para explicar su objeto. En este sentido, destruye la continuidad y el carácter fluyente de lo real.

---

[32] Op. Cit. Cruz Prados, Alfredo., p. 125.

Aquí tenemos dos ideas interesantes: el lenguaje que manifiesta la cientificidad y la inteligencia que rompe con la realidad para revolucionar dicha realidad social y natural. Entonces tenemos una realidad, una ciencia aplicada y una inteligencia que revoluciona y evoluciona la realidad natural y socio-cultural, todo esto con el esfuerzo humano, su vitalismo y entrega hacia su perfectibilidad. De esta forma, destruye la continuidad y el carácter fluyente de lo real. Otra propuesta que maneja Bergson es la **intuición** como instrumento humano para evolucionar la ciencia, racionalidad e inteligibilidad humana. Cabe destacar que el vitalismo en términos de Schopenhauer sería la voluntad. Entonces vitalismo + voluntad va a generar una posibilidad para engrandecer y fortalecer la inteligibilidad humana. En cuanto a la intuición, Bergson refiere que sólo captamos la temporalidad real mediante un contacto inmediato, cuando dejamos de ser observadores externos, y nos introducimos en el mismo fluir del ser, sin voluntad alguna de análisis racional.[33] En esta idea, hay dos momentos fundamentales, el dejarnos ir al fluir del ser y el no usar la razón para liberarnos de los contrapesos que nos impedirían entregarnos al ser. De tal forma que, cuando nos amarramos a nuestra razón, difícilmente podemos disfrutar la libertad y poder que significa sentir al ser en nuestra existencia a través del vitalismo que constituye nuestra vida. Finalmente Bergson destaca que **la filosofía es el fruto de la intuición y de la inteligencia**. ¿Cómo entender esta situación como policías? Ya hemos referido que la filosofía es digerible con calma, pasión, entrega, inquietud, con la intencionalidad y tendencia hacia el conocimiento, la sabiduría. Estas serían las condiciones necesarias básicas para poder entender la filosofía, disfrutarlas y considerarla para entender las propuestas diversas del conocimiento. Tomamos esta referencia para aceptar que la filosofía esta a disposición de los seres humanos. No hay impedimentos, no hay abismos, si hay asombro, respeto y entrega; así es como hay que entrar al conocimiento: con paciencia y disfrutarlo. Regresando a Bergson, marca dos momentos filosóficos: la intuición y la inteligencia, ambos se generan en la mente humana, pero son alimentados por la fuerza vital, por la voluntad y por el poder de la intencionalidad humana; es decir, la entrega integral de las capacidades para cubrir todas las expectativas posibles que hacen factible la oportunidad para disfrutar la filosofía y con ello, aplicarlas a nuestros procesos laborales en cuanto nos enfrentamos ante los conocimientos

---

[33] Ibid., p. 126.

criminales, ordinarios, científicos y los pletóricos de sabiduría como son los que hemos revisado en este trabajo hasta este momento y que continuaremos con la misma tendencia: dar lo mejor a los policías en materia de conocimientos para humanizarse, sensibilizarse y estar por encima de las mentes ordinarias que sólo se conforma con un conocimiento específico y difícilmente se esfuerzan por superar sus limitaciones cognoscitivas. Finalmente Bergson considera que toda la realidad es evolución a partir de un impulso vital originario. Este impulso inicial constituye un primer núcleo dinámico, de fuerzas aún indiferenciadas que se van desplegando y definiendo en el proceso evolutivo que configura la realidad. Ese impulso, diría Bergson es Dios.[34] En suma, tenemos la fuerza, el vitalismo, el ser y Dios. ¿Difícil o fácil de asimilar, señores y señoras policías? Si entiendes esta dinámica filosófica significa que estas bien preparado para continuar si no, te recomiendo descansar y regresar cuando tu mente este más tranquila, precisamente porque la filosofía histórica, en este caso, hay que irla disfrutando. Ya habrá tiempo para atreverse a pensar con rigor, con crítica y con la intención de crecer en el conocimiento filosófico.

h. **Karl, Marx.** (1818-1883. Alemania) No podemos dejar de considerar a este filósofo que revolucionó la conciencia de muchos jefes de Estado, de Gobierno, reinados, monarquías, tiranías y democracias políticas. Entonces, tenemos en este filósofo su interés por el Estado político y su destrucción o desplazamiento de la clase política para que sea asumido por la clase proletaria; por los sin bienes materiales y de producción, por los sin tierra. Pero, ¿cuáles son las tendencias filosóficas en el pensamiento marxista? Para el Diccionario de filosofía Heder sería el existencialismo y el estructuralismo. ¿Cómo entenderíamos estas líneas filosóficas? Nos aproximaremos diciendo que lo primero en la realidad es la existencia humana, a partir de esta existencia se pueden ir modificando las diferentes estructuras socio-culturales, en el caso marxista, sería la economía, la política, lo jurídico y por ende, toda la superestructura social. Con la propuesta marxista de que la clase proletaria asuma el poder político-económico, se da la oportunidad para que los medios y bienes de producción se generalicen y el producto de los mismos se distribuya en forma equitativa, creando con ello, una menor desigualdad social y por ende, ir desapareciendo las diversas clases sociales fortaleciendo a la clase proletaria, contribuyendo con ello a la consolidación de una clase universal

---

[34] Ibid., p. 129.

que viva en comunidad y en forma equitativa en cuanto a riquezas materiales. Sabemos que con estas propuestas marxistas se logró el establecimiento de los socialismos políticos contemporáneos con sus fortalezas y debilidades, pero en movimiento permanente.[35] La filosofía marxista ¿en qué forma le sirve a los policías? Primero, sería para entender las desigualdades sociales contemporáneas; en este sentido, el reconocer que en el ejercicio de autoridad policial no debe haber preferencias por las clases sociales, es decir, la ley debe ser aplicada en igualdad generalizada. En otras palabras, la ley es universal, no para algunas cuantas personas. Esta sería la máxima aportación de Marx para entender las desigualdades socio-económicas en cualquier comunidad humana. Aquí es importante destacar que lo más importante para el ser humano es su vida, libertad, salud, alimentación, vivienda, educación, seguridad y felicidad. Cualquier sistema político que cumpla con estos requisitos fundamentales para los seres humanos, es bienvenido, pues finalmente para eso es la economía, la política, el derecho, la ciencia y tecnología: darle felicidad al ser humano mientras este vivo.

i. **Martín Heidegger.** (1889-1976. Alemán) Ahora continuamos con el filósofo que nos invita a reflexionar en torno a nuestra existencia y la consideración de la muerte como estimulo permanente para hacer de nuestra vida, un acto por excelencia de calidad. Un filósofo que nos arroja a darnos cuenta de nuestra limitación como seres vivos. Un filósofo que nos exige actuar con ecuanimidad y responsabilidad. Una aproximación a la fórmula de su pensamiento sería: Ser + existir (ente humano) + morir = Ser. Su cuestionamiento general es: ¿qué es el ser? Al preguntar por el ser, el ser humano se pregunta por sí mismo pues es él el ser. Entonces el ser lo encontramos en nosotros mismos. Es un ser metafísico que nos da la fuerza para existir y la sabiduría para dejar de ser. En síntesis: el hombre, es el *ser ahí,* es el *ahí del ser:* el lugar del desvelamiento del ser, donde el ser se hace manifiesto.[36] Esta idea haideggeriana implica mucho fondo filosófico, por ejemplo: que el ser humano es el ser en sí mismo, pero ¿quién le da el ser o comparte o coparticipa el ser, al ser humano? ¿El ser humano es solamente un proceso bioquímico? Y entonces surge la pregunta fundamental

---

[35] Cf. Fukuyama, Francis. *El fin de la historia y el último hombre.* Planeta. México, 1992.

[36] Op. cit. Cruz Prados, Alfredo. *Historia de la filosofía contemporánea.,* p. 175.

¿qué es el ser humano? ¿Qué es el ser? Cómo podemos apreciar si se habla del ser, del ser humano, del existir, de la muerte, del tiempo, de la angustia entre otros cuestionamientos de Heidegger, hay que aceptar nuestra deficiencia o parcialidad para contestar, precisamente porque no hay verdades absolutas. Es entonces cuando surge la presencia de la teología como posibilidad para dar respuesta a estos cuestionamientos entre otras alternativas como la metafísica, es decir, el buscar el principio o final de todo cuanto existe y, entonces caemos al circulo vicioso del eterno retorno de lo mismo de Nietzsche, con esto nos damos cuenta que no hay verdades definitivas. Todo es relativo. Todo depende de un todo eterno y superior a lo que somos. Entonces en términos de Heidegger, nosotros somos el ser, pero la pregunta que dejaríamos abierta es quien le da el ser al ser humano ¿Solamente la integración bioquímica o hay algo más en la constitución de la existencia humana? Finalmente, de la propuesta de Heidegger en relación a la aplicabilidad policial, podemos determinar las siguientes consideraciones filosóficas: el tiempo, la existencia, la muerte, el Ser, la eternidad, la finitud humana, la intensidad, entre otras propuestas meta-filosóficas. Como podemos apreciar, la filosofía haideggeriana es aplicable a la operatividad policial, por lo menos para darnos cuenta de que no somos seres eternos y, por ende, debemos de hacer de nuestra vida, actos vertidos de excelencia, impecabilidad y calidad humana. La otra propuesta filosófica policial haideggeriana, es la que se refiere al *cuidado* que debemos ejercer en nuestros actos laborales. La idea es que la estructura fundamental de la existencia en cuanto *ser en el mundo* es el **cuidado.** *Ser en el mundo* significa cuidarse de las cosas, existir en cuidado. También significa cuidarse de los demás. Para el *ser en el mundo* todo se presenta como motivo u ocasión de cuidado; por esto, el cuidado aparece como la estructura fundamental de la existencia en cuanto *ser en el mundo,* la forma de todas las determinaciones posibles de tal existencia. En resumen, tenemos que como policías hay que estar conscientes de nuestra propia **muerte**, del **cuidado** que debemos ejercer en nuestra labor cotidiana y de la concepción de que nosotros **somos el ser**, pero, que hay un ser superior a nosotros, quien es el que finalmente lo coparticipa. Ese ser, tendrá que ser un ser eterno ¿quién más ...?[37]

j.   **John Rawls** (1921-2002. Estados Unidos) Este filósofo norte-americano se preocupa por la justicia social. Para él, todas

---

[37]   Para mayor profundidad en torno al Ser eterno cf. Stein, Edith. *Ser finito y ser eterno. Ensayo de una ascensión al sentido del ser.* FCE. México, 2004.

las personas tiene las mismas oportunidades. El problema es que algunos ya nacen con antecedentes generosos y otros en condiciones de pobreza. Sin embargo, la propuesta rawliana, es la libertad para que haya condiciones generales para que todos los ciudadanos tengan las oportunidades justas para su excelente desarrollo. Por lo tanto, Rawls, con estas propuestas de justicia, está configurando una filosofía política y una filosofía del derecho. Ambas filosofías se fundamentan en lo que sería la justicia social. Para fortalecer esta justicia social, considera dos principios básicos para toda sociedad política: el Principio de Igualdad que consiste en asegurar el máximo de libertad de cada uno compatible con el máximo de libertad de todos. Aquí, en el fondo, podemos visualizar la importancia que le da a la libertad, dentro de un ambiente de tolerancia socio-política y jurídica, para todas las personas, es decir, el fortalecimiento de la libertad humana y, en segundo término, tenemos el principio de diferencia donde se justifica la desigualdad cuando resulte provechoso para todos. De tal forma que estamos ante una situación de igualdad y de diferencia en un espacio de responsabilidad y libertad pública, auspiciados por un Estado de Derecho. Pero este Estado de Derecho, tendrá que magnificarse por ser un Estado donde la justicia social tiene que ser eficiente. ¿Esta filosofía rawliana, en que forma le sirve al policía? La primera aportación sería el hecho de que el oficial de policía debe aceptar que la libertad física de las personas se da en un ambiente donde el Estado les debe garantizar la igualdad jurídico-política en forma equitativa para todos, es decir, la libertad de las personas es un principio connatural al ser humano y, por ende, los Estados políticos y constituciones políticas tienen la obligación de garantizar dichas libertades a través de la creación de estructuras jurídicas que se impongan sobre los intereses personales o de grupo, y que además, el oficial de policía, tiene la obligación jurídica de llevar a cabo dichas garantías jurídico-políticas y, en segundo término, el policía, debe entender que todas las personas tienen las mismas oportunidades para desarrollarse y crecer como personas integrales. El Estado político tiene dicha obligación de garantizar este principio constitutivo de las garantías individuales. Finalmente, John Rawls, se preocupa por una justicia social que beneficie a todos los habitantes de determinado Estado político en un ambiente de libertad y tolerancia mutua.

k. **Karl Popper.** (1902-1994. Austria). No cabe duda que, cuando se es exigente con el conocimiento, en este caso científico, se puede avanzar con gran ímpetu y calidad en cuanto a la argumentación de la ciencia. Una ciencia para hacer más agradable la existencia humana. Una ciencia al servicio y confort de la humanidad. Jamás para hacer el mal, jamás para generar muerte. Si para alimentar el bienestar de las personas. En este sentido, es gracias a la ciencia como ha evolucionado la humanidad, evidentemente a través de aciertos y errores como bien lo expone nuestro filósofo Popper. Una ciencia para humanizarnos cada vez más, precisamente porque la ciencia es el resultado de la rigurosidad en el pensamiento. Entonces, con Popper estamos ante una forma peculiar de generar conocimiento científico y por ende, ciencia. Este hecho evidentemente beneficia a los policías por la forma en que se es riguroso en cuanto a la veracidad, en cuanto a la claridad de la verdad y en su caso de los hechos que se investigan. Tratar de no cometer errores y si se cometen, jamás volver a realizarlos. Por lo tanto, hay que ser riguroso con nuestras investigaciones y buscar siempre la verdad de los hechos que se investigan de la forma más apegada a la realidad. Por otra parte, tenemos en Popper, no sólo ciencia, también hay comunicación y apertura política, en cuanto a la comunicación, Popper refiere que es gracias al lenguaje escrito o hablado como se va materializando el mundo subjetivo, dándole objetividad por medio de la comunicación; por ende, la comunicación es objetividad, la comunicación, es la suma de conocimiento empírico, conocimiento científico y, en su caso, conocimiento filosófico. Ese sería, el gran puente que hay entre lo subjetivo y lo objetivo, entre la mente y el cuerpo. Por otra parte, tenemos la filosofía política donde lo más importante es la libertad. De tal forma que toda tendencia política que ignore la libertad no tiene razón de ser. Fue toda una propuesta, -la de Popper-, para que desaparecieran de la superficie de la tierra aquellos sistemas políticos que destacaban la igualdad por encima de la libertad. Todas las aportaciones popperianas, entonces van a maximizar los siguientes principios: método y racionalismo crítico, pero va a ser una crítica desplazativa en el sentido de que va a mover aquellos parámetros de conocimiento que mantienen vigente determinados fundamentos que hacen posible la ciencia. Entonces, todo conocimiento científico que mantenga una ciencia vigente, será susceptible de ser refutado y desplazado por otro conocimiento con mayor envergadura científica y dispuesto a enfrentarse a cualquier crítico para, en su momento, retirarse del horizonte científico; de donde concluimos que no hay conocimiento científico inamovible, todo es relativo, nada es absoluto y definitivo. En suma, tenemos que con Popper, como policías, debemos ser enérgicos con nuestras investigaciones y tratar de no cometer errores, pues ellos nos permiten avanzar con certeza, pero en el ambiente policial, no se valen los errores o por lo menos no en gran intensidad pues está de por medio nuestra vida, nuestra libertad o el propio trabajo. Aquí paramos con Popper, pues con él hay mucho más por avanzar en materia de la investigación científica, simplemente finalizamos esta aportación diciendo que con Popper se abre la posibilidad para ser críticos y enérgicos en materia de la investigación científica policial.[38]

l. **Jürgen Habermas.** (1929-... Alemán). Es un filósofo vivo. De él se desprende el brillo por el diálogo que demuestra que a través del mismo, se abren horizontes, se genera comunicación y se avanza en ciencia, tecnología, entendimiento y madurez humana. Es entonces por medio del diálogo como va a trascender la inteligibilidad humana. Su fórmula filosófica es: Conocimiento + Razón + Interés = Ciencia y Relaciones Humanas. Entonces Habermas es un seguidor del lenguaje humano como máxima expresión de sus relaciones. Él maneja el **consenso intersubjetivo** como una medida para acordar entre varias personas y llegar al entendimiento a través del diálogo, no de la violencia. Su propuesta es la teoría crítica que consiste en la acción intersubjetiva entre varias personas que consiste en someter la acción y la argumentación a la libre discusión. Como consecuencia de esa discusión, se tiene que alcanzar consensos para avanzar en el acuerdo particular y en su caso universal. Entonces Habermas le apuesta al diálogo como máxima oportunidad para la evolución de las construcciones sociales. ¿Este hecho en qué forma ayuda al trabajo policial? Ya lo hemos referido, la mejor arma del oficial de policía por encima de la fuerza física y la fuerza armada, está el lenguaje como máxima herramienta laboral. Es gracias al uso de un lenguaje eficiente, como el policía podrá tranquilizar, en cierta forma, a la ciudadanía. Entonces, el uso del lenguaje bien hablado dignifica al policía, el buen uso del lenguaje le habre horizontes y oportunidades, pero sobre todo, le ayuda a minimizar los riesgos en su trabajo. En suma, el lenguaje es el arma por excelencia de los oficiales de policía, por encima de la violencia, el sometimiento y las explosividades demedidas.

Después de haber hecho este recorrido por algunos de los filósofos más representativos de cada época en que se divide la historia de la filosofía, podemos afirmar que la filosofía es pragmática en el trabajo policial. Un policía que sabe, que conoce, que busca la verdad, que tiene la mente

---

[38] Tengo en proyecto la investigación titulada: "El método científico en Popper y su aplicación en la investigación policial."

crítica, tiene mayores oportunidades de entender el mundo criminal, el mundo humano y su propio mundo como policía. Es gracias a la filosofía como el policía logra entender las relaciones humanas, los hechos históricos-sociales y culturales por los que ha pasado la humanidad para llegar hasta nuestros días. Es gracias al conocimiento filosófico como el policía entiende su libertad, su responsabilidad y el compromiso que tiene no sólo consigo mismo sino con su familia, sus compañeros de trabajo y las personas en su conjunto que hacen posible su mundo. Entonces, con este antecedente histórico reflexivo de los grandes filósofos que influyen en el trabajo policial, nos permitimos continuar explorando el camino de la filosofía para policías.

Asimismo es importante destacar que el hecho del actuar filosófico está en el propio comportamiento policial. Ya es tiempo de desplazar esa idea degradante de que el policía es un mounstro, un inhumano o un ser ajeno a las necesidades y compromisocos socio-culturles. Por lo contrario, el policía es un ser humano supersensible y que es capaz de controlar el lado obscuro e inhumano de las personas que habitan este hermoso planeta.

Ramas auxiliares de la filosofía.

Todo esta relacionado con el todo. Es decir, todos dependemos de todos. Hay una interacción entre lo natural y lo sobrenatural; entre lo objetivo y lo subjetivo, entre lo físico y lo metafísico, entre lo que es y no es, entre el ser y la nada, entre la vida y la muerte, en términos generales, vislumbramos el *yin* y el *yang* oriental. Cuando se rompe alguna relación se genera una reacción. Por ende, somos causados por un causante. Sin embargo, existen principios universales generales que trascienden los condicionamientos socio-culturales y naturales de la especie humana; es ahí donde se vislumbran las ciencias que apoyan al conocimiento filosófico. Son las ciencias que se encargan de fundamentar ciertos principios sociales, naturales y divinos que le dan sentido a los seres humanos, sin los cuales difícilmente las personas se darían cuenta de sus capacidades y debilidades. Por lo tanto, en esa interacción humano-naturaleza-divinidad, surgen objetivos claros de vida que tendrán que enriquecer la existencia humana a través del conocimiento aprehendido por la especie humana. Entonces, todo se origina en el ser humano y para el ser humano, por lo menos en la actualidad. El centro de atención de este universo, pequeño por cierto en relación con el todo, es el ser humano ¿quién más? ¿Quién podría desplazar la importancia que significa la existencia plena de un ser humano? ¿Un animal inferior? ¿Un vegetal? ¿Un mineral? ¿Un qué, tendría la potencialidad de desplazar a un ser humano del horizonte de la reflexión, interés y la búsqueda de una vida con calidad? ¿Está la naturaleza a disposición de los seres humanos o, los humanos a disposición de la naturaleza?

En este sentido, nuestra prioridad es la existencia humana y su trascendencia como ser inteligente. Esa es finalmente la inquietud de esta propuesta de filosofía policial. Claro esta que, para lograr esa filosofía policial es necesario retomar, un poco, los antecedentes que hacen posible la comprensión de la filosofía, del mundo que rodea al policía y del ser policía en sí. Precisamente porque muchas veces se ordenan principios filosóficos de comportamiento policial, sin haber dado un curso fundamental de filosofía, en este caso para policías. Asimismo, los principios ético-jurídicos para policías, si no llevan una explicación filosófica, normalmente se tiende a aprehenderlos como una fórmula físico-matemática, sin un gesto o rasgo peculiar de calor humano.

En suma, propongo una **filosofía para policías** que tenga las siguientes características:

1. Que el policía comprenda lo que es una propuesta filosófica desde un punto de vista filosófico y no solamente como un ordenamiento jurídico. Pues finalmente, el oficial de policía es una persona pensante y sensible, no una máquina.
2. Que el policía aprenda a usar su inteligencia con rigor filosófico que consiste en el uso óptimo de su racionalidad, voluntad, intuición e inteligencia.
3. Que el policía entienda y acepte que cuanto más informado esté, mayores posibilidades tendrá para entender el mundo y mente criminal y también el comportamiento de la gente normal.

Por lo tanto, como podemos observar, la filosofía del policía, implica la aprehensión de mucho conocimiento; un oficial de policía limitado en conocimientos filosóficos, sin una base ética-filosófica bien cimentada y fundamentada, tendrá debilidades, contradicciones y conformismos. Mientras que el policía con principios ético-filosóficos sólidos, tendrá la seguridad y el poder de actuar con responsabilidad, inteligencia y calidad humana.

Esta es la gran diferencia entre un policía con principios filosóficos sólidos y un policía con principios de conocimiento básicos sin profundizar en la filosofía. En esa filosofía que exige mentes críticas y alertas, es en donde nos estamos desarrollando en este proyecto filosófico policial. Mentes de calidad y en búsqueda permanente hacia la excelencia; mentes inconformes y propositivas; en fin, hay muchas posibilidades para que el oficial de policía, crezca interna y externamente, cuando esta bien parado en bases filosóficas, comprensibles y operativas en sus actos de todos los días.

En consecuencia, la filosofía para policías no es ajeno al policía, por lo contrario, es una oportunidad que esta a su disposición, es menester proyectarse por la filosofía pues, finalmente, es conocimiento que ayudará a ser un oficial de policía con un alto grado de responsabilidad y respuestas con calidad.

Es por eso que entramos al mundo de la filosofía para policías, pues gracias a la filosofía, la mentalidad de las policías tendrá que estar preparada para ir construyendo la policía de este siglo XXI. Una policía de calidad humana y con proyección al ejercicio del bien hacer.

De esta forma, reconsideramos la propuesta inicial del: todos dependemos de todos.

Este principio de reciprocidad, también sirve para asimilar el hecho de que las ciencias naturales, las ciencias sociales, la teología, la metafísica, la cosmología entre otras formas de conocimiento, le sirven a la filosofía como ciencia general que cubre todo lo que es posible e imposible; de lo que es, deja de ser y está en potencia de ser; en suma, es una dependencia omnidoreccional.

Para profundizar un poco en estas relaciones, acudimos al pensamiento de Heidegger quien en un acto de reflexión en torno a la filosofía de Nietzsche, hace las siguientes afirmaciones:

- "El ámbito de la filosofía. No está adherido exteriormente a las ciencias ni añadido por encima de ellas, sino que se encuentra encerrado en el ámbito más interno de la ciencia misma, por lo que puede decirse: una simple ciencia sólo es científica, es decir, un auténtico saber que vaya más allá de una mera técnica, en la medida en que es filosófica."[39] En este sentido, la filosofía está en lo más profundo de lo que es, en este caso una ciencia, cualquiera que se pueda imaginar.
- "¿Qué quiere decir que una ciencia sea filosófica? No quiere decir que tome expresamente elementos de alguna filosofía, que se apoye en ella, que remita a ella, que comparta sus usos lingüísticos y

---

[39] Cf. Heidegger, Martin. *Nietzsche.* Destino. España, 2001., p. 302.

emplee sus conceptos. No quiere decir en absoluto que la filosofía en cuanto filosofía, o sea en cuanto edificio doctrinal formado, en cuanto obra que se sostiene a sí misma, tenga que ser y pueda ser el basamento visible de la ciencia."[40] Aquí regresamos, una vez más a nuestra posición inicial: todo depende de todo. La misma ciencia, la misma filosofía y por supuesto, la propia humanidad.

- "El fundamento de la ciencia tiene que ser (...), lo que la filosofía, y sólo ella, expone y fundamenta: la cognoscible verdad del ente en cuanto tal."[41] En esta cita encontramos el principio y fin de la filosofía y el punto de encuentro entre la filosofía y otras ciencias. Entonces, el ente es el todo, el vínculo, la base, el horizonte, las circunstancias, posibilidades, potencias y actos que determinan a la ciencia y la filosofía. Es a partir del ente de donde se van configurando las diferentes propuestas filosóficas, epistemológicas, metafísicas, entre otras. Entonces el ente, es el epicentro de todo lo que no es, es, y puede llegar a ser.

- "Que una ciencia sea filosófica quiere decir, por lo tanto, que se retrotrae a sabiendas, y por ende de modo interrogante, al ente en cuanto tal en su totalidad y pregunta por la verdad del ente; se mueve en el interior de las posiciones fundamentales respecto del ente y hace que éstas se vuelvan efectivas en su trabajo; la medida en que esto sucede no está dada de ningún modo por la cantidad, la frecuencia y la visibilidad con los que aparezcan conceptos y nombres filosóficos en los tratados científicos, sino por la seguridad, claridad y originariedad del preguntar y por la fuerza sustentadora que posea la voluntad pensante, que no se embriaga y satisface con los resultados de la ciencia sino que los comprende siempre sólo como un medio y un lugar de tránsito."[42] Entonces, la ciencia sólo es un medio para llegar a un fin: el ente en su máxima expresión. Un ente que fundamenta a la filosofía; un ente que alimenta a las ciencias particulares, un ente que está a disposición de las mentes exigentes. Un ente que puede ser apreciado con mayor intensidad por aquellas mentes críticas que buscan verdades, principios y fines del conocimiento universal. En fin, un ente que permite ser lo que es.

- "Entre el pensar filosófico y el investigar científico es posible un acuerdo profundo, sin necesidad de que se toquen en lo más mínimo externa e institucionalmente ni que se ocupen uno del otro. Entre un pensador y un investigador, a pesar de que haya una gran

---

[40] Op. cit., Cruz Prados, Alfredo., p. 303.
[41] Ibid., p. 303.
[42] Ibid., p. 303.

distancia entre sus modos y ámbitos de trabajo, puede existir la más absoluta confianza propia de una competencia interna y fructífera, una especie de ser uno con otro, que es más efectivo que la tantas veces invocada colaboración dentro de grupos organizados."[43] En consecuencia, tenemos al filósofo y al investigador científico. Dos grandes universos del conocimiento, en términos ordinarios; pero si nos esforzamos en pensar a fondo, retornamos a lo que sería el primer principio fundante de lo que es: el ente. Y entonces, a partir de la concepción del ente, se van construyendo los entes particulares que corresponden a las ciencias particulares. De donde podemos concluir que la filosofía es una ciencia general y las ciencias son conocimientos particulares, específicos y especiales. Sin embargo, todo conocimiento gravita en torno al ser que arroja entes hacia las diversas concepciones sociales y naturales del mundo humano.

En conclusión, tenemos que las ciencias particulares, son coadyuvantes de la filosofía. Estas ciencias particulares estudian una parte del ser a través de los diversos entes que se pueden ir generando o manifestando conforme se vaya avanzando en la configuración del conocimiento. De tal forma que, tenemos un ser, generador de entes a través de la racionalización del ser humano de los diversos fenómenos actuales o en potencia que se van haciendo presentes.

Entonces, tenemos que esas ciencias particulares son las ciencias naturales y sociales generales, mientras que las ciencias auxiliares específicas de la filosofía, podrían ser las siguientes: La metafísica, la teología, la epistemología, la cosmología, la antropología, la filosofía de la naturaleza, la filosofía de la mente (psicología racional), entre otras. Lo que debemos dejar claro es que tanto las ciencias filosóficas como las ordinarias, se mueven en torno al ser. Por lo tanto, el estudio de la filosofía a estas alturas de lo revisado, sería el estudio del ser y su penetrabilidad en los entes que se generan como consecuencia de la inteligibilidad y racionalidad de la mente.

Pero, ¿qué es el ente? Herder refiere que es una palabra latina *ens* y que significa ser o existir.[44] ¿Qué pasa aquí? Si soy existo y si existo soy. No puedo ser sin existencia y sin existencia no soy. Por ende, ambos términos son recíprocos. Entonces el ente es y para ser tiene que haber pasado por una *humanización racional*. Es decir, tiene que haber pasado por una mentalidad

---

[43] Ibid., p. 303.
[44] Cf. Diccionario filosófico Herder.

para poder darle forma. En el momento en que se intenta la forma mental o extra-mental, se da el fenómeno del ente, antes de ser razonado, no es, a partir de la configuración mental es. Entonces, los entes, son todo lo que es. En el momento en que algo deja de ser nada, en ese preciso momento adquiere la dimensión de un ente, un ente que ha sido configurado por una mente y que finalmente, ese ente es una forma del ser y entonces entramos a lo que sería la pregunta por el ser: ¿qué es el ser?

Antes de profundizar en el ser, consideramos, un poco, el constitutivo del ente a través del pensamiento de Heidegger, quien es el experto hasta el momento de la configuración del ser, del ente, del tiempo, la finitud, la eternidad y la muerte.[45]

En términos generales **el ser** es el fundamento y **el ente** es el medio. Sin duda, con esta hipótesis se puede hacer toda una enciclopedia. Sin embargo, por ahora nos concretizamos a interpretar para compartir con los policías que el ser, es el máximo creador del universo, es el todo, es la base, es el principio y es el fin. Es el cuerpo y espíritu de la filosofía en términos de Heidegger, mientras que los entes, sólo son medios para llegar al fin, ese fin que es el ser. Con esto intentamos contestar la pregunta por el ser, claro que solamente es una aproximación pues, ya hemos referido que verdades no existen, lo que es, es una simple propuesta, habrá que mantenerla para argumentar y trascender su posición dentro de la concepción filosófica; sin embargo, habrá otras tendencias que desplacen dicha apreciación. Aquí nos quedamos con la idea de que el ser, es el fundamento de todos los entes. El ser no es un ente en sí, por lo contrario, los entes llevan una buena parte de ese ser.[46]

En suma, tenemos que las ciencias en general, son auxiliares de la filosofía. Son las que la enriquecen, sin embargo, hay algunas ramas del conocimiento en especial, que fortalecen la existencia de la filosofía como son: la metafísica, la gnoseología, la teología y en este caso por tratarse de un estudio para policías, sería la filosofía del derecho.

Algunas de estas ramas auxiliares de la filosofía, son:

---

[45]   Cf. Heidegger, Martin. *El ser y el tiempo.* FCE. México, 2000.
[46]   Hay algunos filósofos como Tomás de Aquino, Edith Stein, entre otros, que refieren que ese ser fundante de los entes, es Dios., op. cit. Stein, Edith. *Ser finito y ser eterno.*

a. **La metafísica**.- es la ciencia auxiliar de la filosofía que se encarga de estudiar al ser y sus respectivos entes.

b. **La gnoseología o epistemología**.- es la ciencia que se encarga del estudio de la formación del conocimientom en la mente interna y externa de las personas. La producción del conocimiento.

c. **La teología**.- es la ciencia que se encarga del estudio de Dios, del ser eterno, del ser absoluto, del ser ilimitado.

d. **La fenomenología**.- es la ciencia que estudia los fenómenos naturales y artificiales construidos por la mente humana.

e. **La psicología filosófica**.- se encarga de estudiar el comportamiento de las personas desde un principio metafísico-epistemológico.

f. **La filosofía del derecho**.- estudia al ser y el deber ser desde una propuesta metafísica, gnoseológica, política, económica y sociológica.

g. **La antropología filosófica**.- se encarga de estudiar al ser humano desde una perpectiva omnidireccional, omniabarcante y dentro de un complejo socio-cultural evolutivo e historico.

h. Finalmente tenemos la **neuro-psiquiatría-filosófica,** misma que analiza los procesos mentales desde una perspectiva biológica, psicológica y epistemológica. Estas tres líneas del conocimiento proyectadas hacia un objetivo común: la formación de la mente, la conciencia, la atención, la memoria y el misterio, maduración y evolución de los paradigmas mentales.

Podemos continuar demostrando lo que hemos referido de que todo depende de todo y, todo el conocimiento posible, alimenta finalmente a la filosofía, en este caso nos hemos avocado a aquellas ciencias filosóficas que fortalecen el conocimiento de los policías como un instrumento inteligente para entender la realidad natural, personal y social.

A continuación entraremos a lo que son las ciencias más íntimas de la filosofía.

CAPITULO II.

¿Qué es la metafísica?

La palabra metafísica viene de una idea griega que significa más allá de los libros de física. Un saber que trasciende los fenómenos físicos ordinarios o, como conocimiento de la naturaleza en busca de principios o conceptos que pueden explicar el mundo físico.

Por su parte Emanuel Kant niega a la metafísica como ciencia y la percibe como la constitución de una filosofía trascendental que ocupa su lugar como reflexión crítica sobre la capacidad de la razón humana.

En el diccionario filosófico Herder, encontramos que "los objetos tradicionales de la metafísica, Dios, mundo y yo, son desde el punto de vista del conocimiento sólo ideas reguladoras del pensamiento, metas inalcanzables que, sugieren síntesis y fomentan la capacidad reflexiva."

Asimismo, continúa el diccionario Heder que el positivismo lógico del Círculo de Viena representa una nueva crítica y una nueva descalificación de la metafísica, al considerarla un tipo de discurso carente de sentido, por razón de que los términos que emplea (Dios, ser, nada, absoluto, etc.) no son empíricamente verificables.

En consecuencia, la metafísica tiene diferentes posibilidades de ser considerada de acuerdo a la corriente de pensamiento filosófico o científico, con que se le considere.

Lo real es que, es una rama de la filosofía que permite comprender algunos principios fundamentales de la propia filosofía, del mundo, de la naturaleza, de los seres humanos, del cosmos y de Dios.

Ahora tenemos los siguientes principios metafísicos:

1. **La metafísica considera la causa absolutamente última de todo el universo, investigando cuál es, cómo influye en el mundo, y qué naturaleza tiene.** Aquí podemos entender que todo los seres vivos y no vivos son causados por algo, ese algo, tendrá que ser el primer causante de todo cuanto existe. Por ejemplo, el ciclo del agua: gasificación, lluvia o nieve, o granizo que se convierte en océano, lagunas, ríos y posteriormente evaporación. Pero ¿qué causa es la primera de este ciclo? ¿Quién es el causante de la unión del hidrógeno y del oxigeno? ¿Quién influye para que se de el movimiento entre estos gases? ¿Quién es el generador del movimiento? ¿Quién causa para que todo esto sea causado y por ende, causante de otras causas y así sucesivamente hasta la eternidad? Y, entonces surge la pregunta ¿qué es la eternidad? Son cuestionamientos que todo ser humano inquieto por el conocimiento debe preguntarse. Es ahí donde está presente la metafísica. Rebasa los cuestionamientos ordinarios y se proyecta hacia lo primero y lo último, en este caso causante de lo que es, deja de ser o está en posibilidad de ser. ¿Y cuál es esta causa? ¿Esta primera causa sería qué...? ¿Esta primera causa cómo influye en el mundo, en la naturaleza, en el ser vivo, en el ser humano y en lo que es? ¿Ésta primer causa tiene una naturaleza en especial? Todos estos cuestionamientos nos llevan hacia un objetivo aproximativo en torno al ser causante de los entes y de lo que es. Un ser eterno, omnipotente, universal, que está en todo lo imaginable, inimaginable, palpable, subjetivo y objetivo, está ahí donde menos lo esperamos, en el llanto y sonrisa humana; en la vida, muerte y sufrimiento de lo posible e imposible. En la gota de agua sobre una hoja al amanecer en la selva chiapaneca, por ejemplo.

2. **La metafísica abarca en su estudio toda la realidad, y también en esto se distingue de las ciencias particulares, que sólo atienden a un sector determinado del mundo.** Aquí agregaríamos que en su estudio, la metafísica no solo se limita a la realidad, pues, finalmente la realidad, es una parte del conocimiento y fenomenología universal; por lo tanto, se rebasa esa realidad, se supera esa realidad. Limitar la metafísica a la realidad es minimizarla, cuando la metafísica supera esa realidad, pues finalmente, la realidad es una interpretación de la naturaleza y las construcciones socio-culturales. Asimismo observamos lo que hemos considerado con anterioridad: el hecho de que la metafísica es un conocimiento general-universal, mientras que las ciencias particulares se limitan a una parte de esa generalidad cognoscitiva.

3. **El objeto material de la metafísica es toda la realidad, pues todas las cosas son entes, aunque de modo diverso.** Aquí agregaríamos que la metafísica estudia además una meta-realidad, es decir, una realidad que va más allá de la realidad ordinaria, como lo hemos referido en el punto anterior. La pregunta sería ¿y dentro de esa meta-realidad hay entes que puedan fundamentar parte del estudio de la metafísica como ciencia encargada de estudiar todos los entes? Considero que sí, pues finalmente lo que está más allá de la realidad ordinaria, también entra en el mundo del ser humano que tiene la posibilidad y potencialidad de apreciar dichos fenómenos metafísicos. Entonces, tenemos la siguiente reflexión aproximativa cognitiva: mientras la física estudia a la realidad ordinaria junto con sus fenomenología, la metafísica, rebasa esa condición ordinaria real y busca la trascendencia del pensamiento, de la percepción y el principio y finalidad de todo cuanto es, ha dejado de ser y está en potencia de ser. Con esta observación, considero que estamos preparados para entender los fenómenos físicos ordinarios, así como los fenómenos físicos extraordinarios como podrían ser el conocimiento de sabios, el conocimiento que se desplaza por mínimo que sea, por encima de la objetividad del conocimiento socialmente aceptado, básico y fundamental. ¿Entonces, los que se atreven a pensar a fondo, en intensidad, densidad, complejidad y trascendentalmente, son personas a-normales, es decir, fuera de la normalidad ordinaria? La respuesta es sí, precisamente porque lo normal, lo cotidiano, lo rutinario, sume al ser humano en una mecanización de vida, que difícilmente puede desprenderse de la misma. Esa es la gran problemática del siglo XXI. Las personas mecanizadas, limitadas; las personas que rompen con esa normatividad y, finalmente las personas que se mueven en ambos ámbitos de acondicionamiento existencial. Habrá que pensar como policías ¿a que realidad queremos pertenecer o bajo qué esquema de conocimiento queremos desarrollar nuestra existencia? ¿Al mundo de la normalidad o la anormalidad, o a los dos mundos como acción fundamental para conocer los procesos epistemológicos que nos permitan tener una visión amplia de las interacciones humanas? Recuérdese que los policías, en el fondo de nuestro quehacer cotidiano, somos científicos sociales pues, estamos conviviendo con seres humanos, en su realidad concreta y objetiva y esperando que se disparen las violaciones de las leyes para entrar en la prevención, investigación y aplicación de la inteligencia policial, como parámetros fundamentales para controlar y hacer que no se violen las leyes administrativas y penales. Somos científicos

sociales, además, porque tenemos una metodología de investigación que nos permite entender el *a priori,* actualidad y *a posteriori* de las conductas humanas en las realidades humanas. Por ejemplo, el modo de operar de determinado grupo criminal que se dedica al asalto con violencia a pasajeros del transporte público. Sabemos dónde actúan, cómo actúan, con qué actúan, entre otras formas de operatividad criminal. Con esta información, se forman esquemas operacionales para atacar, aprehender y desarticular a este tipo de delincuentes. Este hecho cognitivo, es una parte de la ciencia social que nos ayuda a controlar desde una posición científica las conductas criminales. Entonces, somos científicos sociales con un alto grado de responsabilidad, compromiso, profesionalismo y valor para llevar a cabo las encomiendas que tenemos asignadas como oficiales de policía. ¿Qué tan importante es la policía en un Estado político? Imaginémonos una ciudad sin policía. Imaginémonos una ciudad con policías mediocres, sin preparación y formación profesional, intelectual y sin alta calidad humana. ¡Tremenda la situación! Por lo tanto, señores gobernantes, la policía es el sistema circulatorio del cuerpo social. Una policía, es la seguridad de las personas, la fuerza de las instituciones del Estado y la credibilidad de las leyes, claro, cuando es una policía de excelencia; por ende, nuestro compromiso es fortalecer, alimentar y cosechar policías profesionales, con alta calidad humana y comprometidas con el bien de las personas en su generalidad.

4. **El objeto formal es el ente en cuanto tal, considerado en su carácter de ente.** Aquí nos detenemos para hacer una reflexión que nos permita entender lo material y lo formal de la metafísica, mismos principios duales que pueden ser aplicados a todas las actividades humanas. Así tenemos que el objeto material de estudio de cualquier ciencia o no ciencia, es su generalidad, mientras que el estudio formal, es lo específico de dicha ciencia. Así tenemos que la filosofía y la metafísica son áreas del conocimiento humano donde su estudio material es la generalidad de la realidad y meta-realidad, mientras que su estudio formal, sería la especificidad de dicha realidad y meta-realidad. Entonces, ya tenemos una generalidad y una especificidad del conocimiento y naturaleza humana. Por ejemplo, la psicología, es una ciencia que se encarga de estudiar el comportamiento humano, este sería en términos generales el estudio material de la psicología, mientras que el estudio formal, sería el por qué de cada comportamiento humano. En el ámbito policial, el objeto material de la policía es el mantener el estado de derecho, y el objeto formal serían todas las actividades que se

desprenden de dicha actividad, por ejemplo, las investigaciones policiales, el cumplimiento de las ordenes ministeriales y judiciales, la prevención del delito, los estudios criminales, la aplicación de la inteligencia policial para tener conocimiento de los principios, desarrollo y finalidades de la delincuencia organizada. De tal forma que, entre lo material y formal en la investigación científica y filosófica, una se proyecta hacia la generalidad y otra aterriza dichos principios generales a realidades concretas. En el caso de la metafísica, serían realidades meta-concretas. Entonces si el objeto formal de la metafísica es el ente en cuanto particularidad, tenemos que, cada ente debe ser estudiado, percibido y proyectado como una manifestación humana, ubicado por un tiempo, un espacio y una circunstancia que determina su existencia y forma de ser.

5. **La metafísica estudia un aspecto propio y específico, que los demás saberes presuponen: el ser de las cosas.** Hablar del ser de las cosas implica un esfuerzo extraordinario para comprender el principio fundamental de la integridad de un ente, cualquiera que este sea. Por ejemplo, el ser humano. Es un ente de razón, una razón superior que puede ser entendida como inteligencia, misma que esta formada por una voluntad y razón; que la sumatoria de estas dos facultades determinan la forma de ser de la persona humana. Entonces, es un ser que sufre, que ríe y que sabe de responsabilidad, libertad, justicia y soberbia humana. De tal forma que su ser, es parte del ser universal, pero el ser humano, es la máxima expresión en materia de inteligencia de los demás seres vivientes que habitan este planeta. Entonces estamos ante el hecho de que el ser, del ser humano, es bastante complejo, precisamente porque su capacidad mental, de imaginación, de memoria, de proyectos a corto, mediano y largo plazo, son potencialidades y posibilidades en las que los actos humanos pueden influir. En suma, el ser, del ser humano, es de los más interesantes, pero desafortunadamente en términos limitativos, ya que, igual que cualquier ser viviente, tenemos que nacer, vivir y morir. No hay marcha atrás. La persona es un acto de excelencia humana, pues desafortunadamente solamente tiene una corta vida en relación al transcurrir del tiempo y del universo, por ende, hay que hacer de la existencia, una manifestación plena de calidad o por lo menos, estar pendiente todo el tiempo posible por mejorar nuestra existencia.

6. **La metafísica llega a la causa del ser de las cosas, que es Dios Creador.** Ahora entramos a un momento de reflexión fuerte: Dios. ¿Cómo entender, aceptar, configurar la presencia de Dios en el mundo del policía y como ser el causante principal de todo cuanto

existe? Dios como máximo creador, como el creador de lo que es, de lo que existe, de lo que se puede considerar como ente. ¿Quién es ese Dios de los policías, de los filósofos, de la humanidad, de la metafísica? Hablar de Dios es referirse a un ser que está fuera de la concepción humana. Simplemente Dios, no se le puede manifestar al ser humano en forma ordinaria pues es un ser que supera su dimensión. Es una fuerza, es una luz, una voluntad, es energía, es movimiento, es todo lo posible e imposible manifestado en un acto universal, eterno y generoso. Entonces, en términos filosóficos-metafísicos, Dios es el que da el ser, Dios es el que le da las esencias, sentido y particularidades a cada ente. Dios es el todo. Dios es el bien. Dios es lo que es y no es. Entonces, Dios como fuerza dadora del ser, sería el pilar de estudio de la metafísica, sería su conclusión, sería la plataforma donde se desprenden todas las posibilidades entitativas de la realidad y meta-realidad. Como policías, Dios es el todo. Como policías tenemos la libertad de creer en el Dios que queramos, pero metafísicamente encontramos que el Ser es el dador del ser de todos los seres posibles e imposibles, en este sentido, los entes, son lo que son, lo que existe, lo que se da o puede llegar a dar. En términos de Heidgger, tendríamos la siguiente fórmula para no perdernos en las esencia del ser: SER (Dios) + Entes (lo que es o puede llegar a ser) + Fenómenos + Ser Humano = Ser inteligente materializado en un cuerpo y formalizado por sus actos humanos naturales y sociales, buenos y malos. Entonces somos parte del ser universal, del Ser eterno, del ser divino, del ser de luz, del ser que nos permite existir.

7. **El ser es lo más básico que tienen todas las cosas, pues cualquiera de sus perfecciones o características, antes que nada es, y ésta es su condición primera, de la que dependen las demás.** Lo más importante para la metafísica es el ser y sus diferentes formas de ser que se desarrollan como entes con características generales y específicas. En el caso del policía, su prioridad es la vida humana, protegerla, salvarla y garantizarle seguridad en su convivencia cotidiana. Entonces, la existencia, la vida, es lo más importante para la metafísica como para el oficial de policía. Si no hay vida, existencia humana, no hay razón de ser en el estudio de la metafísica como del trabajo policial. Precisamente porque la metafísica se va al principio constitutivo de todo cuanto es, cuanto existe, mientras que la policía, trabaja con seres humanos vivos, no con máquinas, vegetales, minerales o ideas. Trabaja simplemente para el bienestar del máximo representante de la inteligencia en la tierra: El ser humano. Una pregunta: ¿las rocas tienen ser o entran

dentro de los parámetros del estudio de la metafísica? Simplemente son partes del ser, por ende, si tienen ser, existen, son palpables, objetivas y concretas, son entes sin razón, pero están, existen. ¿Una idea tiene ser? Otra gran pregunta, sin duda. Con esta pregunta nos damos cuenta que no existen verdades absolutas. Que todo es interpretado de acuerdo a los conocimientos que se tengan para poder argumentar determinado fenómeno mental, metafísico, real-objetivo. Cuando se reconoce que mientras más sabemos, te das cuenta que menos sabemos, significa que vas por el camino de la justicia intelectual; no soberbia mental y mucho menos inteligencia para hacer el mal, pero, regresando al ser o no ser de una idea, partimos de la hipótesis de que una idea es generada por un ser inteligente, en consecuencia, una idea es una forma de ser, ser resultado de un proceso mental arrojado por una inteligencia aguda o no, pero de un ser existente, en consecuencia una idea si tiene una forma de ser. Un ser mental que en cualquier momento puede desencadenar una reacción. Una idea que es potencia en acto y en posibilidad de desencadenar una serie de actos a favor o en contra del mismo ser-humano. En suma una idea también es una forma de ser, pero una forma de ser refinada pues es generado a partir del esfuerzo racional de un ser inteligente. En consecuencia ¿si una idea es parte de un ser y, por ende, tiene ser, también es un ente? Si es un ente, pues finalmente una idea es un medio que le sirve al humano para algo. Ese algo, aún no es un ente y un ser pues, no se ha generado. Pero ese algo, está en potencia de ser y, en consecuencia, de ser un ente. Por lo tanto, una idea formulada en la mente y expuesta, ya es un ente, porque tiene una forma de ser, porque ha sido generada por una inteligencia humana. Entonces las ideas forman parte del ser, son entes, desde que se configuran en la mente, hasta el momento en que se minimizan en la inteligencia humana. ¿El pensamiento es un ente o un ser? En suma, tenemos la siguiente formula para aproximarnos a este principio metafísico: **Ser + Entes + Ser humano = Diversas formas de ser.** Entonces tenemos que las ideas son entes accidentales de la mente humana. No tienen al ser en sí-mismas, por ende, son accidentes. Sí son una forma de ser, pero no son el ser. En suma, las ideas son entes secundarios producidos como una forma de ser, del ser humano y con posibilidades de ser o no ser en su justa dimensión mental. Concluyendo, podemos decir que las ideas no son seres en sí mismo, sino el resultado de toda una configuración mental que implica la voluntad, la razón y la inteligencia para que el ser humano las formule dentro de sus posibilidades y características específicas.

8. **Algunas doctrinas filosóficas parece que toman otra realidad como objeto propio de la metafísica: la vida (vitalismo), la existencia humana (existencialismo), las condiciones del conocimiento científico (Kant), el pensamiento (idealismo), el devenir histórico (historicismo), etc. (...) el objeto de su metafísica sigue siendo, de alguna manera, el ente, aunque ceñido a la condición de alguna realidad particular.** Con esta propuesta reafirmamos lo que ya hemos referido, en torno a la particularidad de estudio de algunas ciencias y la generalidad del estudio de la filosofía y metafísica. Entonces, con esta propuesta, también podemos comprender las diferentes propuestas filosóficas y sus respectivos fundadores. Ya hemos considerado el vitalismo, existencialismo, faltan muchas más corrientes de pensamiento. Con este antecedente, también se puede entender que una cosa es un ente absoluto, general (Dios-filosofía-metafísica) y otro es el ente particular (ciencias particulares) la física, la psicología, la antropología, el derecho, entre otras ciencias particulares.

9. **El ente es lo que ordinariamente se llaman cosas, realidades o seres, en metafísica reciben el nombre de entes. Ente significa lo que es, algo dotado de la propiedad de ser. Son entes todas las cosas: un árbol, un pájaro, un hombre, etc.** Una vez más, con esta idea, queremos dejar claro lo que es un ente. Las características de dicho ente, son las formas de ser del ente. Esas formas de ser del ente, también son entes pues, han sido generadas por el propio ente superior: el ser humano.

10. **A la metafísica corresponde, ejercer una función orientadora en el cuerpo de las ciencias, en cuanto es la cumbre del saber humano de orden natural: una función que se puede llamar *sapiencial,* ya que es propio de la sabiduría ordenar y dirigir los conocimientos y actividades humanos a la luz de los primeros principios y del fin último del hombre.**[47] Con esta idea cerramos los principios fundamentales de la filosofía-metafísica, precisamente porque ambas ciencias se avocan al estudio de los primeros y últimos constitutivos de los entes y en consecuencia de los seres y las diversas formas de ser. Sin embargo, la filosofía es más general, mientras que la metafísica es particular. La filosofía absorbe a la metafísica, la metafísica fortalece a la filosofía a través del estudio concreto del ser de los entes, entre ellos el ser del ser humano. Entonces, tenemos varios niveles de conocimiento para

---

[47] Alvira, Tomas, Clavell, Luis y Melendo, Tomas. *Metafísica.* Eunsa. España, 1998., pp. 16-50.

llegar al estudio del ser a través de la metafísica, la filosofía y el conocimiento ordinario, estos serían: el conocimiento empírico, el conocimiento científico y el conocimiento sapiencial. El oficial de policía, tiene la posibilidad de penetrar al mundo de estos conocimientos. El hasta aquí haber llegado, con la presente lectura, ha sido un gran esfuerzo. Sin embargo, es apenas un principio, se necesita toda una vida para disfrutar a plenitud el conocimiento filosófico y morir con mente clara, ideas brillantes, propuestas finas, calidad de vida y búsqueda permanente de excelencia humana.

Hasta aquí ya quedó plasmado que el objetivo de la metafísica es el estudio del ente y lo que lo hace posible, es decir, el Ser. Un Ser que puede ser considerado como poder, fuerza, energía, movimiento, luz, la nada, Dios, el que Es, en fin, el ente es lo que es y, lo que tratamos de aterrizar en el trabajo policial, es el hecho de que, como policías, se trabaja directamente con seres humanos de las más diversas tendencias existenciales. Así tenemos personas, las cuales dentro del mundo de la metafísica son entes humanos, que pueden ser altas, bajas, medianas, gordos, flacos, con excelentes físicos, personas astutas, mañosas, criminales, normales y anormales, simpáticos, antipáticos, enfermos y saludables. En fin son una serie de características particulares de cada persona, y nosotros como policías, debemos tomar en cuenta estas particularidades para ejercer nuestro trabajo, pero un trabajo que debe ser imparcial en toda la extensión de la palabra. El considerar las peculiaridades de las personas, es importante en nuestra referencia laboral, para generar hipótesis que nos lleven al esclarecimiento de hechos presumiblemente violadores de derecho y que dichas características a través de la aplicación de la criminalistica específica, aclare la investigación en que nos encontramos.

Entonces, estamos ante *entes humanos* que tienen las siguientes características entitativas:

- **Las mutaciones accidentales manifiestan, que en las cosas existe un sustrato permanente y estable, <u>la sustancia</u>, y unas perfecciones secundarias y mudables, que son <u>los accidentes</u>.** En términos policiales debemos considerar que la persona es una sustancia y los accidentes son las características de dicha persona. Lo más importante es su existencia, que es el ser en sí, sus características finalmente son accidentes de dicho ser, particularidades, adjetivos calificativos dirían los estudiantes de primaria.

También tenemos que los accidentes tienen sus particularidades, por ejemplo:

a. **ACCIDENTES PROPIOS DE LA ESPECIE**.- En el ser humano el lenguaje, su voluntad, razón e inteligencia. A su vez cada una de estas peculiaridades generarían otras peculiaridades hasta llegar al principio de todos los accidentes que es el ser en sí mismo y, en este caso, de sus características.

b. **ACCIDENTES INSEPARABLES DE CADA INDIVIDUO**.- Moreno, gordito, simpático, inquieto, de ojos cafés, etc.

c. **ACCIDENTES SEPARABLES**.- Trabajador, estudiantes, bailador, apasionado, etc.

d. **ACCIDENTES QUE PROCEDEN DE UN AGENTE EXTERNO**.- Enfermedades, aprendizaje, enamoramientos, etc.

Es interesante destacar que "los accidentes no poseen un acto de ser en propiedad, si no que dependen del ser de su sustancia."[48] Es importante destacar que los accidentes personales de los seres humanos no tienen el ser en sí mismos, sino que son características específicas de cada persona, por ejemplo, una persona peli-roja, ese color no es un ser en sí, sino un accidente del ser, un accidentes del ente humano. Por lo tanto, el ser del ente humano cubre los accidentes. Los accidentes no son autónomos, dependen del ente humano. Sin embargo, "los accidentes pueden llamarse entes porque dicen relación a la sustancia: bien porque son cantidades o cualidades, o bien cualquier otra determinación suya."[49] Entonces tenemos que los accidentes no son seres, pero si son entes. No son sustancias, pero sí peculiaridades de los seres. Con este dicho fortalecemos la propuesta de que, por ejemplo, el pensamiento es un accidente, es un ente, precisamente porque es generado por una sustancia pensante, por un ser pensante, por el ente humano.

En suma, tenemos que el ser es el fundamento de la unidad de sustancia y accidente. En fórmula policial sería: SER + SUSTANCIA + ACCIDENTES = SER HUMANO O ENTE HUMANO. Con esto podemos establecer que el ser humano es un ente, una sustancia con peculiaridades o accidentes, los cuales determinan su forma de ser. De tal forma que no hay accidentes, si no hay ser, sustancia o ente humano. Con esta idea, podemos apreciar con mente de policía que realmente el ser humano, es una persona compleja, densa, complicada, abstracta y metafísica en este caso. No es un ser cualquiera, es el máximo representante de la inteligibilidad en la tierra.

---

[48] Ibid., p. 57.
[49] Ibid., p. 58.

¿Un delincuente, tiene estas características? Claro que sí, finalmente es un ser humano, su comportamiento es un accidente. Los acondicionamientos culturales, la falta de oportunidades, la miseria, la soberbia, algunas cuestiones naturales, sus procesos químico-biológicos, en fin, un sinnúmero de circunstancias son finalmente, las que determinan su forma de ser, su forma de vivir y su tendencia hacia los actos delictivos. En términos metafísicos, encontramos la siguiente idea: **"El ser propio de cada cosa es sólo uno (...) toda la realidad sustancial y accidental de un ente es en virtud de un único acto de ser, que pertenece propiamente a la sustancia. El ente posee el ser según un modo determinado por su esencia específica, que es la esencia de la sustancia; y de esa perfección sustancial derivan una multitud de perfecciones accidentales, correspondientes a ese modo de ser."**[50]

En lenguaje policial, tenemos que los accidentes mentales, se pueden ir perfeccionando, en especial la capacidad de conocimiento por adquirir. Una mente humana culta en conocimientos, tendrá mayores posibilidades para disfrutar y vivir con mayor intensidad su existencia. Por lo tanto, somos **entes humanos** en potencia de desarrollar habilidades, conocimientos, técnicas, estrategias, procedimientos, etc. Somos entes en potencia. Somos sustancias complejas.

Ahora tenemos la siguiente fórmula policial: SER + SER HUMANO (ENTE HUMANO) = METAFÍSICA DEL SER HUMANO.

Con el conocimiento básico que tenemos, podemos ir construyendo o deconstruyendo nuestro universo. Con la idea del ser, del ente, de los accidentes del ente, de las potencialidades humanas, de la libertad intelectual, de la forma de ser, podemos ir afinando nuestra existencia y forma de percibir nuestra realidad. Por eso, la propuesta de filosofía para policías, para hacer de su forma de ser, naturalezas inteligentes humanas de calidad y entregadas al trabajo que implica buscar el bien y ejercer la estructura jurídica-política que es el resultado de la inteligibilidad humana. Como policías, también estamos conscientes que tenemos mayores posibilidades de morir antes que muchos ciudadanos ordinarios. Por eso, esa tendencia a nutrir nuestra vida con conocimiento filosófico que nos permitan disfrutar con mayor intensidad nuestra existencia, es una prioridad.

Finalmente con nuestra inteligencia y sentidos, es como vamos evolucionando y fortaleciendo nuestros conocimientos empíricos,

---

[50]   Ibid., p. 61.

científicos y sapienciales. Por eso, es importante cuidarnos, no confiarnos y estar dispuestos a darle con todo, a los delincuentes. No podemos quedarnos paralizados y mucho menos en la incertidumbre, cuando hay que actuar es en el acto, debemos estar preparados para todo, incluso para morir en cualquier momento en cumplimiento de nuestro deber, sería la mejor forma de morir como policías; ni por enfermedad, ni por accidente, sino por la defensa de otro ser humano, de preferencia inocente, Pero, es importante destacar que no sería una muerte tranquila, sino todo lo contrario, sería una lucha con toda nuestras capacidades por salvar nuestra vida. No sería una muerte dulce, acogedora y sin problemas; por lo contrario, hasta el útlimo instánte tendremos que luchar para vencer a la muerte; sin embargo, cuando nos toca, no hay poder humano que pueda superar a la muerte. Ni modo, somos seres mortales.

En suma, ese es nuestro compromiso, y nuestra forma de ser, nos ha permitido estar en este trabajo, difícil, peligroso y apasionante.

Por eso hay que cuidarse, hay que ser enérgicos con nosotros mismos, tener ideas claras. Tener horizontes definidos y si caemos, levantarnos, sacudirnos la tierra y continuar en la batalla pues, la vida finalmente es una lucha permanente contra la muerte. La muerte esta esperando en qué momento se nos viene encima y nos liquida. La muerte no tiene prisa. Esta al acecho.[51] El problema real es que muchas veces por falta de atención en nuestros actos ordinarios podemos caer y perder la vida de la forma más simple.

Pero bueno esto ya es parte de nuestra forma de ser, de los accidentes, características y peculiaridades que cada uno de nosotros poseemos en nuestra forma de ser, de actuar y de morir. Somos seres para la muerte, diría Heidegger, pero es necesario hacer de nuestra existencia, un acto por excelencia, en búsqueda permanente del bienestar personal y por ende, trascenderlo hacia los seres que hacen posible nuestra existencia.

Finalmente, esa es nuestra forma de ser, esto es, las características y accidentes que nos distinguen entre todas las personas. De tal forma que, somos entes humanos con nuestra sustancia permanente, pero no eterna, y con nuestros respectivos accidentes o peculiaridades mientras tengamos vida.

---

[51]   Cf. Castaneda, Carlos. *Viaje a Ixtlán*. FCE. México, 1988.

En suma, las palabras de nuestros referentes metafísicos, señalan lo siguiente, en relación a los accidentes y sustancia: **"La composición sustancia-accidentes se conoce con la inteligencia a partir de los datos suministrados por los sentidos"**[52]

¿Qué podemos obtener de este mensaje? A grandes rasgos sería el hecho de que para entender la metafísica hay que agudizar la inteligencia, magnificar nuestros sentidos y abrirnos al conocimiento con respeto y ecuanimidad. El entrarle al conocimiento en forma apática, con soberbia, desde una posición de poco interés por la filosofía, difícilmente se podrá disfrutar de esta filosofía para policías, la cual, finalmente tiene como interés, enriquecer la inteligencia y mundo del policía.

En resumen, tenemos la siguiente propuesta en torno al Ser, la sustancia, los entes, los accidentes y el ser humano:

"... nuestro conocimiento se inicia en los accidentes sensibles, entendidos como determinaciones de algo que tiene ser; esas propiedades nos llevan a conocer la esencia; y, a su vez, captamos los accidentes como derivados de esa sustancia, obteniendo así, un conocimiento superior de ellos. Este proceso no se cumple una sola vez, sino que constantemente realizamos ese ir y venir de los accidentes a la sustancia y de la sustancia a sus expresiones accidentales, logrando paulatinamente un conocimiento más profundo de una y otros."[53]

"Un conocimiento superior de ellos" han dicho nuestros guías metafísicos. En términos policiales, podemos decir que, el saber de la sustancia y los accidentes, permiten enriquecer nuestro conocimiento en relación al ser y sus potencialidades, peculiaridades y debilidades. Esta es parte de la metafísica que los policías pueden comprender para darse cuenta de que los entes humanos, no solamente son lo que sus apariencias emanan, sino que en el fondo, hay toda una metafísica específica en cada persona.

Los entes humanos, son el resultado de toda una evolución biopsicosocial, es decir, poseen tres premisas fundametales integradores: lo biológico, lo psicológico y lo social, al juntar estas tres tendencias como forma de conocimiento humano, obtendremos un ápice mínimo de la complejidad y exuberancia humana.

---

[52]   Op. cit. Alvira Thomás, Clavell., p. 62.
[53]   Ibid., p. 64.

Los predicamentos.[54]

Ahora entramos a lo que son los predicamentos, los cuales son características específicas del ser. Ser cualquier cosa u objeto, pero ser. Ya hemos referido que los modos fundamentales de ser a los que se reduce toda la realidad son la sustancia y los accidentes. Lo sustancial es lo fundamental, la base, lo que es en sí; mientras que los accidentes son características de dichas sustancias. La sustancia son entes y los accidentes son características de dichos entes. Sin embargo, para concretizar la sustancia y los accidentes en una sola cosmovisión, existen los predicamentos, mismos que engloban a la realidad y meta-realidad en su conjunto.

Así tenemos que "la sustancia, junto con los nueve tipos de accidentes, constituyen los diez géneros supremos del ente, llamados también predicamentos o categorías: se trata, de la descripción de los modos reales del ser."[55] En otras palabras, la realidad se puede interpretar a través de éstos predicamentos. Una realidad o meta-realidad, misma que cubre lo objetivo, lo palpable, la racional y en el ámbito de la meta-realidad, encontramos lo que es, pero que la racionalidad no alcanza a vislumbrar. Lo que está más allá de nuestros sentidos y que nuestra capacidad de inteligencia no ha podido procesar pero que existe como posibilidad de conocimiento.

Los accidentes metafísicos de la sustancia, serían los siguientes:

a. **Accidentes que afectan intrínsecamente a la sustancia:**

- LA CANTIDAD.- Todas las sustancias corporales tienen una cantidad determinada, que se manifiesta en su extensión, magnitud, volumen; este accidente es común a todo lo corpóreo y se deriva de la materia. ¿Entonces lo no corpóreo tiene cantidad, como por ejemplo el aire? En su estado natural el aire no tiene cantidad, pero si lo limitamos, adquiere un volumen y en consecuencia una cantidad.
- LAS CUALIDADES.- Son accidentes que hacen ser a la sustancia de tal o cual modo y que surgen de su esencia, refieren nuestros guías metafísicos.[56] Estas cualidades son características específicas de cada sustancia. Se pueden aplicar tanto a la naturaleza como a las

---

54 Claro que hay diversas formas y modos de ser. Lo importante es tener ser, exisitir, moverse, trascender y en nuetro caso pensar. Op. cit. Stein, Edith.

55 Op. cit. Alvira Tomás, Clavell., p. 65.

56 Ibid., p. 67.

construcciones humanas. Por ejemplo, el color, la textura, la forma de ser, el carácter, las debilidades y fortalezas, entre otro tipo de peculiaridades específicas. Cabe destacar que policialmente, estos predicamentos de la sustancia, sirve para profundizar, un poco más en las características de lo que investigamos, ya sean personas, lugar de los hechos o del hallazgo; estos predicamentos, nos permiten ubicar y dimensionar la importancia y prioridades de las sustancias naturales y humanas que podemos encontrar, por ejemplo, en la escena del crimen, así como características antropo-físicas de las personas.

- LAS RELACIONES.- Determinan a la sustancia por referencia a otra cosa. Aquí surge una vez más nuestra hipótesis: todo depende de todo. Todo lo que es, es causado por otro. No hay seres autónomos, todos dependemos de todo, por ejemplo, del tiempo, del lugar, de la distancia, de la naturaleza, de la ciencia y tecnología, de los sentimientos, del calor humano, del lenguaje, de la comprensión, de la inteligencia, de la búsqueda de la perfección, de la familia, de los compañeros de vida, etc. En conclusión, nada es autónomo por más que se busque la independencia de algo.

b. **Accidentes extrínsecos de la sustancia:**

- EL DONDE (UBI).- Todo lo que tiene una forma, tendrá un espacio, un fondo y un tiempo. En este caso nos toca revisar la ubicación. El espacio que abarca un cuerpo, un ser, un ente, una sustancia.
- LA POSICION (SITUS).- Es el modo de estar en el lugar. La posición, en relación con el todo. Pero también la posición en el aquí, en este tiempo, en este lugar y la respectiva posición corporal. Acostado, inclinado, boca abajo; en suma, las diferentes posiciones corporales.
- LA POSESIÓN (HABITUS).- Es el accidente de la posesión física y en el acto, por ejemplo, algo que lleves, una bolsa, un llavero, una canasta, unos zapatos, etc. Ciertamente el ser humano magnifica el accidente de la posesión. Esa es una de las mayores tendencias de la realidad contemporánea: la posesión de bienes materiales y económicos. Aunque la posesión de conocimientos, también es un accidente de la sustancia humana.
- EL CUANDO (QUANDO).- Es la materialización del tiempo en una sustancia. Por ejemplo, el impacto que genera el transcurrir del tiempo sobre un fenómeno natural, humano o artificial.

Finalmente hay algunos entes que llevan accidentes intrínsecos y extrínsecos.

- LA ACCIÓN.- Lo que se esta ejecutando. El acto en cuestión. El acto en movimiento. Este accidente está determinado por el querer y en algunas ocasiones por los movimientos y acciones sorpesivas como cuando uno reacciona ante un estímulo inesperado.
- LA PASION.- Aquí se da la tendencia que surge desde lo más profundo del ser y se manifiesta hacia el exterior con una actividad donde la intencionalidad va proyectada en forma pasional.
- LA CUALIDAD.- Es el accidente que modifica extrínsecamente a la sustancia en sí misma, haciéndola ser de un modo u otro. Esta característica la distingue de los restantes predicamentos, pues ningún otro accidente configura o cualifica a la sustancia. En otras palabras, la esencia hace que cada sustancia tenga un modo de ser propio, que pertenezca a tal o cual especie. Así tenemos a la multiplicidad de especies en la tierra desde los seres más insignificantes pero que influyen en el todo armónico de la naturaleza, hasta los seres más complejos como los seres humanos, los delfines, las ballenas, entre otros entes vivos.[57]

A manera de ejemplo, tenemos la siguiente percepción humana y la forma como se pueden aplicar los predicados:

José Demián.- Es hombre (SUSTANCIA), es bueno (CUALIDAD), es alto (CANTIDAD), es compadre de Alan (RELACIÓN), está en su habitación (DÓNDE), está acostado (POSICIÓN), tiene una taza de café en su mano (POSESIÓN), ha llegado a las 4 (CUÁNDO), está chiflando (ACCIÓN), tiene hambre (PASIÓN).

Entonces, estos predicamentos nos van a permitir, como oficiales de policía, hacer una descripción íntegra de personas, cosas, materiales sensibles significativos como lo dicen nuestros compañeros peritos, y en general, los podemos usar como parámetros para la descripción de las escenas criminales. Para poder profundizar en la forma de ser de las personas, para tener indicios, suposiciones, intuiciones que nos abran caminos en determinadas investigaciones. En términos generales, estos predicamentos, son una herramienta básica para entender la metafísica de la forma de ser de las personas, así como para conocernos nosotros mismos.

---

[57] Ibid., p. 70.

Ahora entramos a lo que serían las Especies de cualidades. Las características específicas de las sustancias, los entes humanos, entre otros fenómenos naturales.

a. Las cualidades pasibles (*passibiles qualitates*) Aquí tenemos la temperatura de los cuerpos, el color, el grado de humedad, entre otras. Características específicas que en forma natural no se pueden alterar, pero sí a través de métodos artificiales como pueden ser los injertos de piel, las cirugías estéticas, entre otros.

b. La forma y la figura son cualidades de los cuerpos que delimitan su cantidad, dotándola de unas dimensiones y contornos determinados.

c. Las potencias operativas son determinaciones que capacitan a una sustancia para desarrollar algunas actividades; reciben también el nombre de facultades o capacidades operativas. Entre ellas se encuentran la inteligencia, la voluntad y la memoria, que hacen al hombre apto para entender, querer o recordar; las facultades motoras de los animales; la capacidad reproductora de las plantas; en los entes sin vida, la energía, etc.[58] Entonces, todos los seres vivos o no, tienen potencias a desarrollar, según nuestros guías metafísicos. En suma, tenemos las siguientes potencias en diferentes entes: el ser humano, su inteligencia. Los animales, su movimiento. Las plantas, su reproducción. Los seres no vivos, su energía y presencia.

d. Los hábitos son cualidades estables por las que un sujeto está bien o mal dispuesto según lo que conviene a su misma naturaleza (hábitos entitativos y hábitos operativos). Aquí tenemos las características específicas del ser humano y sus capacidades de acción, de movimiento, de actuación y de operatividad.

De estos predicamentos, accidentes y relaciones es posible entender parte de la densidad y estructura humana. Entonces, un ser humano es una complejidad en movimiento, que siente, piensa y actúa.

Un ser humano por más insignificante que pareciera ser, realmente es una potencia, capaz de lograr mucho si se lo propone y cuenta con los medios para desarrollarse. Un ser humano, considérese barrendero, pordiosero, empresario, guía espiritual, asesor filosófico, enfermo mental, entre otras particularidades, tienen las mismas potencialidades, diferentes cualidades, compromisos y aspiraciones, pero en el fondo, siguen siendo lo mismo: seres humanos.

---

[58] Ibid., p. 71.

Acto y potencia en el ente.

Actualizar la potencialidad de los seres humanos es de gran envergadura pues, finalmente somos entes en potencia y en acto permanente, por ejemplo, cuando uno piensa ¿cómo se puede visualizar la inteligibilidad de dicho pensamiento desde una perspectiva filosófica-metafísica?

¿Esta es una pregunta para policías, filósofos, psicólogos o qué? Como en todos los cuestionamientos que se dan permanentemente, las respuestas se generan de acuerdo a las capacidades, formaciones socio-culturales, rigor inteligente, intuición y otras capacidades, ya que no existe un parámetro específico que formalice las actuaciones de procesamientos racionales.

De tal forma que, por lo menos, mientras más formación intelectual se tenga, mayores serán las posibilidades de dar respuestas de calidad, con certeza, ciencia y sabiduría. Esto significa que el conocimiento experimental personal, marcará algunas luces de respuesta hacia los cuestionamientos que se generan todos los días. Evidentemente esta formación intelectual, abrirá o cerrará horizontes de comprensión humana.

Regresando a la comprensión del acto mental, tenemos que, el pensar tiene una serie de condiciones, por ejemplo: a) El estado de ánimo, pues, pensar es fácil, pero, pensar con rigor y calidad no lo es. Entonces, hay que estar bien íntegramente para poder pensar con buen nivel. b) La formación intelectual, será la base de donde se abstraen datos para las diversas construcciones cognitivas, c) La tendencia que se quiere considerar para la respuesta, es decir, el compromiso e impacto que se busca generar con dicha respuesta. Entonces, tenemos que, el acto de pensar, conlleva al instante, en integración permanente, estas premisas que acabamos de considerar. Como podemos observar, las respuestas de conocimiento son actos mentales que se formulan a través de la abstracción del conocimiento universal, específico y experimental con el que contamos en ese preciso momento. Por ejemplo, al estar escribiendo estas líneas, se juntan en un solo instánte, todo el conocimiento que estamos invocando e intentando y que poseemos, para escribir. Claro está que lo que estamos plasmando es exclusivamente lo que nos interesa invocar para las mentes de los policías, y que tienen que ver con nuestra experiencia como policía, politólogos, filósofos y ser mortal; agregando, un poco, algunas ideas fundamentales de otras personas como plataforma argumentativa pues, como lo hemos referido no existe conocimiento absoluto, todo depende de todo. Es gracias a nuestro conocimiento *a priori* como podemos ejercer el acto del pensamiento, pues sin un antes epistemológico, difíclmente podremos ejercer el acto de pensar. Así tenemos la siguiente fórmula:

Ser Humano = Intento + Memoria + Conocimiento + Lenguaje + Inteligencia (razón + voluntad) = Actos Mentales (actualización en forma pasiva y activa del pensamiento y en su caso, también del cuerpo).

De las consideraciones anteriores, tenemos actos corporales y actos mentales que se pueden unificar en un solo acto general, considerado como acto preponderante sobre actos secundarios, relativos y en potencia baja, entre otro tipo de potencialidades y actualizaciones de pensamiento.

En este sentido, tenemos que al acto de pensar, implica la ejercitación de una serie de facultades mentales que tenemos por naturaleza. Cada una de estas cualidades, determinarán la calidad de nuestros actos mentales. Entonces, la actualización de nuestros pensamientos, están primero latentes como potencia, en el momento que los pensamos, que los formulamos e intentamos ya estamos actualizándolos. Mientras, sólo son entes en potencia, en posibilidad de ser actualizados.

Por ejemplo: La intervención en un delito flagrante, el caso específico: el robo con violencia a un automovilista.

1. INTENTO (Querer hacerlo. Querer intervenir. Estar dispuesto a participar. Movernos. Tenemos la obligación de participar finalmente).
2. MEMORIA.- (Hacer uso de nuestra memoria para actualizar la información que nos dice cómo actuar ante dicho evento. Como puede ser estudiar el escenario criminal, las condiciones, las personas, las circunstancias, las armas que se están utilizando. Tolo ello implica la activación de la memoria para checar si se ha tenido eventos de ese tipo registrados. Esto se da en forma mental, mientras que corporalmente, tenemos que nuestro cuerpo empieza a segregar determinadas substancias que permiten magnificar nuestra barrera de defensas: adrenalina, noradrenalina, citosina, entre otras sustancias que le permiten al cuerpo estar en alerta y dispuesto a todo, de acuerdo al grado de peligrosidad del robo del vehículo.
3. CONOCIMIENTO.- Usar el correspondiente conocimiento, para no cometer errores y procurar sacar limpia la intervención ante dicho evento de violencia pues, nuestro trabajo como policías es actuar de acuerdo a las circunstancias y grado de peligrosidad

que se está manifestando. Entonces, nuestro conocimiento experimental (conocimiento teórico), aunado al conocimiento científico (veracidad del hecho delictivo y todos los fenómenos objetivos y subjetivos que se están actualizando permanentemente) y conocimiento sapiencial (el ver más allá de los hechos delictivos. Configurar actualidad, pasado y futuro de dicho evento. Más, el estar conscientes de los diversos fenómenos naturales y artificiales que se están actualizando). Todo esto en el acto. Sin titubeos en la percepción y construcción de hipótesis, tesis y anti-tesis que se están actualizando en el momento del acto delictuoso. En fin es toda una descarga de actualizaciones de conocimiento que nos permitirán visualizar, en términos generales, el hecho delictivo.

4. LENGUAJE.- Como lo dice Popper, es el resultado que se da entre la mente y el cuerpo. La materialización de los procesos mentales a través del lenguaje. Entonces, el lenguaje es la actualización de los procesos mentales.

5. INTELIGENCIA (razón + voluntad) Aquí dependerá del uso que le damos a la racionalidad y voluntad en el actuar para hacer actualizaciones mentales y corporales con una buena dosificación y lucidez de nuestra inteligencia, la cual es el uso eficiente y excelente de nuestra información socio-cultural y natural.

6. ACTOS MENTALES.- es el resultado de la suma de las anteriores facultades humanas, mismas que se dan en el transcurrir del tiempo, a cada instante y permanentemente.

De las consideraciones anteriores, podemos decir que la actualización del ser humano es ininterrumpida. Todo el tiempo, inclusive cuando dormimos y soñamos. Por ejemplo, cuando dormimos ¿qué pasa? Nuestra existencia esta en actualización permanente al estar dormidos, desconectados de la realidad ordinaria. Entramos a la realidad que se genera en el mundo y acto de dormir, del desconectarse del mundo que se genera y generamos por el hecho de estar conscientes. ¿Y cuando dormimos no estamos conscientes de estar conscientes? ¿Es otro tipo de conciencia o qué es? El sueño es una forma de estar conscientes de que estamos soñando cuando soñamos. Si no estamos conscientes de que estamos soñando, pero estamos soñando, entonces es una forma de actualizar el soñar, cuando estamos conscientes de que soñamos; entonces ya es una actualización del estar consciente de que estamos soñando aunque estemos soñando. Hay una actualización del sueño.[59]

---

[59]   Cf. Castaneda, Carlos. *El arte de enseñar.* Edivisión. México, 1988.

¿El existir es una forma de actualización? Todos, antes de ser lo que somos, somos una potencia de ser en desarticulación; nuestra potencia de ser está en nuestros padres.[60] Sólo cuando somos consolidados a través del acto sexual, entonces ya entramos en la posibilidad de ser. Y cuando somos, es decir, cuando se unen las células sexuales humanas, entonces es cuando ya somos en potencia. Pero, ¿por el hecho de existir somos acto? Sí porque el no-ser es potencia de ser y cuando eres, entonces eres acto del no-ser.

Entonces, señores policías, somos seres en potencia de actualización permanentemente. Somos entes actualizados y potenciados todo el tiempo de nuestra existencia. El morir es una actualización de la vida. La vida es una potencia en actualización permanente de la muerte. De tal forma que la muerte personal en sí misma, ya no es una actualización. Ni alguna potencia de ser algo, pues ya no somos. Hemos sido desintegrados del ser, del ente, de la potencia y del acto constitutivo de nuestra persona individual y mortal.

Y ahora llega la gran pregunta entre el ser y la nada. Un círculo permanente diría Heidegger,[61] finalmente es el "Eterno retorno", confirmaría Nietzsche.[62]

Veamos:

a. El ser es una actualización de la nada.
b. La nada es una actualización del ser.
c. El ser tiene una potencia de ser nada.
d. La nada, tiene una potencia de ser.
e. Entre el ser y la nada, hay una extensión temporal. Un transcurrir del tiempo. Una presencia de la eternidad.
f. Entre la nada y el ser, hay una potencialidad de ser algo. Cualquier cosa puede suceder: Un ser orgánico o un ser inorgánico. Un mineral, vegetal, un animal o un ser humano.

---

[60] Yo le digo a Grecia, mi hija, que antes de ser, no era. Era, acaso, algún tipo de energía perdida en alguna parte del universo y que a través del acto sexual ha sido traída a la tierra; o simplemente era energía dispersa en su mamá y su papá.
[61] Cf. Heidegger, Martín. *El ser y el tiempo.* FCE. México, 2000.
[62] Op. cit. Heidegger, Martín. *Nietzsche.*

En suma, tenemos que en un primer momento no-somos, posteriormente, somos y después dejamos de ser. De donde concluimos la siguiente fórmula:

NO SER + SER + NO-SER + SER = CICLO DEL SER (así hasta el infinito).

Con estas observaciones, -señores policías inquietos por el conocimiento filosófico-, considero que es suficiente para entender la metafísica del ser en potencia, ser en acto y posibilidad de ser y dejar de ser.

Ahora regresamos con nuestros guías metafísicos: Tomás Alvira, Luis Clavell y Tomás Melendo.

Sus hipótesis son las siguientes en materia del ente como potencia y acto:

"La capacidad de tener una perfección recibe el nombre de potencia."[63]

Entonces tenemos las siguientes reflexiones:

a. Las potencias son perfectibles a través de los actos que se van generando.
b. Una potencia perfecta no existe, por lo menos dentro del mundo de los seres limitados.
c. La perfección eleva la calidad y cantidad de la potencia a través de las múltiples actualizaciones perfectibles de dicha potencia. Por ejemplo el ser humano no tiene limitaciones perfectibles de actualización hasta que deja de existir.
d. La potencia, son posibilidades permanentes de ser activadas por medio de la intención y actualización a través de las perfecciones que se traducen en actualizaciones.
e. La perfección es la actualización de una potencia.

En este sentido, todas las potencias, están en posibilidad de ser perfeccionadas y actualizadas por medio del intento y del querer.

¿Cuáles son las características del querer y el intentar?

---

[63] Op. cit. Alvira, Tomás. *Metafísica.*, p. 80.

El querer y el intentar pueden ser valorados de acuerdo, una vez más, a la formación integral de cada persona; por ejemplo, hay seres humanos que tienden más por el querer, quieren cosas, objetos, personas, etc., los buscan, los encuentran y hasta ahí llegan cuando logran o hicieron todo lo posible por llegar a conquistarlos pero que, por diferentes circunstancias no fue posible lograr los objetivos, más allá de esas satisfacciones. Hubo intentos permanentes para lograr dichos objetivos, sin embargo, hay personas que intentan permanentemente algo, están intentando siempre, en palabras metafísicas, están actualizando y perfeccionando sus compromisos de todos los días.

En esta idea, tenemos entonces que primero es el querer y posteriormente viene el intento, la lucha, la búsqueda. Esos intentos tienen sus diferentes niveles de entrega. Cuando son intentos con toda la potencialidad humana. Intentamos, lograr todo, sólo las personas enfermas se conforman con lo que pueden, mientras que los seres humanos sanos integralmente, adquieren otro nivel de intencionalidad. Una intencionalidad que implica toda la existencia, voluntad, razón e inteligencia en una sola entrega.

Cuando se logran satisfacer los quereres a través de las intencionalidades, entonces se va fortaleciendo el ser en su integridad existencial. Se va creciendo interna y externamente. El ser humano se va convirtiendo en un ser seguro, feliz y con la intención de continuar fortaleciendo más objetivos de vida. Sabe que si no lo intenta difícilmente puede lograr ciertos niveles de felicidad, pues finalmente, cuando se logran objetivos programados, se genera automáticamente un estado de felicidad.

Mientras que las personas que no intentan nada, se convierten en seres humanos apáticos, conformistas, mediocres, sin sentido de la vida, a esa persona hay que apoyarla con mayor énfasis pues son humanos seguramente que tienen problemas existenciales y en cierta forma algún problema mental.

Entonces el intento es todo. Podría decirse que es la voluntad en acto, protegida por una razón, la cual es la herramienta de la inteligencia humana que va moderando el encuentro con las realidades objetivas y subjetivas con las que se enfrentan todo el tiempo las personas.

Ahora, tenemos la siguiente fórmula metafísica-filosófica:

Ser (Nada) + Ente (Sustancia) + Ente Humano (Potencia) + Actualizaciones + Predicamentos (Accidentes, Perfecciones,

Cualidades) + Voluntad (Querer, Intentar) + Razón (Conciencia) + Inteligencia (luz, brillo e integridad existencial) = Ser humano en actualidad permanente.

De lo anterior, tenemos la fórmula de la decadencia:

Ser + Actualización permanente humana + Decadencia + Limitación existencial + Muerte + Nada = Ciclo del Ser.

De las consideraciones anteriores obtenemos el ciclo de Nietzsche sobre la consideración del "Eterno Retorno". Es decir, el regreso a lo mismo. Se avanza en el todo para llegar al todo, y su respectiva finalidad en el caso humano.

Con estas observaciones nos damos cuenta de que el proceso de conocimiento de las formulaciones metafísicas no son difíciles o complejas, simplemente es necesario intentar profundizar en las respectivas estructuras constitutivas de dicho pensamiento para entender y aplicar este conocimiento en los compromisos de todos los días.

Nuestros guías metafísicos continúan diciendo que:

"A la potencia se contrapone el acto, que es la perfección que un sujeto posee."[64]

La fórmula que se genera de esta hipótesis es la siguiente:

Potencia + Acto + Perfección = Sujeto.

Nosotros no compartiríamos la contraposición del acto en contra de la potencia, la palabra sería **complementación** pues, el acto, finalmente se da en una sustancia, en un ente, en un ser.

Sin embargo, aceptamos el hecho de que **"La potencia se contrapone al acto como lo imperfecto a lo perfecto."**[65] Aquí encontramos que hay un abismo entre el simple ser, sin mayor trascendencia que el simple existir y cuando se actualizan las peculiaridades de las potencias. Por ejemplo, un ser humano tiene la potencia de generar vida humana, cuando lo logra, está actualizando dicha potencia a través de dicha creación. Otro ejemplo, el ser

---

[64]   Ibid., p. 80.
[65]   Ibid., p. 82.

humano está en potencia de aprender varios idiomas, cuando lo logra, está actualizando las potencialidades del ser humano que tienen que ver con la capacidad de conocimiento.

En este sentido, entre la potencia y el acto hay un abismo, hay que actualizarlo para que se generen puentes entre la potencia y el acto.

Una pregunta fundamental: ¿Dios es acto o potencia?[66] La respuesta sería que es ambas cosas. Está en acto permanente y es una potencia de todo. No tiene limitaciones, es eterno. Está en acto permanente porque es movimiento, es energía y trascendencia

El no-ser.

La no-existencia, la no-forma, ¿la nada? ¿qué…?

Lo que esta a nuestro alcance de conocimiento son tres niveles de perfección:

a. Los animales.
b. Los vegetales.
c. Los minerales.

Todos ellos son limitados y además son sustanciales, son potencias y tienen sus respectivas cualidades como predicamentos. Además son entes en potencia de ser actualizados. Desafortunadamente son limitados, en especial los seres vivos. En cuanto a los minerales, las rocas, los metales, con el transcurrir del tiempo, por las fricciones, por el agua, por el calor, por la

---

[66] Ya lo hemos referido que Dios es una palabra inventada por el ser humano para tratar de entender todo lo que nuestra inteligencia y mucho menos nuestra razón no alcanza a percibir. Así tenemos que Dios es el todo. Todo lo que es posible e imposible; es el generador del ser y la nada. Es la eternidad; es la primera causa de todo lo que es, es el todo. Es energía, movimiento y eternidad. Lo que se pueda imaginar entra dentro del dominio de Dios. Entonces el Dios de los occidentales y de los orientales, en el fondo es el mismo: una energía eterna en movimiento permanente. Creador de todo y limitador de ese todo. Qué dicen nuestros guías en torno a Dios y desde su punto de vista metafísico-filosófico. **"Solamente Dios es Acto Puro, Perfección ilimitada y subsistente por sí misma; las criaturas, por el contrario, son limitadas, tienen el ser recibido de Dios, y están por eso necesariamente compuestas de potencia y acto."** Ibid., p. 113.

humedad, tendrán que dejar su forma y adquirir otra, de mayor dimensión y en su momento, convertirse en polvo. Entonces nada es eterno, sólo el Ser que comparte el ser y le da sustancia y entidad a otros seres inferiores.

Dentro de esta cosmovisión de conocimiento, posible dentro de las capacidades humanas, también están los seres vivos, existentes, que son, pero que no están al alcance de la inteligibilidad humana o, por lo menos que no tienen forma.

Entonces estamos ante dos tipos de existentes: los que tienen forma y los que no tienen forma; en otras palabras, los que entran dentro del mundo inteligente de los seres humanos y los que rebasan la capacidad cognoscitiva.[67]

Lo cierto es que estamos rodeados de múltiples seres vivos, unos con forma y otros sin ella, pero existentes finalmente. El planeta tierra ¿es un ser vivo en su conjunto? Claro que sí. Si no tuviera existencia, no habría vida, en su generalidad. La energía ¿es un ser vivo? Aquí hay que cuestionarse ¿qué es la vida? La respuesta más próxima, a nuestro entender, es lo que tiene movimiento, además, lo que existe, lo que es, lo tangible e intangible, pero que existe. Y entonces, nos damos cuenta de que nuestra capacidad de conocimiento es demasiado limitada. Finalmente, los seres humanos tenemos limitaciones y más cuando no tenemos la suficiente información para generar nuestros procesos mentales, nuestras intuiciones y proposiciones.

Por lo tanto, la energía es un ser vivo, sin forma y con forma en algunos casos. Es una serie de interacciones químicas en constante actualización. Tiene vida porque es. Una vida aunque no vegetal o animal, pero finalmente una forma de existir, de ser.

---

[67] En alguna ocasión, José Demian le preguntó a su papa si ¿la tierra era un ser vivo? El papá le contestó que sí, pues tiene forma, movimiento, genera vida y por ende, es una potencia en acto permanente; simplemente es, por el suave movimiento. Posteriormente, Grecia le pregunta a su papá: Oye papi ¿y la tierra tiene sentimientos? El papá le contesta: mira Grecia, la tierra es un ser vivo, en potencia, pero no sonríe, no llora, no suspira como tú, simplemente es. Es otra dimensión de vida, no humana. Grecia y Demian se quedaron viendo el horizonte sin decir una sola palabra, simplemente percibiendo el calor y el viento de esta tierra generosa y en armonía permanente.

Concretizando observemos un vegetal: todos los vegetales son potencia de ser más vegetales, no ir más allá de su dimensión como vegetales. Igual que los animales, tienen potencia y posibilidades de actualizaciones; algunos son limitados y otras tienen mayor horizonte de actualizaciones. Mientras que el ser humano es potencia de múltiples actualizaciones: simplemente es, dejando de ser se acabó todo.

Metafísicamente tenemos la siguiente aproximación cuando el ser humano muere:

1. Sus procesos bioquímicos y energéticos dejan de funcionar.
2. La energía que le da vida al cuerpo, se desprende del mismo y se confunde con el espacio temporal en forma de energía.
3. Esa energía trasciende y sigue latente, pero sin formar un yo-humano.
4. Esa energía se mezcla con una energía universal, eterna y latente.[68]
5. Por su parte el cuerpo se desintegra y queda convertido en polvo, un polvo que se mezcla con la tierra u otro tipo de componentes.
6. El cuerpo por ser materia, se convierte, una vez más en materia.
7. Entonces el gran enigma es la energía que dejó de pertenecer concretamente a un cuerpo humano.
8. Hasta ahí llega nuestro razonamiento metafísico que se siguió por un proceso mental de intuición, conocimiento científico y sapiencial.

Entonces, ya no somos y no podemos ser y no-ser en el mismo momento y lugar. O somos o no somos. No hay puntos medios. Anteriormente habíamos dicho que entre el ser y la nada hay una actualización en el momento en que se va generando el nuevo ser hasta que se constituye en objeto y forma. Es un momento que se da en ese instante.

Ahora aproximémonos a la generación de un ser humano desde el punto de vista metafísico-filosófico.

Todos los seres humanos somos entes en potencia de ser más. Nuestras peculiaridades las actualizamos constantemente, sin embargo, entre el ser humano y el no ser, hay todo un cuestionamiento.

¿El nuevo ser humano, a partir de qué momento puede ser considerado como humano? Seguramente desde el instante en que el óvulo femenino se cierra después de haber sido fecundado por el espermatozoide. En ese preciso

---

[68] Recuérdese que la energía sólo se transforma.

instante, ya estamos hablando de un nuevo ser. Antes sólo eran potencias.[69] En el momento del inicio del encuentro intersexual, ya se está actualizando toda una gama de situaciones que finalmente terminarán en la génesis de un nuevo ser. Por ende, el nuevo ser-humano, antes de este hecho, no-es. Si se dice que es y aún no tiene sustancia y forma, se está cayendo en una gran contradicción. Y entonces esa contradicción se magnifica demostrando que no se puede afirmar nada que no es, en este caso, un nuevo ser humano.

La idea de nuestros guías metafísicos, en este sentido, es la siguiente:

"la contradicción (...) es la oposición más radical y absoluta y se establece, en sentido estricto, entre el ente en cuanto tal y la nada."[70]

Entonces, entre el ente y la nada, en términos reales no hay nada, pero en términos metafísicos, hay una actualidad intermedia que es, pero no tiene forma, es en potencia y actualización porque ha dejado de no ser y aún no es.

En otros términos, tenemos la siguiente fórmula metafísica-filosófica:

SER: NADA (INSTÁNTE POTENCIAL ACTUALIZADO) = SER HUMANO.

En términos racionales de la existencia humana, tenemos la siguiente fórmula:

SER ETERNO + NADA + SER HUMANO + NADA = SER ETERNO.

Otra vez tenemos el ciclo del eterno retorno de lo mismo. Sin embargo hay que incidir en dicho ciclo desde una perspectiva agradable y suave para apropiarnos de una vida exótica.

Entonces, el ser humano si no existe en tiempo y forma no es. Si lo dan por existente es una contradicción. Y eso de la contradicción es uno de los grandes principios de la metafísica y también de la investigación policial, en el sentido de que los hechos que no fueron o no son, pero que le están dando una posición existencial, nos lleva a la consolidación de una contradicción y por ende, al descarte de supuestas verdades. Recuérdese el principio jurídico penal: **ante la duda, la libertad.**

---

[69] Cf. Canetti, Elías. *Masa y poder.* Alianza Editorial. España, 2002.
[70] Op. cit., Tomás Alvira. *Metafísica.,* p. 138.

Continuando con nuestros guías metafísicos refieren:

"La contradicción metafísica (...) sería el ente en cuanto ente, en cuanto tiene ser; y su polo negativo, la nada en su acepción más estricta."[71]

Pero ¿qué es la nada? Lo que no tiene ser diríamos en un principio. Y ¿qué es lo que no tiene ser? Los inexistentes, pues en el momento en que le asignamos la palabra "ser", automáticamente le estamos dando vida, existencia, y entonces, caemos en contradicción, pues lo que no existe, no es; que es potencia algo con posibilidades de llegar a ser, es una tentativa, pero hasta que se consolida, hasta que es, se le puede dar esa categoría del Ser.[72]

De aquí podemos formular el gran principio ontológico: nada puede ser y no ser en el mismo sitio y al mismo instante. Entonces, lo que es: es y lo que no es, no tiene dimensión de ser, existir y estar.

Nuestros guías metafísicos, en este sentido refieren: **"Todas las modalidades del no-ser se relacionan, por tanto, con la nada."**[73]

En este sentido, la nada abarca todo lo que no es y lo que es, entra dentro de la categoría de la existencia, lo palpable, lo tangible e intangible; es decir, recordemos que existen fenómenos que están, pero, los humanos, aún no alcanzamos a percibir.

¿Qué puede obtener el policía del concepto o idea del ser y la nada?

La primera aplicación se da en materia de investigación de homicidios y suicidios. Se generan los delitos que se investigan en vida y los que se investigan como consecuencia de una privación de vida. Son dos universos distintos. Dos realidades que son exploradas a través de la metodología de la investigación científica. Se busca el esclarecimiento de los hechos delictivos por medio de las diversas metodologías de las que puede y debe auxiliarse el oficial de policía. Intuiciones, deducciones, suposiciones, analogías, comparaciones, metodología científica, racionalidad, voluntariedad e inteligencia. No solamente cientificidad pues ya lo hemos observado que

---

[71]   Ibid., p. 142.
[72]   Una de las propuestas de Sartre son: "Siendo la nada, nada de ser, sólo puede llegar a ser por el ser mismo." Cf. Sartre, John Paul. *El ser y la nada.* Losada. Buenos Aires, 1976., pp. 127-129.
[73]   Op. cit. Tomás Alvira. *Metafísica.*, p. 145.

nos limitamos cuando no hacemos uso de todos los medios posibles para el esclarecimiento de un hecho delictuoso.[74]

Con estas propuestas de investigaciones llegamos a la conclusión de que sólo a través de la existencia del ser, se pueden formular las diversas posibilidades de la investigación. Si ya no hay existencia, ya no hay razón de ser.

Características trascendentales del ente.

Hay algunas peculiaridades específicas de los entes que no pueden desprenderse de su constitutivo fundamental: la unidad, la verdad, la bondad y la belleza.

Así tenemos que los entes humanos son únicos, verdaderos (auténticos, existentes), buenos y bellos. Aquí apreciamos dos divisiones, una puede cambiar y la otra es una forma de ser en sí misma. Por ejemplo, la unicidad y la veracidad nos permiten existir, posteriormente viene un segundo momento donde varían las situaciones y circunstancias específicas de cada persona: lo bueno y lo bello. Se puede no ser también bueno ni bello. Sin embargo, cuando se cubren plenamente estos cuatro trascendentales, se está hablando de un ser integral.

Pero ¿qué es un ser integral?[75] Desde el punto de vista metafísico-filosófico, tenemos la siguiente estructura:

---

[74] En otras palabras, podemos decir que en una investigación, todos los medios informativos son válidos para el esclarecimiento de los hechos delictivos. El demostrar la verdad, es donde aparece toda la carga e instrumentación científica que permite encontrar la veracidad de los hechos. Finalmente es lo que servirá para que las autoridades judiciales determinen, con base en pruebas científicas, la auténtica verdad de los actos violadores de derecho.

[75] Aquí queremos seguir enfatizando que todo lo que manejamos en esta propuesta de filosofía para policías, son aproximaciones a dicha filosofía, pues no existen estructuras de conocimiento filosóficas definitivas, ya que siguiendo la propuesta de Popper, nada es absoluto, pues, todo lo que es, es susceptible de ser desplazado por otro conocimiento que supera lo socialmente aceptado. Entonces no hay nada absoluto, sólo aproximaciones; en ese sentido, es como nos hemos movido, como lo hemos referido, mientras más sabes, te das cuenta que menos sabes, ya que el conocimiento es infinito, universal y en constante transformación.

SER + ENTE HUMANO (SUSTANCIA, POTENCIA) + ACCIDENTES (ACTOS-PREDICAMENTOS-PECULIARIDADES) + CARACTERISTICAS TRASCENDENTALES (UNICOS-VERDADEROS-BUENOS-BELLOS) = SER HUMANO INTEGRAL.

A partir de estas características del ente humano, se puede entender a los seres humanos en su integración total. Física, espiritual y mentalmente. Entonces hay tres dimensiones en su integridad. Estas tres dimensiones bien asimiladas, nos dan la oportunidad de percibir la existencia humana desde un ángulo metafísico-filosófico. De esta forma no se encapsula la potencialidad humana a un determinado esquema de conocimiento básico-ordinario. Con la propuesta metafísica estamos seguros de percibir la majestuosidad del ser humano desde su posición potencial, metafísica y más allá de los acondicionamientos socio-culturales.

En suma, el ser humano es una potencia en movimiento y posibilidad de ser actualizado para desarrollar sus capacidades y peculiaridades con la intención de llegar a conceptos más elevados de la integración e inteligibilidad humana.

Regresando con nuestros guías metafísicos, refieren que dichos trascendentales se dan precisamente porque van más allá de los predicamentos, es decir, de las peculiaridades, como son: sustancia, cualidad, cantidad, relación, ubicación, posición, posesión, temporalidad (cuando), la acción y la pasión.

En este contexto, los trascendentales, rebasan estas estructuras entitativas, en su mayoría, y son de mayor generalidad, aunque, tanto los predicamentos como los trascendentales se complementan: así tenemos que **lo uno, lo verdadero, lo bueno y bello**, son actualizaciones permanentes del ente, aunque ya hemos referido que lo bueno y bello, en la actualidad, tiene otras posibilidades de ser aplicables a algunos entes humanos, pues algunos de ellos se inclinan por el camino del mal y en otras ocasiones por más que se busque la belleza, se queda en las peculiaridades poco agradables. Aunque físicamente no se puede ser bello, pero internamente se es un ser bello, un ser interno de alta calidad humana. Porque la espiritualidad no tiene tendencias específicas en su estado natural, el ser humano es el que desvía el buen comportamiento. El ser humano es quien finalmente se decide por el camino del bien o del mal.[76]

No se vale echarle la culpa al Ser eterno de los malos comportamientos humanos, pues, en el fondo, Dios cumple con su coparticipación al ceder parte de su ser a los seres inferiores.

En términos generales, el único ser que posee, los trascendentales bien definidos y estructurados en su ser es Dios. En Él encontramos que es uno, verdadero, bueno y bello. Mientras que en la configuración y determinación humana, existen estos trascendentales, sin embargo, por la vida accidentada que llevamos pueden llegar a no ser al cien por ciento, mientras que en Dios, estos trascendentales son íntegros en su existencia.

Las palabras de nuestros guías metafísicos son las siguientes: **"Dios es infinitamente bueno, verdadero y uno, mientras que las criaturas poseen esas perfecciones de manera limitada."**[77]

Observemos los trascendentales en Dios:

UNIDAD.- Dios como el Ser eterno, no puede estar desarticulado, pues finalmente es la unidad en la diversidad, es decir, es el Universo en su máxima expresión. Las palabras de Tomás Alvira, son: **"Dios es el Ser subsistente, no limitado y, por tanto, perfectísimo. Y al mismo tiempo es máximamente uno; no hay en Él ningún tipo de composición, de esencia y ser, ni de sustancia y accidentes, materia y forma, potencias operativas y operación (...) El Ser máximamente uno y simple posee también la máxima e infinita perfección."**[78]

Entonces tenemos que hay perfección, armonía, unicidad, eternidad y trascendencia. En Dios no hay posibilidad de encontrar desintegración, por lo contrario, todo lo que se desintegra, deja de ser como ser integral, entra en el poderío del Ser eterno.

---

[76] Aquí Dios no le dice al ser humano: vete por el camino del mal. Finalmente la persona es un ser libre y responsable de sus actos. Dios no obliga a nada. Dios simplemente coparticipa de su ser y nos dota de inteligencia para poder desarrollarnos como seres de luz superiores en inteligibilidad cognitiva.

[77] Op. cit. Tomás Alvira. *Metafísica.,* p. 162.

[78] Ibid., p. 164.

Esto ¿cómo puede afectar al policía? Seguramente con la conciencia de que es necesario conocernos a nosotros mismos (uno-mismo), para darnos cuenta de nuestras carencias, potencialidades, debilidades, contradicciones y errores, entre otras peculiaridades personales; poder ir afinando y fortaleciendo nuestra existencia y sus características para buscar una forma de ser con alto grado de calidad humana y en ese sentido, no perder nuestra unidad integral, la cual la podemos entender como una unidad entitativa humana constituida por cuerpo-alma espiritual; un conjunto de procesos biológicos, químicos, energéticos, los cuales hacen posible nuestra existencia y forma de ser.

Con esa visión de nuestra unidad integral, podemos tomar decisiones inteligentes que nos comprometan plenamente, es decir, como un ser integral, único y específico.

Las palabras de nuestros guías metafísicos son las siguientes: "**... el obrar de una persona se dice y es más perfecto en la medida en que es más unitario, más integrado: en cuanto las distintas potencias se subordinan más íntimamente a su entendimiento y a su voluntad, y en cuanto todas sus actuaciones se enderezan a la persecución de un único objetivo supremo.**"[79] De aquí podemos entender que nuestro máximo objetivo de vida, por más complicado que sea, es posible de alcanzar. Que Dios, está en el fondo de nuestros objetivos de vida, por buenos o malos que sean. No por ser malos, podemos afirmar que Dios está ausente, por lo contrario, por ser parte de ese Ser que nos ha participado su ser, a través de nuestra constitución integral (voluntad + razón = inteligencia) lo llevamos presente y actualizado permanentemente. En otras palabras, Dios está en todo. Donde lo quieramos visualizar, por ejemplo, en una sonrisa de un bebe, en una rosa roja, en el canto de un pájaro, en la muerte, en el cosmos, en el silencio, en todo.[80]

VERDAD.- Ahora entramos a la verdad como trascendental en Dios. Entonces si hablamos de una Verdad es porque es demostrable, existe y es posible de percibir. ¿Cómo se manifiesta la verdad en Dios? De entrada, Dios no entra dentro de nuestros parámetros racionales. Dios no está en la dimensión racional humana, pues, Dios es el todo, y determinarlo como

---

[79] Ibid., p. 65.

[80] Aquí nos inclinamos por el pensamiento de Spinoza y el panteísmo griego, donde Dios está en todo. En estudio "La antropoteología de Baruch de Spinoza", donde magnifico la presencia de Dios en el todo, y el todo en Dios.

un ser ordinario es minimizar su majestuosidad y potencialidad como el máximo causante de todo lo que es. Por ende, es un Ser superior a nuestro alcance racional, voluntario e inteligente; está lejos de nuestras capacidades, sin embargo, está en nosotros mismos, en nuestra existencia, en nuestra inteligencia, en nuestra forma de ser. Somos parte de Dios, pues Él no has a concedido el ser. En cada palpitar de nuestro corazón, en cada actualización de nuestro pensamiento, en el caminar, en el respirar, en el ser feliz, en el ser ingratos, en el estar miserable, ahí está Dios, pero nuestro compromiso es sacudirnos de nuestras debilidades, actualizar nuestras capacidades y levantarnos para continuar con vida, hasta que Dios nos diga: ¡Hasta aquí llegaste! Entonces, no hay retorno, no hay más vida.

¿Entonces, todo lo que es, es verdadero? Claro que sí. El detalle es encontrar su esencia y existencia. Sin embargo, ya lo hemos referido, que hay muchos seres que existen pero que no entran en los alcances de la inteligencia humana y, no por eso dejan de ser verdaderos y reales. Habrá que esperar el transcurrir del tiempo y una mayor inteligibilidad para poder asimilarlos, pues, ellos ahí están manifestándose todo el tiempo. Nuestra inteligencia es la que está finalmente limitada.

EL BIEN.- Lo bueno y lo malo, son categorías de pensamiento que el propio ser humano ha inventado para limitar el comportamiento y actuar. Son categorías para impulsar el comportamiento de las personas por el camino del bien. Que sepan que también existe el mal como una posibilidad de actuación humana. Pero ¿quién determina que es bueno o que es malo? Seguramente cada espacio-temporal-circunstancial, dentro de las construcciones socio-culturales y evolutivas del actuar de la humanidad, poseen sus características específicas. Así, lo que es bueno para algunas civilizaciones, para otras no. Lo que es bueno para algunas religiones, para otras no y así sucesivamente. Lo cierto es que hay un principio fundamental integral de la existencia humana: la vida por el simple hecho de existir.

La existencia personal.

A partir de la existencia de uno mismo, se va construyendo el mundo personal y social. Evidentemente los parámetros de comportamiento socio-culturales son los que irán determinando nuestro ser personal y social. En este sentido, mientras más conocimientos filosóficos, humanísticos y sociales tengamos, iremos formando nuestra forma de ser y actuar con los mismos. Pero, primero hay que estar bien internamente para que ese bien se vea traducido en actos de calidad. Precisamente porque si se está bien, difícilmente se podrá actuar mal.

Con esta idea podemos entender que el ser humano por naturaleza es bueno. Él mismo, a partir de la influencia socio-cultural es como va a ir determinando su forma de ser y actuar.

Nuestros guías metafísicos refieren que **"todo lo que es bueno"**. [81] El único ser vivo que puede manipular su forma de ser conscientemente y a propósito, es el ser humano. Entonces, partimos de la idea que el humano como forma de percepción entitativa es bueno como lo hemos referido, sin embargo, con el transcurrir del tiempo, tiene la libertad de modificar para bien o para mal su forma de actuar. Por ende, estamos de acuerdo que todos los entes son buenos por naturaleza. El ser humano bajo su estricta responsabilidad determina su forma de ser, pues ningún ser humano libre, está obligado a actuar de determinada forma.

En cuanto a la observación policial, sabemos que son pocos humanos los que se inclinan por el camino del mal. En término metafísico, podemos afirmar por lo antes considerado, que el ser humano, es bueno por naturaleza. Un delincuente, por ejemplo, es bueno en términos generales, pero malo concretamente en su forma de actuar delictiva, pues un acto delictivo no se extiende permanentemente por tiempo indefinido. Llega el momento en que el delincuente comete su delito y, entonces entra a la categoría del ente de bien.

En suma, tenemos que el delincuente es malo, en cuanto comete su delito, sin embargo, en términos metafísico es bueno. Esto no significa que estemos a favor del comportamiento delictivo, no. Lo que importa destacar es el hecho metafísico del comportamiento delictivo de si es malo o bueno en su generalidad existencial el delincuente.

Este ejemplo del acto delictivo es una forma de dimensionar el bien del mal. Afortunadamente somos mayoría las personas de bien.

En este sentido, el acto delictivo es un mal dentro de una esfera generalizada del bien. El mal es un punto negro dentro del horizonte del bien. Finalmente opaquemos al mal con el bien hacer.[82] Otro ejemplo: ¿el quitarle la vida a una persona dentro de las funciones policiales o no, es bueno o malo?

---

[81]   Op. cit. Tomás Alvira. *Metafísica.*, p. 179.
[82]   Frase célebre de la Universidad Anáhuac: Vence al mal con el bien. "*Vence in bono malum.*" El trabajo como policía materializa permanentemente esta frase, precisamente porque el objetivo primordial del oficial de policía es atacar a los delincuentes en forma responsable, profesional y respetando sus derechos.

Como **policías**, tenemos la obligación de defender a las personas cuando esta de por medio su vida. Entonces si nos enfrentamos ante una situación de esta naturaleza, nuestra obligación es hacer uso de la fuerza psicológica, física o armada dependiendo de la situación en que nos encontremos. Entonces defender vidas en perjuicio de otra vida es bueno para nosotros pues ese es nuestro trabajo, el no hacerlo, por ejemplo, nos puede comprometer jurídicamente y caer ante un delito por omisión. De tal forma que salvar vidas humanas es nuestra obligación como policías.

Como seres humanos ordinarios, matar en defensa propia es un acto natural e inteligente, por ende es bueno. No podemos dejar que nos quiten la vida. Nuestra situación existencial es morir por muerte natural no por soberbia o locura de otro humano.

LA BELLEZA: Otra característica trascendental del ser, es la belleza. Pero ¿esta belleza cómo puede ser interpretada? Una vez más encontramos que la belleza tiene que ver con la formación integral de cada ser humano, pues para algunas personas, determinado ente (cosa, naturaleza, ser vivo, ser humano) posee cierta peculiaridad bella; para otros resulta lo contrario. Entonces, la belleza estará determinada por la formación integral y sus constitutivos socio-culturales de todas las personas.

Metafísicamente encontramos dos bellezas, la primera esta relacionada con la belleza eterna, en este caso sería la armonía del universo y sus respectivas naturalezas limitadas y su impacto en este planeta, y la otra, sería la bellaza finita, es decir, todo lo que acaba. Así podemos tener mujeres hermosas físicamente pero, vacías espiritualmente, es decir, no hay calidad humana. De lo que se trata en los seres humanos es armonizar la belleza interna con la belleza externa; en otras palabras, sería una belleza integral materializada en un cuerpo y magnificada en un lenguaje y actuación integral, pues, el lenguaje es finalmente una forma de conocer el lado espiritual de las personas, el lado agradable, su belleza integral.

Evidentemente, no podemos doblegarnos ante una situación que implique el uso de la fuerza policial para controlar los comportamientos criminales. Hay que ser enérgicos y usar la fuerza necesaria cuando tengamos que hacerlo, no podemos permitir que se violente la paz y seguridad de las personas de bien. Sabemos, como científicos sociales, que la criminalidad es un problema complejo que implica el conocimiento de la política criminal como una forma de enetender las conductas antisociales, como lo refire Roxin, más adelante.

Asimismo tenemos la contraparte de la belleza, la cual es la fealdad, en términos aristotélicos-tomistas es la ausencia de belleza. Entonces surge la siguiente pregunta: ¿qué es más bello, un ser humano o una rosa roja? Ambos son bellos en su justa dimensión, es decir, los seres humanos por ser perfectos en cuanto a su estructura bioquímica-energética y la rosa por el color natural que se desprende e inspira a las personas para generar poesía, belleza, armonía, entre otras cuestiones.

De tal forma que la belleza es un trascendental que rompe barreras temporales, en el caso concreto de la belleza natural como bosques, sonidos de la naturaleza, armonía espiritual entre el lado energético del ser humano y el movimiento energético de los fenómenos naturales, por ejemplo. Podemos decir mucho de la belleza, sin embargo, cerramos con la idea de que gracias a la belleza, la inspiración de los seres humanos se vuelve una potencia y posibilidad de generar arte, conocimiento, compromiso, sensibilidad y paz interna.

Las palabras de nuestros guías metafísicos son las siguientes: "**... las cosas que son bellas engendran un agrado especial por el mero hecho de conocerlas.**"[83] Entonces mientras más bellezas conozcamos y disfrutemos, mayor será nuestro campo de felicidad y satisfacción al final de nuestra vida de haber conocido seres bellos extraordinarios e inspiradores de arte, conocimiento y armonía espiritual. Muchas veces, gracias a la belleza humana, continuamos luchando por seguir caminando en esta tierra maravillosa.

En suma, tenemos que los trascendentales, siempre estarán ahí, en el momento preciso y que los intentemos y busquemos: **uno, verdadero, bueno y bello.** Cuatro peculiaridades humanas que hay que cosechar todos los días mientras existamos. Con esa alimentación de los trascendentales, nuestra vida en su integración consigo misma, con la sociedad, la naturaleza, el universo y el ser que nos permite ser, será una vida placentera.

Hagamos un ejercicio personal: de estos trascendentales. ¿Cuáles se tipifican en nuestra vida, en cada uno de los miembros de la familia, en los compañeros, en nuestra compañía sentimental y con la que compartimos el lado más profundo de nuestra existencia: nuestra vida energética-espiritual?

---

[83]   Op. cit. Tomás Alvira, *Metafísica.*, p. 188.

La causalidad.

Siempre el ser humano actúa u obra por algo. Pueden ser causas internas, externas o alternadas. Por ejemplo: escribir un libro para policías en un primer momento y para el público en general posteriormente, tiene un objetivo común: compartir el conocimiento desde una perspectiva de un ente humano que tiene ciertos conocimientos de policía, política y filosofía. Estas tres dimensiones de conocimiento, unidos en una línea de pensamiento, es lo que arroja la presente obra, a través de una voluntad, razón, inteligencia y poder personal que se magnifica en la persona que escribe estas ideas.

Entonces ¿cuál es la causa que nos orilla a escribir esta obra? La causa interna ya la hemos considerado en cierta forma, misma que consiste en aquél sentimiento de compartir conocimiento a través de la palabra escrita. Un conocimiento que se encuentra potenciado en nuestra mente y que, en el momento de escribirlo, lo materializamos, lo compartimos, lo actualizamos y lo trascendemos como línea de pensamiento. En la parte externa es un compromiso que tenemos con los compañeros oficiales de policía ya sean preventivos-administrativos, fiscales, ecológicos, investigadores, ministeriales, federales, estatales, municipales o mundiales. Es un rasgo que tenemos por compartir con dichos entes humanos policiales. Habrá alguno que lo entiendan y disfruten, otros simplemente lo leen y les estimula para continuar aprendiendo; para darse cuenta que es posible disfrutar de todo tipo de conocimiento y más cuando tiene una tendencia filosófica, pues a lo largo de la presente aportación filosófica, nos hemos podido dar cuenta que el conocimiento no es fácil, hay que tener paciencia, respeto y compromiso por entender todo lo posible e imposible en su caso; pues la imposibilidad es una potencia de ser actualizada a través de la inteligencia e intencionalidad humana.

De tal forma que, hay dos niveles de causalidad en este trabajo, la interna y la externa. Ambas reunidas en este libro, en este instante y en este espacio concreto, nos permite datrnos cuenta de lo bello que es existir, estar sano y generar conocimiento.

Las palabras de nuestros guías metafísicos, en este sentido, son las siguientes: **"... obramos siempre por un motivo u otro, que es el que nos hace poner en movimiento nuestras facultades."**[84] Preguntémonos ¿cuáles son los motivos que nos mueven o permiten ser de determinada

---

[84] Ibid., p. 199.

forma y no de otra? Con la respuesta que generemos, podremos apreciar que efectivamente siempre hay una causa que produce otra causa y así continuamos encausando nuestra vida hasta dejar de existir.

En esta idea, somo seres causados por un Ser superior; asimismo somos causantes de vida humana y así sucesivamente hasta nuestro fin.

Pero, ya lo hemos referido que el primer causante de todo lo causado y posible de causar, es el Ser eterno. El que continúa, el que no se va. El ente absoluto e indeterminado. Trascendente en potencia y acto al mismo tiempo: Dios en algunos lenguajes. La energía en movimiento, en otras personas; el que Es, en la Biblia de Jerusalén, entre otras formas de percibir a Dios.

Entonces, todo se desprende del Ser absoluto. Del ente universal. Para concretar el conocimiento en cuestión, recordemos la fórmula metafísica:

SER ETERNO (DIOS) = ENTE ABSOLUTO (DIOS) + ENTES GENERALES (SUBSTANCIAS) + ENTES HUMANOS (SERES HUMANOS) = METAFÍSICA.

Por lo tanto, los seres humanos somos una parte mínima del Ser eterno. Las palabras de nuestros guías metafísicos son:

"La finitud y multiplicidad de los entes evidencia que cada uno de ellos no tiene el ser en plenitud, sino sólo en parte, participadamente."[85] De esta hipótesis metafísica apreciamos las dimensiones del ser eterno y de los seres finitos. Del ser causante de todo cuanto es posible e imposible y de las causas secundarias que se desprenden de la causa primaria y absoluta. De tal forma que, somos seres finitos y por lo tanto con causas específicas y trascendentales en cuanto, de alguna forma, obtenemos descendientes, pues ellos finalmente llevan en su existencia una causa asumida de un sentimiento amoroso y de entrega energética-sexual. Todos somos el resultado de un acto-energético sexual que se dio por alguna causa de amor, accidental, etc.

Finalmente somos seres en potencia de causar algo. Somos parte de una creación y el creador de toda creación es el Ser eterno ¿quién más podría ser?

---

[85]   Ibid., p. 202.

De las consideraciones anteriores tenemos la siguiente propuesta conclusiva de nuestros guías metafísicos en torno a la causalidad:

"... es causa la materia de la que algo está hecho (causa material); la forma intrínseca a la cosa, que actualiza a esa materia (causa formal); el principio que hace surgir la forma en la materia (causa eficiente); y, por último, el fin hacia le que tiende el agente (causa final)." [86]

Así tenemos las siguientes observaciones:

1. **Causa material** (Materia).- Todos los seres humanos somos materia corporal. Esta materia es una potencia de ser actualizada por medio de la actualidad que es la forma que se le da a la materia. Por lo tanto, la materia en el ser humano es su cuerpo.
2. **Causa formal** (Forma) Aquí tenemos que la forma es la actualización de la materia corporal en el caso del cuerpo humano. Entonces la vida energética es la formalidad del cuerpo humano. En suma, si no hay materia no hay forma, porque, no hay dónde se ubique la forma.
3. **Causa eficiente** (Lo que permanece) Es lo que permite el movimiento, por ejemplo, la vida en sí misma es una causa eficiente hasta que termina su ciclo. Mientras sólo tenemos la materia y la forma. La materia son los seres humanos en general y la forma, son las características específicas de cada ser. Mientras que la causa eficiente es lo que estimula y activa la vida.
4. **Causa final** (La proyección hacia el fin) Es finalmente la sumatoria de las tres causa anteriores. En este sentido tenemos que toda materia tiene una causa formal, eficiente y final.

En suma tenemos que la formalidad, la eficiencia y la finalidad, son accidentes de la materia o sustancia, en este caso.

Por ejemplo: Demian Ruiz, su existencia es la materia o sustancia, su cuerpo. Mientras que sus características peculiares son la forma que se le da a su cuerpo y capacidades personales. Son sus accidentes y en determinado momento sus trascendentales. Mientras que la eficiencia, son las peculiaridades específicas de su actuar que le permiten trascender y seguir con vida y, luchando por cumplir con sus objetivos finales de su existencia, como por ejemplo, terminar un doctorado, generar vida, tener algunos

---

[86] Ibid., p. 210.

bienes materiales, entre otros objetivos específicos de su existencia. Al último tenemos sus causas finales. Sus limitaciones y objetivos cubiertos.

En términos policiales tenemos la siguiente observación: En una investigación, la causa material es la objetividad de los hechos delictivos. La causa formal son los motivos o causas y especificidades concretas del comportamiento y hecho delictivo. Por ejemplo, el robo en su generalidad es la causa material, la forma de robar, que puede ser con violencia o sin ella, con engaño o sin engaño, es la causa formal. Mientras que la causa eficiente es la permanencia con la que se ejecuta dicho robo, es lo que permite su trascendencia y activación en el tiempo, lugar y circunstancia. Al último tenemos la causa final que puede ser interpretada como aquellos motivos finalistas que determinan el acto de robar. ¿Para qué y por qué se roba?

Entonces tenemos que todos los entes y fenómenos naturales, sociales, artificiales y metafísicos, cuentan con esas cuatro causalidades. No podemos entender a plenitud un ente, si no desciframos las causalidades que hemos considerado para ubicar al ente en su justa dimensión. De tal forma que el estudio de las causalidades, nos permiten entender un poco más las peculiaridades de la existencia, vida, comportamiento y trascendencia humana.

En esta idea, podemos resumir diciendo que Dios es el primer causante de todas las causas que se pueden dar en el universo. De tal forma que, a partir de una causa primera que es Dios, se comprenden las causas secundarias que genera ese primer motor del universo, esa primera causa de todo lo que es o no es.

Con esta idea concluimos la consideración de la metafísica en forma superficial pues, no es un trabajo específico de ella, sin embargo, es un esfuerzo por acercar a las mentes policiales, las capacidades metafísicas con las que se puede entender la existencia de los entes humanos, su comportamiento y forma de ser, sus intereses, sus debilidades y fortalezas, su tendencia hacia el bien o hacia el mal. En fin, es todo un estudio de la persona humana como ente de razón y como ser coparticipado por un ser superior.

La mente del policía debe entender que los entes de inteligencia humana, somos el producto de un ser superior, que ha donado parte de su ser temporal para que seamos de alguna forma, con intereses específicos y finalistas, como seres de razón y de muerte; como seres limitados pero en potencia de lograr mucho mientras existamos. Por ende, somos entes inteligentes con capacidad de lograr mucho, cuando se nos ilumina, activamos nuestras capacidades inteligentes y nos lanzamos con todo nuestro poder personal en búsqueda del conocimiento.

Claro está que es un conocimiento de calidad. Conforme pasa el tiempo nos volvemos más exigentes con el conocimiento que vamos adquiriendo, con nuestros procesos mentales, con nuestras compañías, con los seres que directa o indirectamente influyen en nuestra existencia.

En suma, con la consideración de la metafísica en nuestros procesos mentales y existenciales, podemos disfrutar con mayor intensidad nuestra vida, nuestra relación con los otros seres y, en especial, conocernos a nosotros mismos, nuestras debilidades y potencialidades. Nuestra forma de ser y posibilidad de trascender por lo menos a través de nuestra propuesta intelectual.

Gracias a la metafísica nos volvemos más humanos, más cordiales, brillantes y con calidad en nuestros actos. En este sentido, hemos acudido finalmente al pensamiento de la doctora Sarah Maldonado, quien refiere:

"... sin la atención al misterio englobante del ser, sin la mirada metafísica hacia la altura y la profundidad de lo real, la inteligencia corre el riesgo de agotarse en la explotación de la superficie de las cosas."[87]

Entonces, como policías debemos acostumbrarnos y ser exigentes con nosotros mismos para ver más allá de las apariencias. Más allá de lo convencional. Rebasar realidades y construir nuevas hipótesis en este caso delictivas para tener bien amarradas las conductas de los actos delictivos desde una posición teórica, operativa y metafísica. Finalmente esa es una forma de filosofía, una forma de filosofar y una filosofía para policías finalmemente porque, en la actualidad, no encontramos una filosofía seria, profunda y profesional que búsque aquellos principios cognoscitivos que fortalezcan la conciencia policial por medio del conocimiento filosófico.

---

[87] Cf. Monreal Maldonado, Sarah. *Ensayo de metafísica sistemática.* Universidad Pontificia de México, México, 1998., p. 8.

CAPITULO III.

La gnoseología o epistemología.

Ambas palabras sirven para designar el estudio del conocimiento. Un conocimiento general de todos los entes y sus diversas formas de scr. Etimológicamente la palabra viene de los griegos, la cual es *epistéme* que significa conocimiento o ciencia, logos, teoría o estudio.[88]

Por lo tanto, la epistemología o gnoseología cubre todo lo cognoscible e incognoscible de los entes posibles e imposibles, en potencia o en acto. Entonces estamos ante el mundo del conocimiento, su génesis y trascendencia. De toda la posibilidad cognitiva: empírico-experimental, teórico-científico, filosófico-intuitivo.

La forma en que se actualiza la información en los procesos mentales, generando con eso, conocimiento. En otras palabras, las tres grandes dimensiones en que se divide dicho conocimiento son el conocimiento empírico, el científico y el filosófico o sapiencial.[89]

Cada dimensión de conocimiento es alimentada por diversas fenomenologías de percepción; así tenemos por ejemplo que en el **conocimiento empírico**, los sentidos, la experiencia y la intuición, van a ser partes fundamentales para la consolidación de dicho conocimiento; mientras que para el **conocimiento científico**, tenemos el error, las aproximaciones acertivas a las diversas realidades, la intuición, la cotradicción, los paradigmas, las revoluciones científicas, entre otras formas de alimentación cognoscitiva científica. Finalmente, tenemos el **conocimiento filosófico o sapiencial**

---

[88] Cf. Diccionario Heder de filosofía.
[89] Cf. Monreal Maldonado, Sarah. *Ontología fundamental.* México. Universidad Pontificia de México, 1995, así como García, Alonso, Luz. *El hombre: su conocimiento y libertad.* Miguel Ángel Porrúa-Universidad Anáhuac del Sur. México, 2000.

donde encontramos el máximo grado de conocimiento científico o no científico al que puede llegar una mente humana.

Entonces tenemos tres niveles de conocimiento que el policía debe conocer con la finalidad de entender los procesos mentales; las diversas escuelas y teorías del pensamiento, entre otras formas de aprehender nuevos horizontes epistemológicos.

¿Qué tipo de conocimiento es funcional para el policía? ¿El conocimiento determina la forma de comportamiento policial o qué determina que un policía se manifieste y actúe de una forma y no de otra? Podemos continuar cuestionando el interés que tenemos hacia la concepción del conocimiento policial y por ende, la construcción de una filosofía para policías, sin embargo, paramos y decimos que el policía mientras más conocimientos poseea, mejores posibilidades tendrá para crear hipótesis y penetrar al mundo del conocimiento.

Un policía culto, siempre poseerá mayores posibilidades de ir creciendo como científico social, pues, el trabajo de policía, no se limita al ejercicio de la aplicación de las leyes que rigen las sociedades políticas, sino que su función va más allá de esa obligación, es decir, su mundo del conocimiento delictivo se amplifica en el momento en que recibe una investigación criminal por ejemplo.

Por lo tanto, en la formación del oficial de policía hay leyes, ética-moral, formación filosófica, epistemología, criminología, psicología, entre otras ramas del conocimiento. En suma, tenemos que un oficial culto, tiene mayores argumentaciones teóricas, técnicas y operativas para ejercer su trabajo desde una perspectiva profesional y con alto compromiso y responsabilidad humana. Precisamente porque sabe de leyes, sociología del conocimiento, debilidades y fortalezas humanas. Objetividad y subjetividad en los comportamientos criminales, comunicación e inteligencia como máximas herramientas para ejercer su poder de autoridad policial.

Finalmente es importante destacar que cada teoría de conocimiento se va ejerciendo de acuerdo al lugar, tiempo y circunstancias que van determinando los intelectuales (filósofos, científicos, teólogos, empresarios, guías espirituales, entre otros entes capaces de producción cognoscitiva).

De tal forma que, en esta obra no estamos casados con alguna forma de conocimiento en específico. Si hemos acudido a las teorías de conocimiento que se analizan, es porque en cierta forma hemos tenido la oportunidad de conocerlas un poco más a fondo y que finalmente les servirán a los policías para entender el fenómeno cognitivo desde su aprehensión, comprensión, actuación y producción.

Por ejemplo, a estas alturas del conocimiento que hemos plasmado en esta aportación intelectual, ya podemos atrevernos a interpretar la siguiente propuesta de Heidegger:

"El conocimiento se lleva a cabo en el pensar enunciativo, pensar que, en cuanto representación del ente, impera en todos los modos de la percepción sensible y de la intuición no sensible, en todo tipo de experiencia y sensación."[90]

De donde obtenemos la siguiente fórmula:

CONOCIMIENTO = PENSAR ENUNCIATIVO + REPRESENTACIÓN DEL ENTE + PRESENCIA EN TODOS LOS MODOS DE PERCEPCIÓN SENSIBLE + INTUICION NO SENSIBLE + TODO TIPO DE EXPERIENCIA + SENSACIÓN = CONOCIMIENTO HUMANO.

Esta tesis de Heidegger, engloba toda su propuesta en materia de epistemología.

Primero.- Todo pensar enunciativo es consecuencia de un conocimiento que ya se tiene. Si no hay conocimiento sólido, claro y específico, normalmente no habrá pronunciamiento enunciativo de calidad. Posiblemente, hay diálogo, pero es un diálogo bastante simple, sencillo y normal. Mientras que el pensar enunciativo heideggeriano, implica una fuerte dosis de propuesta intelectual de calidad.

Segundo.- Todo pensar enunciativo es una representación del ente, como ya lo hemos referido anteriormente, en el sentido de que los entes, son producciones humanas donde se le da presencia a la naturaleza y realidades humanas.

Tercero.- Imperio o presencia en todos los modos de percepción sensible, es decir, hay posibilidad de dar entidad a todo lo que está dentro de nuetras circunstancias.

---

[90] Cf. Heidegger, Martín. *Nietzsche I.* destino. España, 2000, p. 424.

Cuarto.- Este punto es importante, porque Heidegger, va más allá de lo sensible. Su idea es: la intuición no sensible. Es decir, lo que está más allá de nuestra racionalidad, pero posible de alcanzar por medio de la activación de nuestra inteligencia, misma que hace uso de todas las facultades humanas para arribar a lo desconocido y jalarlo a la realidad para generar una nueva premisa de conocimiento.

Quinto.- Todo tipo de experiencia y sensación. Aquí podemos apreciar que el ser humano con su experiencia cognitiva, aunado a lo que se puede ir adjudicando, va a generar conocimiento.

En suma, tenemos que el ser humano por ser un ente de inteligencia superior, va a ser alimentado por sus sentidos para que, a través de la información que llegue a su cerebro, valla estructurando su mundo inteligente. Entonces, los sentidos, el cerebro y la activación de la inteligencia, son las premisas fundamentales con las que Heidegger determina el ciclo cognitivo del conocimiento humano.

Finalmente, pensar, pensar y pensar para entender la complicación al alcance de las mentes inquietas es una oportunidad para todos los policías que buscan ir más allá del conocimiento ordinario.

¿Y cómo se genera este acto del pensar? Más adelante intetaremos ampliar un poco más este fenómeno exótico, exuberante y genético-psicosocial. Otra vez: ¡Tremenda la situación!

¿Cómo se estimula la inteligencia para pensar? ¿Cómo se estimula la conciencia? ¿Cómo se estimula la atención? ¿Cuáles son los procedimientos químico-biológicos que intervienen en un acto humano? ¿Qué necesitamos para pensar?

Como podemos apreciar son infinidad de cuestionamientos que se generan en torno a la etiología cognitiva. Hay que estar preparados intelectualmente, para recibir las ráfagas de información científica que se generan en el instante mismo del pensar.

La Teoría del conocimiento de Alejandro Llano.

Parto de una idea genial de Llano: **"La realidad es la fuente de todos los conocimientos y la medida de su verdad."**[91] De esta idea podemos obtener

---

[91]   Cf. Llano, Alejandro. *Gnoseología*. Eunsa. España, 1998., p. 18

que realidad y verdad son las bases de la construcción del conocimiento de este filósofo. Una realidad que se extiende y amplifica en torno al ser humano y que gracias a su inteligibilidad va construyendo verdades de dicha realidad en forma constante. Verdades que pueden ser demostradas con la realidad, su objetividad y concreción.

Asimismo, la realidad-verdad está a nuestra disposición, necesitamos de nuestra inteligencia para irla interpretando y descubriendo. Finalmente son facetas de conocimiento naturales o artificiales que están latentes, que están en potencia metafísicamente hablando. Hay que influir en ella para ir avanzando en el campo del conocimiento empírico, científico o filosófico. De nuestra formación y capacidades intelectuales e intuicionistas,[92] tendremos la oportunidad de penetrar al misterio del conocimiento natural, humano o artificial, es decir, del conocimiento directamente formado a través de la inteligibilidad humana en especial en ciencia y tecnología.

Finalmente el conocimiento es una construcción, un juego, un laberinto entre la realidad y la verdad, entre el pensar y el producir, entre el ser y la nada como lo diría Sartre.

Lo cierto es que para avanzar en el camino del conocimiento de calidad, hay que prepararse, de nada sirve la aprehensión de un conocimiento ordinario cuando se tiene una mente crítica y un impulso vital por seguir creciendo como seres inteligentes. Hay que procurarnos calidad en el mundo del conocimiento, pues finalmente, ese conocimiento influirá en nuestro destino.

En relación a la propuesta que hace Llano en torno a la gnoseología, encontramos la siguiente especificación: **"... es el titulo más conveniente para encuadrar el conjunto de cuestiones relativas a la posesión del *ser* por el *conocimiento,* es decir, a la *metafísica de la verdad.* "**[93]

De esta idea, en el fondo vislumbramos que finalmente el conocimiento es el propio Ser en su máxima exponencialidad. Un ser verdadero que se percibe por la inteligencia superior del ser humano, por la fe, en algunos, y por la creencia en muchos. Es un Ser que nos dota de inteligibilidad para

---

[92] Hay una corriente de pensamiento filosófico que es el intuicionismo y consiste en presuponer algún fenómeno en potencia y posible de actualizarse con el ejercicio, participación y manipulación del ser humano, tanto en fenómenos naturales, como humanos y tecno-cintíficos.

[93] Op. cit. Llano, Alejandro., p. 20.

ir descubriendo sus actualidades y potencialidades que encontramos en la realidad a nuestra disposición. Hay que preparase y documentarse todo el tiempo para que disfrutemos de ese Ser, a través del vínculo efectivo por excelencia: el conocimiento.

Otra de sus propuestas de este gran hombre en torno al conocimiento es: **"Si la mente no está actualizada por el conocimiento de la realidad, no puede conocer que conoce."**[94]

De esta idea se desprende que finalmente nuestros sentidos, son el vínculo por donde entra la realidad a nuestro ser interno, a nuestro pensamiento subjetivo, a nuestro mundo personal. Realmente somos seres complejos, somos moléculas, células, órganos, músculos, huesos, inteligencia y energía en movimiento. Toda esta estructura bioquímica energética es lo que nos permite, a través de nuestros sentidos ir acumulando información de la realidad. Esa realidad va a estar determinada por la influencia socio-culturales que afecta nuestra existencia. Entonces, tenemos la formación interna y externa. Tenemos el conocimiento objetivo y el conocimiento subjetivo. Finalmente nuestro lenguaje escrito o hablado es lo que expresará nuestra capacidad de conocimiento acumulado y la forma de irlo actualizando a través de las diversas manifestaciones de nuestra forma de ser.

Entonces una mente que no se preocupa, percibe y explota la realidad, es una mente limitada; por lo tanto, hay que vivir con intensidad para recibir y acumular información que nos puede servir para eventos en el acto o para la posterioridad. Aquí estamos entonces en los terrenos del conocimiento experimental-empírico, en una primera aproximación a la realidad que percibimos con nuestros sentidos, para posteriormente ir afinando los conocimientos por medio del rigor racional y elevar el conocimiento al conocimiento científico; por último vendrá el conocimiento filosófico para los exigentes de la fenomenología cognoscitiva.

Es importante destacar que también hay realidades parciales de la realidad general que uno mismo va adquiriendo. En otras palabras, serían el mundo personal y el mundo social. Cada quien su mundo, cada quien su vida, es lo que se escucha de repente, sin embargo, la realidad social es la que predomina en nuestros procesos de conocimiento pues es en ella, donde se debate y genera el conocimiento en general.

---

[94] Ibid., p. 21.

Otra idea que compartimos de Alejandro Llano es la siguiente: "**... la verdad es la adecuación de la inteligencia del hombre con el ser de las cosas.**"[95] Es importante señalar que nuestro filósofo esta destacando la inteligencia humana, no la razón ni la voluntad, sino que eleva el rigor del conocimiento a la inteligencia humana. Es importante destacar esta sub-idea pues, la inteligencia, en término aristotélicos-tomistas, es la suma de la voluntad con la razón, creando con ello, actos inteligentes que se tendrán que ver reflejados en el excelente comportamiento de la naturalezas racionales o en términos metafísicos, en los entes superiores humanos. Lo cierto es que, para pode entender dicha realidad es necesario percibirla inteligentemente, ni racional no voluntariamente exclusivamente, por lo contrario, hay que hacer uso de toda nuestra potencialidad inteligente para encontrar esa reciprocidad que se da entre el ser de las cosas, el ser de los entes y la inteligencia humana. A partir de esta percepción, nuestro intelecto crece y por ende, tenemos suficiente conocimiento para penetrar en el ser de las cosas auxiliándonos del conocimiento filosófico que a estas alturas de la presente obra, el oficial de policía ya, por lo menos tendrá una idea.

Entonces esta adecuación entre inteligencia y realidad de las cosas, es lo que nos permitirá caminar y pensar dentro de las posibilidades verdaderas que se nos manifiestan todo el tiempo y en cada lugar en que nos encontremos.

Y así consideramos uno de los principios metafísicos de los entes: la verdad como característica específica de los entes pensantes, es decir, de los seres humanos.

La propuesta de Llano es la siguiente: "**... todo ente es susceptible de ser inteligido.**"[96] Entonces, mis seres inteligentes, que se han inclinado por uno de los máximos valores de todo ser humano: salvaguardar la integridad física y material de las personas, aquí estamos ante una veracidad en potencia: todo lo que es o puede llegar a ser, es posible de ser aprehendido por el ser humano; hacerlo suyo y guardarlo para después utilizarlo como herramienta para argumentar su discurso. Un discurso que tendrá que caracterizar por ser de alta calidad humana. La policía finalmente tendrá que buscar en su realidad, en la escena del crimen, todos los entes posibles por activar.

El policía tendrá que agudizar sus sentidos para materializar entes que las personas ordinarias no alcanzan a percibir, por eso, el policía debe

---

[95] Ibid., p. 23.
[96] Ibid., p. 26.

estar bien informado para tener todo un horizonte de posibilidades para actualizar entes silenciosos y que finalmente ayudan a esclarecer la verdad de los hechos delictuosos. En lenguaje policial, sería el material sensible significativo que se encuentra en los escenarios delictivos.

En suma, con esta propuesta de Llano, podemos percibir que el policía, tiene mayor posibilidad de actualizar entes en forma constante.

La idea en este sentido de Alejandro Llano es: "**... los entes causan la verdad, pero donde primariamente se encuentra la razón formal de la verdad es en el entendimiento.**"[97]

Aquí Llano habla de una razón formal de la verdad y la razón material de la verdad ¿cuál sería? Podemos aproximarnos a estas respuestas diciendo que la formalidad en el caso de la verdad corresponde al entendimiento, y la materialidad a la realidad concreta. Ambas formalidades metafísicas: forma-materia, corresponden a una realidad, la cual se ve reflejada en el entendimiento a través del conocimiento que se va adquiriendo conforme transcurre el tiempo.

¿Entonces en nuestro entendimiento, qué encontramos?

Primero.- Somos el resultado de las construcciones socio-culturales en que vivimos.
Segundo.- Nuestra forma de ser está determinada por el conocimiento que poseemos en general, desde el conocimiento empírico, pasando por el conocimiento científico y, en su caso, conocimiento filosófico-sapiencial.
Tercero.- Nuestra capacidad cognoscitiva está determinada por nuestro poder personal, energético e intelectual. Es decir, somos el resultado íntegro-formativo de todas las circunstancias que han hecho y harán posible nuestra forma de ser y de actuar.

Eso es lo que encontramos en nuestro entendimiento. ¿Estamos preparados para asumir otros niveles de conocimiento metafísico? Claro que sí, pues el conocimiento filosófico esta a nuestra disposición; la idea es conocer más allá de nuestros parámetros convencionales de conocimiento tanto en el área de las ciencias sociales como en el de las ciencias naturales. De tal forma que el conocimiento está ahí, a nuestra disposición, lo único que necesitamos es **querer** conocer más, pues una mente quieta, conformista, no crítica, siempre se quedará en un nivel básico de conocimiento, mientras

---

[97] Ibid., p. 30.

que la mente del policía, debe ser con entrega plena al crecimiento integral, es lo que necesitamos como policías de alta calidad intelectual.

Entonces, señores oficiales de policía municipales, estatales, federales, bilatrales, locales, internacionales, preventivos, ministeriales, judiciales y de investigación, tenemos una misión en este planeta: buscar nuestra superación intelectual, buscando lo más alto, profundo, denso y agradable del conocimiento que está a disposición; menester es esforzarnos por alcanzarlo y disfrutar de la sabiduría y tranquilidad que significa conocer un poquito más de lo normal.

Claro está que hay niveles en la forma de ser policías, pues, existen algunos compañeros que no salen de la operatividad, otros se quedan en el respeto estricto a las normatividades que rigen nuestro actuar como servidores públicos, otros se limitan a la cientificidad en sus investigaciones y muy pocos, se preocupan por el meta-policía, es decir, por el horizonte que se nos brinda más allá de estas construcciones de conocimiento y preparación fundamental policial. Su visión de conocimiento es más amplia de estos meta-policías, y por ende, más exigente. No se conforman con cualquier tipo de información de conocimiento, por lo contrario, conforme uno va avanzado en los procesos epistemológicos, se va volviendo exigente con él mismo, no te conformas ya con cualquier tipo de información, de lectura, de discurso, ahora, el mismo conocimiento te exige conocimiento de calidad, por ello es necesario el conocimiento de la metafísica para estar al nivel de las exigencias epistemológicas.

En esta idea, nuestra capacidad de entendimiento, de digerir algunos fenómenos, entes o manifestaciones energéticas que se manifiestan todo el tiempo, estará determinada por nuestra capacidad cognoscitiva, es decir, por lo mucho o poco que tengamos de almacenamiento en nuestro banco de datos informático mentales personales, porque colectivos sólo a través de las grandes computadoras que es en donde se pueden homogeneizar algunos principios epistemológicos.

Otra idea fundamental de la teoría del conocimiento de Alejandro Llano es la siguiente: **"El ser como acto (*actus essendi*) es el fundamento de la verdad."**[98] Entonces tenemos que todo lo que **es**, es verdadero. Una verdad que hay que buscarla. Algunas veces será fácil encontrarlas, otras tendremos que batallar, sin embargo, en el momento de ser, hay verdad. Verdades escondidas y verdades a nuestro alcance por nuestras capacidades

---

[98] Ibid., p. 39.

de conocimiento y, entonces regresamos una vez más a la formación intelectual de las personas: mientras más conocimientos se tengan, mayores posibilidades hay de moverse en el mundo de las verdades, claro está que son verdades relativas, pues, como sabemos según el pensamiento de Popper, no hay verdades absolutas y definitivas.

En suma, todo lo que está en acto, es una verdad que puede ser demostrada por nuestra inteligencia, pues si esta en acto, es, y si es, entonces es una verdad que existe, se puede apreciar, contemplar, pensar, imaginar y manipular, en algunos casos. Por ejemplo, el viento solar que llega en las madrugadas antes de que aparezca el sol en el horizonte, es una verdad, porque ese fenómeno está en acto, y se da solamente a determina hora y, supongo, en determinado lugar.

En suma tenemos que el simple hecho de existir ya es una actualización, precisamente porque estamos conscientes de lo que nos rodea, asimismo, nuestro corazón está en acto permanente, no existe un solo instante en que nuestro corazón deje de estar actualizado, sólo con el fin existencial definitivo y absoluto, es cuando llegamos a nuestra no-actuación.

Entonces, el acto en sí-mismo nos va a generar conocimiento, un conocimiento que lo podemos manipular a nuestro libre consentimiento. Un conocimiento que más se ejercita en cuanto lo dominamos; un conocimiento que nos lleva a sus orígenes cuando existen mentes críticas e inquietas por saber la construcción etiológicas del conocimiento en general, como es el caso de algunos policías que buscan respuestas a aquellas incógnitas donde su mente no tiene más camino que los límites de su conocimiento. Una vez más regresamos a nuestra posición original: mientras más conocimientos se tiene, uno se vuelve más exigente con los procesos cognitivos de calidad y profundidad. Una mentalidad en potencia de transformar las estructuras socio-culturales en donde nos encontramos. Mentes críticas policiales finalmente para ser libres, propositivos y dispuestos a asumir su responsabilidad como seres pensantes a pesar de que trabajamos como policías, una de las actividades más interesantes y apasionantes que existen en todos los Estados políticos, desde la prevención, la investigación y la persecución de los delincuentes.

Finalmente no se puede afirmar que los oficiales de policía son unos ignorantes, por lo contrario, somos **científicos sociales** que aportamos conocimientos en las ramas de la psicología, la criminalística, el derecho y la sociología en su conjunto, -como ya lo hemos mencionado-, pues finalmente trabajamos directamente con seres humanos y su actuar en sociedades cada día más complicadas.

Por nuestra parte seguimos trabajando con el tema de la neuro-psiquiatría-filosófica. Otra vez: ¡tremenda la situación!

¿Con qué finalidad estudiamos esta propuesta epistemológica?

1. Todos los oficiales de policía somos libres de pensar lo que quieramos.
2. La formación socio-cultural, siempre nos hará más responsables, libres y comprometidos con el lado humano de las personas.
3. La suma de estas tres ramas del conocimiento, ayuda a comprender mejor, y en consecuencia, responder con esa misma rigurosidad cognitiva en defensa de las personas inocentes, de bien y comprometidas con el crecimiento y desarrollo espiritual, cognitivo y filosófico de las personas.

Otra de las hipótesis epistemológicas de Llano es la siguiente:

"La noción de ente es lo primero que nuestro entendimiento alcanza; y que explicita su verdad en este primer juicio radical y originario: *esto es*. Sin este primer conocimiento, nada conoceríamos; y en él se resuelve –como en lo más evidente- cualquier conocimiento posterior."[99]

Para entender esta frase tenemos la siguiente fórmula:

ENTE GENERAL + ENTE HUMANO + ENTENDIMIENTO (INTELIGENCIA) = LO QUE ES.

Con esta formula partimos de la idea de que todo lo que existe es, dentro de esa existencia, están los entes humanos que por medio de su inteligencia, logran un entendimiento que les va a generar una posición de los entes que le rodean y que los actualiza a través de su pensamiento en el caso de los entes mentales; estos entes quedan delimitados con las dos palabras de Llano: *esto es.*

Sin el "esto es", estamos navegando por el camino de la neutralidad cognoscitiva, pero, como ningún ser humano puede permanecer en la nada, pues el constitutivo natural de la persona humana es la percepción

---

[99] Ibid., p. 40.

a través de los sentidos para irse apropiando de información que le va a servir para formular esquemas de comportamiento así, como la elaboración de pensamientos y conocimiento como consecuencia del propio actuar humano; entonces el *esto es,* es una forma de ir construyendo los procesos epistemológicos de las mentes.

En este contexto, el "esto es", nos limita en pensamiento una parte del conocimiento general que se nos manifiesta por todo el tiempo mientras estemos conscientes de ser. El esto es, nos asegura un dominio de conocimiento general que posteriormente lo vamos convirtiendo en personal, elevándolo en calidad y puliéndolo en cuanto a la capacidad que tengamos para analizar, transformar, generar y transmitir conocimiento general, específico y filosófico en torno a determinadas manifestaciones del conocimiento y en consecuencia del actuar humano.

Otro punto importante de la propuesta gnoseológica de Alejandro Llano, es el relacionado al comportamiento de **la mente en relación con la verdad**, misma que las divide en: **certeza, duda, opinión y fe.**

Certeza-evidencia.

En este contexto, es importante destacar que la evidencia y la certeza es un binomio de instrumentos policiales, los cuales nos abren horizontes para ir esclareciendo los escenarios de los actos delictuosos y en este sentido, llegar o aproximarnos a la verdad de lo que se investiga.

1. **La certeza.**- Es considerada como la firmeza que asume la mente con respecto a un fenómeno.
2. **La evidencia.**- Es la presencia de una realidad como inequívoca y claramente dada. Es el fundamento de la certeza.

Entonces, en términos policiales, tiene que haber evidencia para que se puedan formular hipótesis con un alto grado de certeza. Si no hay evidencias, no podemos sacar certezas de la nada. Tiene que haber evidencias para que se puedan ir formulando las diversas líneas de conocimiento, las cuales, finalmente nos tendrán que llevar al esclarecimiento de los hechos que se investigan.

En suma, tenemos que se da certeza cuando el entendimiento se adhiere a una proposición verdadera, como lo diría Alejandro Llano.[100] Entonces,

---

[100]   Ibid., p. 53.

ante una investigación policial no podemos movernos en los espacios de la incertidumbre, hay que buscar siempre la certeza que nos brinda seguridad, poder y tiempo para ir formulando nuestras diversas hipótesis criminales.

La duda.

Es un estado mental donde no hay afirmación ni negación, simplemente se es. Ante una situación de esta magnitud, se sugiere continuar por el camino de la seguridad, como oficial de policía, la duda no debe absorvernos, por lo contrario, partir de la duda en todo y a partir de la imposición de la realidad para solventar las dudas, continuar por el camino de la certeza, de la verdad y del compromiso.

La duda, como policías, es una posibilidad latente que nos permite no comprometernos con nada, más que con la verdad, una verdad que nos abre camino, certeza y resultados en las investigaciones criminales. En este sentido, no se vale la improvisación, la mala interpretación o las superficialidades en una investigación policial.

La propuesta de Llano es la siguiente: **"La duda es el estado en el que el intelecto fluctúa entre la afirmación y la negación de una determinada proposición, sin inclinarse más a un extremo de la alternativa que al otro."**[101]

Carlos Castaneda diría que la duda es cuando se encuentra uno en el limbo, es decir, donde no hay certeza ni falsedad.[102]

En el mundo del policía ¿prevalece la certeza o la duda? Ya lo hemos referido que todo depende de la inteligencia, la capacidad argumentativa y el conocimiento que se tenga ante un evento; por ejemplo, una investigación en materia criminal. Esto significa que el policía culto tendrá menos dudas que un policía con pocos conocimientos. Finalmente la realidad de las cosas te presiona para que solventes y rebases las dudas. Esto no significa que se minimicen las dudas, por lo contrario, en el ámbito policial, la duda es nuestro mejor aliado, precisamente porque cuando el policía se confía puede perder su libertad o su vida, pues en estos terrenos, uno no sabe cuándo le va a salir la liebre como se dice en el lenguaje policial mexicano. Sin embargo, es bien importante dejar claro que, en términos jurídico-policiales, ante la duda, viene la absolución.

---

[101]   Ibid., p. 58.
[102]   Op. cit Castaneda, Carlos. *La rueda del tiempo.*

No debemos actuar jurídicamente ante una situación donde la duda abarca todo el procedimiento jurídico, menester es la libertad del probable responsable.

La opinión.

Cuando hay limitaciones de conocimiento uno sólo se limita a opinar pues no hay certeza, no hay conocimiento, no hay certidumbre, no hay nada. Esa opinión, entra dentro de los parámetros de la incertidumbre pues no hay seguridad y dominio del conocimiento para afirmar algo. Por eso nos limitamos a la opinión. El detalle es participar, para algunas personas, aunque dicha participación sea superficial, caduca, vacía o sin sentido.

En consecuencia los opinadores pueden tener buenas propuestas, pero no llegan al nivel de las personas sabias que conocen de la materia en forma y fondo. Por ejemplo, un médico internista que receta algún medicamento a una persona con esquizofrenia, los conocimientos generales del médico internista son válidos pero lo que opine o intervenga dentro del campo de la psiquiatría, por ejemplo, sale de su dominio específico.

Otro ejemplo, ante un escenario criminal la opinión de una persona es totalmente diferente a la propuesta de un oficial de policía que sabe de criminología, criminalística, psicología criminal, perfiles criminales, entre otras formas de analizar los escenarios criminogenos; si acaso la intervención de la persona podría caer dentro de la categoría jurídica como testigo presencial de los hechos delictuosos no más. Por lo tanto, hay que tener cuidado con las opiniones, sobre todo cuando no se tiene la certidumbre o experiencia para aportar conocimiento que le funcione, en este caso, al oficial de policía.

Una vez más, viene al momento nuestra tesis primordial: cuando se tiene el suficiente conocimiento, se puede opinar con certeza, sin problemas de contradicción; por lo tanto, es necesario que los oficiales de policía se sigan actualizando permanentemente en materia de conocimientos generales para tener suficientes herramientas y poder argumentar ante un juzgado, por ejemplo, en un juicio oral entre otras instancias.

Las palabras de Llano en este sentido son las siguientes: **"El hombre se ve obligado a opinar, ya que, por la limitación de su conocimiento, muchas veces no puede alcanzar la certeza."**[103]

---

[103] Op. cit., Alejandro Llano., p. 62.

Entonces cuando no hay certeza, la opinión se manifiesta y más aún cuando el ser humano está acostumbrado a hablar sin limitaciones.

La fe.

¿Qué estimula a la fe? ¿Qué mueve la fe? ¿Por qué tener fe? Son varios los cuestionamientos que se pueden ir generando. Lo importante es saber que existe una posibilidad de conocimiento que se le reconoce como fe. Es una fe que nace desde el fondo del ser humano. De lo más profundo de su conciencia, su existencia y que es movido por la voluntad. Entonces, la voluntad va a ser el vínculo entre la fe, la racionalidad y la inteligencia.

En suma, la fe surge cuando la inteligencia es rebasada por algún cuestionamiento que no tiene respuesta por vía racional, básicamente es cuando nos encontramos en situaciones límite de salud, libertad o existencia. Es entonces cuando la fe empieza a florecer en nuestro ser y nos estimula para tener algo de que agarrarnos racionalmente o corporalmente. Tener fe es una característica peculiar de la especie humana. La fe nos tranquiliza, nos abre espacios de reflexión, nos ilumina la mente y nos permite estar bien con nosotros mismos mientras sucede lo inesperado o esperado pero que en cierta forma afecta nuestro estado de ánimo.

Tener fe en nosotros es lo que solemos escuchar. Claro que si creemos y tenemos fe en nuestras capacidades y potencialidades, podemos generar espacios y tiempos de confiabilidad hacia nosotros mismos y otras personas que influyen en nuestro mundo.

De tal forma que, es necesario ser personas íntegras con fe, creencia y sabiduría para poder enfrentar inteligentemente los desafíos de la vida, pues, finalmente la existencia es toda una odisea donde tenemos que luchar por no caer, y si caemos levantarnos. Agudizar permanentemente nuestras capacidades inteligentes para hacer de nuestra persona, seres de calidad y suficiente calor humano para compartir, en especial a aquellos seres desafortunados.

Entonces, la fe es una posibilidad humana donde impera la voluntad como instrumento de materialización de dicha tendencia hacia la fe.

Una cultura humana sin fe, queda demasiado cuadrada pues, la fe, es una forma de libertad y superación de los parámetros convencionales que permiten ser a una persona, una comunidad, un territorio, de determinada forma y no de otra. Con la fe se abren caminos, se superan obstáculos y se generan esperanzas para continuar en vida.

Finalmente la fe derrumba ideologías, fronteras y tiranías.

La fe es una aliada de la inteligencia humana. La inteligencia no puede estar peleada con la fe pues, ambas necesitan de si mismas. Por ejemplo, cuando la inteligencia no puede con algún fenómeno natural, humano o artificial, es cuando la fe, se magnifica, y, por otra parte, cuando la fe no puede con algo, la inteligencia genera cierta estabilidad emocional que permite a las personas en la lucha por mantener la vida.

Finalmente regresamos al Ser como máximo emanador del conocimiento, y así, regresamos a nuestra fórmula metafísica:

Ser + Ente humano + Conocimiento = Ser humano integral.

Así tenemos que los seres humanos somos sustancias naturales inteligentes en potencia de lograr mucho y en acto permanente de algo, pues siempre estamos en movimiento, interno o externo, físico o mental.

Somos seres de conocimiento en potencia de actualizarlo por la vía del conocimiento empírico-experimental, científico-evolutivo y filosófico-sapiencial. Nuestra capacidad esta abierta al conocimiento, necesitamos una voluntad fuerte, un poder personal latente y una energía vibrante y superpenetradora para ser entes de conocimiento en su máxima posibilidad y esplendor.

Las palabras de Llano son:

"Lo inmediato y más evidente que sabemos de las cosas es que son y, más evidente que sabemos de las cosas es que son y, por consiguiente, la primera noción que nuestro entendimiento alcanza es la de *ente,* es decir, la de *aquello que es.*"[104]

Entonces somos seres de conocimiento, para el conocimiento y por el conocimiento. De tal forma que si somos seres en potencia de conocer, es necesario mantenernos en esa premisa y no despegarnos hasta el último instante de nuestra existencia.

---

[104] Ibid., p. 123.

Logrando con esto los siguientes principios epistemológicos:

1. Ser libres.
2. Ser responsables.
3. Ser inteligentes.
4. Ser exigentes con nosotros mismos.
5. Ser exigentes con y para el conocimiento.
6. Generar conocimiento.
7. Morir en paz y confortablemente, sabiendo que cubrimos nuestros objetivos de vida.

Esta es a grandes rasgos, los principios cognoscitivos-epistemológicos del filósofo Alejandro Llano quien se preocupó por el entendimiento de los procesos cognitivos desde una perspectiva teológica, metafísica y científica.

La Teoría del conocimiento de Karl Popper.

Ahora entramos al mundo de un gran filósofo de la postmodernidad. Un ser que propone esquemas de pensamiento que rebasan las propuestas convencionales de pensamiento y se convierte en un crítico del conocimiento no sólo epistemológico (científico-racionalista), sino también inteligente, empírico y filosófico. Es un gran paradigma humano, pues su aportación implica reconocimiento, respeto y asombro por el grado de exigencia que significa pensar bajo sus premisas fundamentales, en este caso de gnoseología.

Es gracias a su aportación como se aclaran algunas premisas de pensamiento que estaban en el limbo, pero que con la propuesta de Popper adquieren un matiz más científico, aunque no descarta la importancia de lo no racional como base para la formulación de hipótesis racionales, es decir, Popper considera que para que se genere conocimiento, muchas veces hay que salirse de la cuadratura del conocimiento socialmente aceptado para poder generar nuevas propuestas de conocimiento e ir desplazando aquellas tesis cognoscitivas con nuevas aportaciones sobre las mismas, es decir, son aportaciones frescas, nuevas y que en determinado momento tendrán que ir desplazando a las que estaban en el terreno de la ciencia. Con esta posición popperiana, podemos advertir que el conocimiento no es absoluto, verdadero e intocable; por lo contrario, todo conocimiento socialmente aceptado es susceptible de ser desplazado por otro de mayor envergadura.

José Antonio Marina quien es un seguidor agudo de Popper refiere:

"Karl Popper (...) es racionalista, pero cree que sólo puede serlo por una decisión no racional."[105] Con esto se confirma nuestra posición con respecto a la irracionalidad como un estimulo permanente para la racionalidad y, con ello se rompe la idea de que normalmente se creía que para permanecer en los terrenos del conocimiento científico, era necesario mantenerse en esa posición: la racionalidad como estimulo. permanente de la transformación del conocimiento.

En este sentido, podemos observar que cuando se propone conocimiento desde una posición inteligente, la racionalidad, y la voluntad, van a ser un instrumento mental-corporal para que las personas generen conocimiento desde perspectivas más amplias; es decir, no sólo se limitarán a determinados parámetros de conocimiento racional y voluntarios, sino que se va a asumir un nivel más elevado dentro del horizonte de la potencialidad inteligente de los entes humanos.

Es importante dejar claro que la integración de la filosofía del policía, la conformaremos con las siguientes ramas fundamentales de la filosofía general: a) la metafísica. b) La gnoseología-epistemología, c) la ética-moral, d) la filosofía del derecho, e) la filosofía de la mente y f) la teología. Estas ramas de la filosofía consideramos que fortalecerán íntegramente esta **filosofía policial** que se ha buscado y que normalmente se quedan incompletas pues limitan la formación filosófica policial a sólo algunos aspectos jurídicos y formación ético-morales.

Por lo tanto, esta filosofía policial, finalmente es una propuesta de conocimiento filosófico, operativo, humano y específico para las policías que están comprometidas con el profesionalismo, la responsabilidad y el rigor en el conocimiento.

Después del antecedente considerado, podemos continuar con Popper, en el sentido de que su propuesta es clara, propositiva y digerible para las mentes policiales.

En este contexto, otra de las propuestas de José Antonio Marina, citando a Popper, es que **"... la ortodoxia es la muerte del conocimiento, pues el aumento del conocimiento depende por completo de la existencia del desacuerdo."**[106] ¿Qué encontramos en esta idea? Una vez más la

---

[105] Cf. Popper, Karl. *El cuerpo y la mente*. Paidós. España, 1997., p. 11.
[106] Ibid., p. 11.

presencia de la irracionalidad como paradigma ejecutor de la producción de conocimiento objetivo, científico, concreto, praxiológico, demostrable y susceptible de ser rebasado.

El cerrar el conocimiento, es como encapsularlo, es cerrar la inteligencia humana y apagar las llamas de la voluntad y la razón como herramientas para la estimulación de la generación de conocimiento.

Por lo tanto, las ortodoxias cognitivas, atentan contra la libertad del pensamiento humano. Las ortodoxias cognoscitivas es encerrarse en mundos sin trascendencias. ¿Qué pasó con la afirmación histórica de que la tierra era redonda, por ejemplo? No existía la generalidad en el conocimiento socialmente aceptado que ciertamente la tierra era redonda y no plana. Un gran choque que sacudió el conocimiento teológico prevaleciente en esa época histórica. Hoy, continuamos avanzando en materia de ciencia y tecnología desde la exploración al interior del ser humano con respecto a sus procesos bio-químicos energéticos, la naturaleza y el cosmos que nos envuelve con su perfección y armonía en constante movimiento.

Entonces encerrarse en el conocimiento ordinario es una deficiencia humana. Hoy no puede prevalecer esa propuesta pues, gracias a las intercomunicaciones globalizantes, la realidad humana se torna más comprometida con toda la humanidad en su conjunto.

Casarse con determinada propuesta de conocimiento es bueno, pero el no dejar que se supere dicha propuesta cognoscitiva afecta la inteligencia humana. Por lo tanto, hay que mantenerse abiertos al cambio, a la transformación, a la dinámica cognoscitiva, pues, sabemos que el conocimiento no es absoluto ni definitivo, simplemente son esquemas inteligentes que pueden irse perfeccionando a través del clásico **error** y superación del mismo, promovido por Popper.

Hay una palabra clave que se destaca en toda propuesta de conocimiento y que rompe con la aceptación y veracidad de las diversas teorías y propuestas de conocimiento y es el **"pero"**. Un pero que detiene de golpe el transcurrir, estabilidad y aceptación de algo considerado científicamente, en este caso. Ese *pero* que brota y sacude esquemas de conocimiento. Ese *pero* que inicia con nuevos paradigmas, es la base para la aportación de nuevas tendencias cognoscitivas.

Las palabras de Marina, en este sentido son las siguientes:

"El *pero* muestra la figura áspera que se destaca sobre el fondo apacible de la teoría, el caso incómodo, la diferencia que hay que salvar, la peculiaridad, la crítica, el problema no resuelto."[107]

Entonces sin el *"pero"* hay conformismo, hay aceptación, hay tolerancia y congelación del pensamiento; sin embargo, cuando aparece el "pero", todo es posible. La realidad es posible de cambiar. Lo certero actualizado, puede ser deplazado.

Continua Marina con la observación de Popper con la siguiente referencia: **"Lo importante es asumir prolongando, criticando, cambiando, creando nuevas hipótesis. El dinamismo de la ciencia es semejante al que guía la evolución. Las teorías más poderosas y los organismos mejor dotados son los que sobreviven."[108]**

En este contexto tenemos que teorías y humanos resistentes a todo, son los que permanecen, los "otros" son los que dejan de moverse. En este sentido, hay que modernizarse y actualizarse para permanecer; es una permanencia que exige entrega, energía, vitalidad y propuesta ante los diversos fenómenos naturales y sociales con los que nos vamos enfrentando todos los días. Sin embargo, es necesario también, apoyar con la crítica para salir de las sombras, errores y contradicciones. Tener una mente crítica, propositiva y comprometida con el bien de la humanidad es parte de la filosofía que deben adquirir las nuevas generaciones de policía no solamente de México sino también del mundo humano.

Mentes policiales lúcidas y en constante preparación, no sólo en el ámbito jurídico-operativo como lo hemos referido, sino que, hay que rebasar esa estructura de conocimiento pragmático; hay que profundizar, pero también es necesario crecer y expandirnos con nuestros conocimientos para ser excelentes personas y, en este sentido, excelentes policías. Pues somos entes donde la confianza de los ciudadanos es depositada para salvaguardar su integridad y bienes materiales. Somos entes, donde la paz, y armonía está determinado por el actuar o no actuar de nosotros como policías.

De tal forma que nuestro compromiso con el conocimiento, es una premisa permanente que hay que alimentar y nutrir con conocimientos de calidad todos los días; no parar, seguir, y si caemos, levantarnos y continuar;

---

[107] Ibid., p. 12.
[108] Ibid., p. 16.

aceptar nuestros errores como auténticos seres humanos pero nunca, bajar la guardia, física, mental y espiritual.

Otra idea de Marina en torno a la teoría cognoscitiva de Popper es: **"Ninguna teoría puede considerarse científica si no especifica las condiciones que podrían invalidarla?**[109] ¿Qué significa esto y de que forma le sirve al policía en su trabajo? Todo conocimiento filosófico que hemos referido, en el fondo lleva una tendencia: aterrizarlo al lado humano filosófico del policía, con la finalidad de enriquecer su acervo cultural y por ende, hacer de su vida, un universo de actos de calidad. En este sentido, encuentro que para afirmar algo, es necesario fundamentar, demostrar y convencer, pero también saber el lado débil de dicha afirmación cognitiva que vamos a defender. Ese lado por donde nos pueden golpear, sacudir o rebasar en cuanto a nuestras afirmaciones. Por ejemplo, en una investigación criminal de campo, es necesario hacer la investigación desde una perspectiva lo más cercana a la realidad y veracidad posible, con la finalidad de no cometer injusticias, errores o contradicciones que se vean reflejados en una pésima investigación. En otras palabras, es necesario que la investigación que llevamos a cabo, conozcamos de sus limitaciones, alcances y retrocesos, fortalezas y debilidades, precisamente porque en la medida en que contemplemos estas posibilidades de la investigación, podremos irla afinando consecutivamente hasta llegar a un momento de la verdad lo más cercano a la realidad de los hechos que investigamos.

Esa es la propuesta de Marina y que la aterrizamos en la investigación policial; en el caso de Marina, su crítica es hacia las grandes teorías, las hipótesis y las propuestas de una parte de la realidad del conocimiento en general.

Otra de las propuestas popperianas en voz de Marina es la siguiente:

"La racionalidad es la disposición a aprender de nuestros errores y la actitud de buscar conscientemente nuestros errores. Es una manera de pensar e incluso de vivir. Una disposición para escuchar argumentos críticos."[110]

Una vez más encontramos la invitación a reconocer nuestros errores, buscarlos y superarlos para llegar a momentos definitivos donde el error sea una posibilidad lejana de operar. De tal forma que, en una investigación

---

[109]   Ibid., p. 16.
[110]   Ibid., p. 16.

policial, debemos buscar nuestros errores en la concreción de la misma. Tener esa idea permanentemente. La búsqueda de errores para no cometer injusticias, debilidades intelectuales y agresiones a nuestra capacidad inteligente, pues los errores en demasía, son una forma de evaluar nuestras capacidades mentales.

En cuanto a la razón, Marina refiere:

"La razón no es todopoderosa, es una trabajadora tenaz, tanteadora, crítica, implacable, deseosa de escuchar y discutir, arriesgada."[111]

De tal forma que la razón es un instrumento de la inteligencia humana. No podemos limitar nuestro actuar a lo racional, pues también somos sentimiento, voluntad, energía e intuición. Limitar nuestra actuar a la razón, es encuadrar nuestras potencialidades humanas. Por lo tanto, somos la suma de voluntad, razón, intuición, misterio y complejidad en una idea. Los seres humanos no somos como una botella de vidrio, somos nada más y nada menos que la síntesis de la evolución inteligente de este planeta. Sin embargo, debemos ser ecuánimes, no debemos rebasar la ecuanimidad y caer en esquemas desgastantes, agotadores, destructores y conformistas. Simplemente hay que ser sencillos -sabiendo que no somos eternos-, como premisa para regular nuestra soberbia como seres de inteligencia superior.

Continuando con José Antonio Marina, dice que **"... la ciencia sólo es la hipótesis mejor corroborada hasta el momento."** En este sentido, es enfático al destacar que: **"... el científico es el que está –o debería estar– empeñado en un debate interminable. ¿Contra quién? Contra lo ya pensado, contra la tradición, de la que no se puede prescindir, pero en la que no se puede confiar."**[112]

En esta idea, la ciencia, para Marina y ciertamente para Popper también, son una serie de hipótesis capaces de demostrar una verdad relacionada con la realidad, con el mundo objetivo, palpable y manipulable. En este sentido, para penetrar en los misterios de la realidad, hay que auxiliarnos de la ciencia para explotar esas potencialidades que están latentes en la realidad (humana y natural). Esa es la mística y el compromiso de la ciencia, usar la realidad para transformarla y ponerla a disposición de los seres humanos para enriquecer y procurar su calidad de vida y en su posibilidad, trascendencia como mina de conocimientos a disposición de los grandes

---

[111] Ibid., p. 16.
[112] Ibid., p. 17

científicos sociales, filósofos, empresarios, científicos sociales y guías espirituales. Por lo tanto, la ciencia es susceptible de perfeccionamiento.

En suma en la ciencia hay que confiar, pero no en forma absoluta y definitiva, pues tiene debilidades por donde se puede superar. Ese es el compromiso de los científicos naturales y sociales, buscar la superación y perfeccionamiento de las hipótesis socialmente aceptadas para mejorar la calidad de vida no sólo humano sino de todos los seres que hacemos posible esta tierra maravillosa.

En el fondo de todas estas reflexiones, encontramos al ser humano con un objetivo: la sobrevivencia y perfectibilidad. Es decir, buscar los caminos que le permitan seguir viviendo y en su posibilidad mejorar las condiciones materiales en que se desarrolla.

Entonces, la sobrevivencia es el estimulo permanente para que los entes humanos continúen en la búsqueda de la perfección. Esa sobrevivencia les obliga a agudizar su inteligencia y buscar los bienes que le generarán confort. Esa podría ser también, una forma de entender el fortalecimiento y perfectibilidad de la ciencia en su conjunto y su aplicación en el mundo interactivo de las naturalezas inteligentes superiores.

Las palabras de Marina en este sentido son las siguientes:

"Este inquieto afán por sobrevivir, es decir, por mantener la vida y también por superarla, produjo, en un momento grande de la evolución, el nacimiento de la ciencia."[113]

En este sentido tenemos que el conocimiento científico es lo que magnifica Marina en esta propuesta, sin dejar marginada la aportación del conocimiento empírico-pragmático-experimental. Al conocimiento filosófico no lo magnifica, sin embargo, por el simple hecho de profundizar en las propuestas de Popper, ya estamos ante la presencia de la filosofía.

Una filosofía que exige rigor en el conocimiento y en el pensar. No pensar a la ligera, sino que tiene que profundizar si es que se quiere sacar conocimiento de calidad.

Una filosofía para policías que nos permita conocernos a nosotros mismos para que a partir de esa percepción, comenzar a explorar los caminos del

---

[113] Ibid., p. 18.

conocimiento y, ya en dicho camino, nos demos cuenta que, mientras más aprendamos, más nos vamos a dar cuenta que nuestro conocimiento no es nada en comparación al conocimiento universal. Es apenas una configuración leve en relación al todo. Por eso mientras más sepamos, más nos damos cuenta que no sabemos nada como lo refería el filósofo de la antigüedad.

Otra de las hipótesis de Popper en relación a su teoría del conocimiento es la que se refiere a la relación que se da entre el cuerpo y la mente. Para ello hace referencia al lenguaje como el medio para materializar los pensamientos, las ideas y las propuestas a través del lenguaje hablado, escrito o artesanal.

La pregunta de Marina en este sentido es: **"?Cómo puede ser entendida racionalmente la relación entre nuestros cuerpos (o estados fisiológicos) y nuestras mentes (o estados mentales)?**

No cabe duda que hay un gran abismo entre nuestro cuerpo y la mente. Mientras que nuestro cuerpo está limitado, nuestra mente es todo un horizonte infinito-finito hasta que dejamos de existir.[114] Y entonces surge la pregunta con tendencia a detectar una posible contradicción: ¿Cómo entender nuestra mente infinita-finita? Nuestra mente es finita pues para que se de, debe estar en funcionamiento y actualización por medio del órgano denominado cerebro, es ahí donde se aloja el misterio inagotable de los procesos mentales. Por lo tanto, cuando dejamos de existir, nuestra mente se apaga y hasta ahí llegamos. ¿Qué sigue después de la muerte? Aún no lo sabemos. Lo cierto es que, la mente en su funcionalidad plena, no tiene límites, es una potencia en actualización permanente incluso cuando dormimos y soñamos, se actualiza la mente a través de las configuraciones que formaliza nuestra memoria y conciencia de sueño. Entonces, cuando dormimos nuestra mente esta en actividad, pues para que se den los sueños, se necesita información mental.

Por lo tanto, nuestra mente tiene dos momentos de su actualización: cuando recaba información, cuando procesa dicha información y que está limitada por la cantidad que le introduzcamos y su finalidad, con la muerte del cuerpo.

Entonces, la mente no tiene límites mientras esté activada por el cerebro y sus correspondientes procesos mentales; cuando morimos, también se

---

114

acaba la mente, pues no puede haber una conciencia sin un órgano que la active y la proteja.

De tal forma que en nuestra mente no hay límite de almacenamiento informativo, de hecho se dice, que de su máxima capacidad, los seres humanos utilizamos una mínima parte de su potencialidad.[115] ¿Qué pasará cuando el ser humano utilice en vida toda su potencialidad mental? Posiblemente, estemos en otra dimensión de existencia, posiblemente sólo seamos seres vivos sin una configuración en específico, realmente no sabemos que puede pasar cuando se pueda explotar al 100%100 nuestra capacidad mental.

Lo cierto es que, Popper se preocupó por darle un espacio y tiempo al conocimiento personal, siendo por el lenguaje, como se logró objetivar el pensamiento y compartir el conocimiento para avanzar en el orden de la producción cognitiva ya sea ciencia natural o ciencia social.

Finalmente, tenemos una de las teorías de Popper más fuertes en materia de conocimiento, es la que se refiere a la teoría de los mundos que consiste en, la percepción y visualización de tres mundos, los cuales son:

    a. El mundo 1.- Constituido por los cuerpos físicos
    b. El mundo 2.- Formado por los estados mentales y,
    c. El mundo 3.- Que es el conjunto de productos de la mente humana.

En este sentido, tenemos las siguientes hipótesis:

El mundo primero, es el que se refiere a los entes en su generalidad, mientras que el mundo segundo, esta relacionado por las formas en que percibimos el mundo a través de nuestros sentidos y que se encuentran radicados en nuestra mente y, el tercer mundo, es el que se refiere a la producción intelectual, es decir, a la producción tecnológica y científica que se va a ver traducida en la implementación de bienes de uso humano, ya sean materiales o mentales.

Por lo tanto, es en el nivel del mundo tercero donde podremos interactuar directamente a través del diálogo con otros seres humanos.

---

[115] Op. cit. Roger Bartra. *Antropología del cerebro.*, pp. 85-95.

El primero y segundo, son mundos que pueden ser interpretados de diversas formas como consecuencia de nuestras formaciones socio-culturales, mientras que en el tercer mundo, se da la oportunidad para la interacción científica entre los seres de inteligencia superior como somos los seres humanos.

Las palabras de Marina son las siguientes: **"Sólo podemos comprender el mundo de las experiencias mentales a partir de los contendidos del mundo 3."**[116] Es decir, de las producciones intelectuales. De los avances en ciencia y tecnología. De la producción del conocimiento empírico, científico y filosófico-sapiencial.

De tal forma que, en la teoría del conocimiento popperiano, la epistemología científica es la que sobresale en dicha cosmovisión del conocimiento universal.

Una teoría del conocimiento donde la unión del cuerpo (cerebro) con la mente se da a través del lenguaje. Las palabras de Marina son las siguientes: **"Cuando el sujeto es capaz de hablar, unifica y manifiesta el trabajo escondido de su inteligencia."**[117]

En esta idea, el lenguaje (escrito-hablado y manifestado a través del arte) es realmente la forma de objetivizar lo subjetivo. Unificar el mundo personal con el mundo social. Actualizar la potencia en términos metafísicos y humanizar la realidad.

Finalmente nuestro lenguaje es el espejo de lo que prevalece en nuestra conciencia, de nuestra forma de ser y de la complejidad de nuestros procesos mentales que son aterrizados y materializados por medio del lenguaje.

Popper se pregunta: ¿Qué es más importante, el conocimiento o la felicidad?

Intentaremos contestar estas preguntas como filósofos, como politólogos y como policías.

Filosóficamente, tenemos que el conocimiento es el medio para entender el mundo personal y social. Posteriormente, a través del conocimiento entendemos mejor los procesos mentales e interacciones humanas.

---

[116] Op. cit. Karl Popper, *El cuerpo y la mente.*, p. 22.
[117] Ibid., p. 24.

Finalmente el conocimiento filosóficamente hablando, nos proyecta hacia la felicidad pues el conocimiento es una forma de poder intelectual que solamente lo entienden y lo disfrutan quienes lo poseen, en especial el conocimiento filosófico que nos permite conocer nuestra integridad como seres de inteligencia superior.

Políticamente, el conocimiento es una forma de entender las relaciones de poder que se dan entre los gobernantes y los gobernados, la clase política, la clase empresarial y los intelectuales como lo diría Norberto Bobbio[118]; nosotros agregaríamos a los guías espirituales y religiosos como seres capaces de influir en las grandes decisiones de masas humanas, como lo refiere Canetti[119] y Nietzsche[120]. Quien entiende esta dinámica de la interacción de los diversos poderes, puede generar conocimiento, arribar a algún tipo de poder y finalmente gozar del poder, evidentemente para fortalecer el bien común. Nosotros agregaríamos que para lograr arribar a estos niveles de poder, primero se necesita el control del poder personal, el control y aprehensión del conocimiento empírico-experimental, el científico-paradigmático y el filósofico trascendental. Con el dominio de estos poderes y niveles de conocimiento, se está en posibilidades de ser un auténtico ser humano colmado de sabiduría, poder y liderazgo, para el bien de uno mismo y, en consecuencia de la humanidad.

Policialmente, regresamos a nuestra teoría filosófica policial, donde argumentamos que el policía culto, tendrá mayores posibilidades de hacer su trabajo profesionalmente, con calidad y desde un punto de vista responsable en su máxima integridad. Precisamente porque el conocimiento te sensibiliza, te humaniza y te proyecta contundentemente hacia el camino del bien y, como policía se magnifica esta propuesta de luchar contra el mal y magnificar el bien, pues finalmente, una de las premisas laborales de los oficiales de policía es hacer, conservar y fortalecer el bien para que la ciudadanía desarrolle íntegramente su personalidad, ejercite una vida con calidad y fortalezca su lado espiritual para ser una persona inteligente con perspectivas bien definidas y parados en principios inapelables que le permitan gozar su vida con mayor intensidad y responsabilidad.

Con estas argumentaciones podemos contestar a la pregunta anterior inmediata diciendo que el conocimiento finalmente nos conduce hacia

---

[118] Cf. Bobbio, Norberto. *Estado, gobierno y sociedad. Por una teoría general de la política.* FCE. México, 1999.
[119] Cf. Canneti, Elias. *Masa y poder.* Alianza Editorial. España, 2002.
[120] Op. cit. Heidegger, Martín. *Nietzsche I y II.*

una realidad que se vea colmada de felicidad, salud y sabiduría que es la prioridad con la que nos desarrollamos en nuestros quehaceres cotidianos. Una vida para ser felices, no para errar o debilitarnos como consecuencia de la no actualización de nuestra inteligencia y poder personal.

Conocimiento objetivo y conocimiento subjetivo.

Cuando hay dominio del conocimiento, control de los procesos mentales, capacidad para conocer las fortalezas y debilidades de las líneas de conocimiento específicos en que nos desarrollamos, normalmente se puede manipular el tiempo, la argumentación, la propuesta y posibles soluciones del mensaje que se quiere exponer; en este contexto, de acuerdo al estado de ánimo y el compromiso que se tiene con la gente, es como se va desarrollando la exposición de las diversas líneas de conocimiento con las que se quiere ejercer la exposición. Una exposición que puede ser oral o escrita. Lo importante es el dominio de la misma. Como consecuencia de este dominio del conocimiento, también se puede implementar en forma abierta la metodología que se va a llevar a cabo en dicho discurso.

Tenemos el ejemplo de Popper quien refiere la siguiente metodología: **"Intento conseguirlo presentándoles mis problemas y, generalmente, incluso mis soluciones provisionales. Sólo después procedo a desarrollar mis argumentos."**[121]

¿Por qué hacemos esta referencia metodológica popperiana? Precisamente porque lo más importante en cualquier línea de conocimiento, es el dominio de la misma, la metodología puede variar, pero las conclusiones serán las mismas. También las bases argumentativas son variables y dependerán de la formación intelectual del expositor, lo cierto es que con el dominio del conocimiento, las metodologías, los órdenes de pensamiento y la exposición en sí, adquieren un nivel secundario en relación a la primacía del conocimiento en cuestión.

Pero ¿qué es la objetividad y subjetividad en la mente humana? Popper habla de esta división entre lo interno y lo externo del pensamiento. En una primera aproximación diremos que la subjetividad es nuestro mundo interior, todo lo que recibimos y procesamos, mientras que el mundo exterior o mundo objetivo es el espacio donde está alojado todo el conocimiento que las personas compartimos. De tal forma que, por ejemplo, cuando

---

[121] Op. cit., Popper, Karl. *El cuerpo y la mente.*, p. 32.

hablamos, ya estamos objetivizando nuestra subjetividad, nuestro mundo interno, nuestro yo personal.

Entonces la diferencia entre lo subjetivo y objetivo del pensamiento, en este caso filosófico, es el lenguaje escrito, hablado o dramatizado.

La propuesta de Popper en este sentido es: **"Mi posición es la siguiente: estoy principalmente interesado en el conocimiento objetivo y en su aumento, y sostengo que no podemos comprender nada sobre el conocimiento subjetivo, si no es a través del estudio del aumento del conocimiento objetivo y del toma y daca que se produce entre ambas clases de conocimiento (en donde el conocimiento subjetivo consiste más en tomar que en dar)."**[122]

En esta idea, la subjetividad es nuestro cuerpo, mientras que la objetividad es la racionalidad, son los procesos mentales que exponemos a través del lenguaje. La subjetividad es la mina del conocimiento, mientras que la objetividad del conocimiento es lo que exponemos, lo que hacemos y lo que proponemos.

Por ejemplo, en este momento de escribir estas ideas, las mismas vienen de mi subjetividad, pero, al escribirlas cobran una dimensión de objetividad que se comparte con otros seres inteligentes, al ser escritas en un mismo lenguaje y con la intención de compartir conocimiento filosófico-policial.

En suma, los libros son objetividad del pensamiento. Hay mensajes que van directamente a la subjetividad de las personas, sin embargo, al leerlo, se va de la objetividad a la subjetividad y al hablar, de lo subjetivo a lo objetivo. Entonces el lenguaje es un puente entre lo objetivo-subjetivo.

La idea de Popper en relación a esta interacción entre lo objetivo y subjetivo, lo podemos percibir en la siguiente cita: **"Vivimos en un mundo de cuerpos físicos y nosotros mismos tenemos un cuerpo físico. Sin embargo, cuando hablo con ustedes, no me dirijo a sus cuerpos, sino a sus mentes. Así, pues, además del *primer mundo,* del mundo de los cuerpos físicos y de sus estados físicos y fisiológicos, que designaré como mundo 1, parece que existe un *segundo mundo,* el mundo de los estados mentales, que denominaré mundo 2. De este modo se plantea una cuestión concerniente a la relación entre estos dos mundos: el mundo 1**

---

[122] Ibid., p. 34.

de los estados o procesos físicos y el mundo 2 de los estados o procesos mentales. Esta cuestión constituye el problema cuerpo-mente."[123]

Con esta idea ya entramos de lleno a una de las hipótesis más intensas en materia de teoría del conocimiento de Popper.

El mundo 1, que corresponde a los cuerpos físicos y fenómenos en su conjunto, diríamos nosotros y, el mundo 2, el de los estados mentales. Ambos interactúan para sacar conclusiones, líneas, hipótesis o simplemente fundamentaciones argumentativas para la creación de los lenguajes. Esta interacción del mundo 1 y el mundo 2, nos va a arrojar al mundo 3 que es donde esta latente el conocimiento objetivo. Las palabras de Popper en relación al mundo 3 son las siguientes: **"... ese mundo 3 que comprende la arquitectura, el arte, la literatura, la música y –tal vez lo *más* importante- la ciencia y la erudición."**[124]

En este contexto, podemos establecer las siguientes características de conocimiento popperiano:

a. **Mundo 1**. Está formado por entes y fenómenos naturales. Aquí prevalece el conocimiento empírico experimental. Percepciones subjetivas y personales.
b. **Mundo 2**. Es el mundo de los procesos mentales. Es el filtro entre la subjetividad y la objetividad.
c. **El mundo 3**. Es el mundo de la ciencia y erudición como lo ha dicho Popper. Es el mundo objetivo. Es el mundo donde la ciencia prevalece sobre el conocimiento subjetivo.

Estos tres mundos, son la base del conocimiento de Popper. Como policías debemos ubicarnos en qué mundo nos encontramos.

Estos tres mundos en dimensiones policiales los podemos ubicar de la siguiente forma:

a. Mundo 1. Conocimiento empírico-experimental. Serían los policías empíricos, los policías que se basan en su experiencia. La ciencia, adquiere un nivel secundario.

---

[123] Ibid., p. 35.
[124] Ibid., p. 37.

b. Mundo 2. Conocimiento de los procesos mentales. Es un conocimiento policial que se debate entre lo empírico y lo científico.

c. Mundo 3. Conocimiento científico. Aquí la ciencia es la que lleva la delantera. La cientificidad es lo que abre horizontes. Aquí encontramos al policía científico quien basa sus investigaciones en la ciencia, sin embargo, es importante destacar que en materia de investigación policial, los tres niveles de conocimiento son válidos, pues el policía para sus investigaciones tiene que hacer uso de todas las posibilidades cognoscitivas para llegar al esclarecimiento de los hechos que investiga o prevee.

Otro punto importante de la teoría del conocimiento popperiana es el siguiente:

"El conocimiento objetivo se compone de conjeturas, hipótesis o teorías – publicadas generalmente en forma de libros, revistas o conferencias-. Consta asimismo de *problemas* no resueltos y de *argumentos* a favor o en contra de las diversas teorías rivales."[125]

Entonces en la objetividad del conocimiento, se debate la ciencia y las diversas formas de generar conocimiento que para caer en el terreno de la cientificidad tiene que ser debatidos. Todo conocimiento no debatible, difícilmente puede ser considerado como científico. El conocimiento subjetivo pertenece al mundo interno de la persona. Evidentemente que los seres humanos poseen dentro de su mundo personal conocimiento científico que por estar en la mente de la persona, neutraliza su cientificidad real, sin embargo, es un conocimiento científico en potencia de ser actualizado en el momento en que la persona lo manifiesta.

En suma, para que el conocimiento crezca desde una perspectiva científica tiene que ser debatible, si no es así, entonces, difícilmente entra al mundo de la ciencia, pues la ciencia tiene que ser debatida para poder ser aceptada, reconocida y mantenida como ciencia. (O conocimiento científico parcial de la ciencia).

Por ejemplo, cuando iniciamos una investigación policial, si no logramos demostrar la veracidad de nuestras pruebas, entonces es imposible que un juez las considere como verdaderas para ejercer justicia a través del proceso penal.

---

[125] Ibid., p. 41.

Por lo tanto, todas nuestras pruebas tienen que pasar por el rigor de la cientificidad para demostrar que las mismas corresponden con la realidad del hecho delictivo que se investiga.

Finalmente tenemos la formula popperiana por excelencia que ha permitido avanzar en el conocimiento científico:

$$\text{“P1 + TT + EE = P2”}$$

"Donde P1 significa el problema del que partimos. Se puede tratar de un problema práctico o teórico.

TT es una teoría provisional que ofrecemos con objeto de resolver dicho problema.

EE significa un proceso de eliminación de errores por medio de pruebas críticas o de la discusión crítica.

P2 significa los problemas con los que finalizamos, es decir, los problemas que emergen de la discusión y de las pruebas."

En suma, Popper refiere que este esquema dice que el conocimiento parte de problemas y concluye con problemas si es que acaba alguna vez.[126]

¿Cómo podemos entender este esquema de conocimiento?

Lo más importante es la rigurosidad en la aplicación del conocimiento que manejamos e intentamos generar. Precisamente porque es un conocimiento que se busca compartir, en este caso con los policías.

¿Rigurosidad por qué? Precisamente porque es una de las premisas fundamentales de la ciencia: la demostración de la verdad a través de procedimientos válidos, confortables y convincentes con respecto a lo que se busca demostrar, exponer o argumentar.

También es importante destacar que esta formula de Popper, nos demuestra que el conocimiento inicia con un problema, usamos teorías para poder entender el problema, buscamos posibles errores en dicha exposición argumentativa y concluimos con nuevos problemas; entonces, la teoría del conocimiento popperiano se distingue por la implementación de errores y

---

[126] Ibid., p. 42.

avances; avances y errores, no hay limitaciones absolutas y definitivas en materia del conocimiento científico.

Podemos **aproximarnos** a determinadas verdades, en el caso de la investigación científica, pero en el orden de la **investigación policial** sí hay conclusiones que demuestren científicamente el desarrollo de un acto delictivo y, por ende, actuar en consecuencia. Entonces entre la investigación científica y la investigación policial hay una gran articulación que se concluye con la aclaración de algún evento de investigación policial.

De las propuestas anteriores, llegamos a un momento donde estamos ante una serie de respuestas de un problema específico. Ya tenemos nuestras conclusiones, habrá que discutirlas para ver si pasan la prueba del rigor científico, en términos popperianos esto sería el espacio donde se genera la "**... discusión crítica de evaluación.**"[127]

De tal forma que la discusión crítica propositiva, nos permitirá asumir una evaluación que puede ser para descartar, aceptar y post-poner una determinada acción, idea o tesis.

Finalmente tenemos la siguiente propuesta de Popper:

"El esquema demuestra que podemos considerar que el aumento de conocimiento es una lucha por la supervivencia entre las teorías rivales. Sólo sobreviven las teorías más aptas, aunque éstas también pueden ser aniquiladas en cualquier momento."[128]

Esta propuesta fortalece nuestra hipótesis en materia de formación y aprovechamiento intelectual para los policías, es decir, mientras más conocimientos tengamos, mayores serán nuestras posibilidades para defender nuestras hipótesis ante una investigación, un careo, una tesis o simplemente nuestra forma de ser.

Ahora entramos al mundo de los problemas. Es gracias a los problemas como el ser humano crece en forma interna y en forma social. Precisamente porque los seres humanos desde su propia génesis se enfrentan ante un problema-competencia. ¿En un acto sexual, con intención de generar vida, qué espermatozoide es el que va a poder penetrar al óvulo femenino? ¿Esto es un problema? ¿Un reto? ¿Un acto de buena suerte? ¿O qué?

---

[127] Ibid., p. 43.
[128] Ibid., p. 44.

Realmente es un problema energético pues el espermatozoide mejor dotado -y claro con un poco de lo que denominamos suerte, podemos entender dicho procedimiento-, es el que se va a llevar el triunfo.[129] Entonces ¿esto realmente es un problema o qué? Sí es un problema porque, ¿qué pasaría si ninguno de los espermatozoides llega a penetrar el óvulo o si el óvulo no tiene una funcionalidad integral? Se genera un problema: el no poder generar vida, por ejemplo.

En otros términos, el ser humano es un problema en sí-mismo pues tiene necesidades que hay que cubrir como la alimentación, la salud, la protección física, la formación intelectual y su tendencia hacia una vida con calidad. Entonces es un problema en sí-mismo y, además generador de más problemas pues, los que hacen posible su mundo tienen que procurarlo en la medida de lo posible.

Otro ejemplo que maneja Popper es el hecho, por ejemplo, de caminar, por ende, el ser humano debe mantener el equilibrio, no es fácil. El ser humano tendrá que aprender a caminar para ir desarrollando sus capacidades y potencialidades móviles y de equilibrio.

Entonces, somos un problema en constante transformación. Sólo hasta que dejamos de existir, no hay mayor problema.

Las palabras de Popper en este contexto son las siguientes:

"... en un punto muy temprano del desarrollo, durante una fase muy temprana de la evolución de los organismos, los que no resolvían problemas fueron eliminados, de tal modo que ahora sólo existen organismos que resuelven problemas."[130]

Nosotros agregaríamos a los problemas, las necesidades. Somos necesitados por naturaleza. Necesitamos salud, estabilidad, felicidad, calor humano, formación intelectual, entre otras necesidades para poder desarrollarnos plenamente como seres de inteligencia superior. Entonces son necesidades naturales propias del ser humano. Si alguna de estas necesidades, no permite la manifestación y desarrollo pleno de las potencialidades humanas, se cae en algún tipo de deficiencia.

---

[129] Op. cit. Elías Canetti. *Masa y poder.*, p. 125-145.
[130] Op. cit., Popper, Karl. *El cuerpo y la mente.*, p. 97.

Por lo tanto, todos los humanos deben satisfacer sus necesidades para cometer el mínimo de errores en el transcurrir de su existencia. Claro esta que los errores nos permiten crecer, pero lo importante es buscar los mecanismos naturales y sociales que nos ofrezcan llevar una vida tranquila, pues finalmente, como se dice, que los errores cuestan caros. Esforcémonos porque llevemos una vida con el más mínimo de errores pues, finalmente no existen seres humanos perfectos y libres de errores por más que llevemos una vida cómoda y satisfecha de nuestras necesidades básicas y complementarias.

Esta es a grandes rasgos la propuesta en materia de teoría del conocimiento de Popper. Tenemos mucho por explorar en dicha teoría, sin embargo, paramos y finalizamos con la importancia que le da al lenguaje humano como medio por excelencia para magnificar la inteligencia humana.

Sus palabras son: "**... el hombre se distingue de los animales a través de la peculiaridad del lenguaje humano, y que éste se distingue de todo los lenguajes animales en que cumple al menos dos funciones que no desempeñan estos últimos. Denominaré esas dos funciones la función** *descriptiva* **o** *informativa* **y la función** *argumentadora* **o** *crítica*. **Estas son las típicas funciones superiores características del hombre."**[131]

¿Qué significa esto? Simplemente que el lenguaje es el vínculo entre nuestro ser interno y nuestro ser externo; nuestro mundo interior personal, único y exclusivo y nuestro mundo exterior, compatible, científico, objetivo e inclusivo del entendimiento colectivo.

Por consecuencia, el lenguaje es la forma de manifestar nuestro ser integral. En el lenguaje llevamos nuestro conocimiento empírico, científico y en su caso filosófico.

Como policías, el lenguaje es nuestra arma por excelencia, es decir, por medio del lenguaje hablado, por ejemplo, ante una situación de emergencia, nos puede servir para convencer, para disuadir, para comprometer, para controlar a presuntos delincuentes o personas violadoras de la sana convivencia humana, por medio de la ejecución de comandos verbales.

Este es Karl Popper, el filósofo del pensamiento crítico. El filósofo de la argumentación científica para las construcciones de ciencia y conocimiento. Un filósofo que nos invita a pensar con todas nuestras capacidades. No es

---

[131] Ibid., p. 127.

un filósofo abstracto o complicado, es un filósofo que dice simplemente: **"Podemos errar no sólo en todo lo que creemos saber, sino incluso en nuestro enfoque crítico."**[132]

Es un filósofo humilde con el conocimiento, que reconoce de errores, luchas y responsabilidades consigo-mismo, con los que hacen posible nuestro mundo y con el máximo creador del universo que puede ser percibido por Popper como un ser energético en movimiento y constante transformación, dador de energía y movimiento y, por ende, comprometido con toda la epistemología que hace posible el entendimiento humano.[133]

La teoría del conocimiento de Carlos Castaneda.

Ahora entramos al mundo cognitivo de otro gran titán del conocimiento. Su propuesta lleva fuertes dosis de antropología, psicología, metafísica y filosofía. Castaneda es un gran sabio que nos pone en el terreno de lo que podemos lograr como seres energéticos e inquietos con nuestro ser, conocimiento ordinario y formas de percibir la realidad y, por ende, la decosntrucción de nuestros conocimientos ordinarios. Ya Popper lo refirió en su momento: no hay verdades absolutas y definitivas. Y en el campo de la filosofía, todo es posible, por ende, hemos acudido a la teoría de Carlos Castaneda, pues él nos permite darnos cuenta, a través de su propuesta de conocimiento, que somos seres ilimitados en pensamiento. Para ello es necesario querer e intentar percibir la realidad ordinaria con ojos de filósofo, metafísico o ser energético con inteligencia aguda.[134]

Entonces, la propuesta de Carlos Castaneda no es para personas cerradas con sus principios constitutivos de pensamiento ordinario, para él, lo más importante es que los seres humanos se den cuenta de que somos seres en potencia de percibir líneas de conocimiento que van más allá de los parámetros ordinarios.

De tal forma que, es necesario para entender el pensamiento de Castaneda, abrirnos a su mensaje y a partir de la aprehensión del mismo, formular nuestras hipótesis y posibilidades de generación cognitiva.

---

[132] Ibid., p. 194.
[133] Cf. Popper, Karl. *La responsabilidad de vivir. Escritos sobre política, historia y conocimiento.* Paidós. España, 1995.
[134] Cf. Castaneda, Carlos. *Una realidad aparte.* FCE. México, 1988.

Iniciamos con la idea de que la teoría del conocimiento de Castaneda, es todo un sistema cognitivo que es posible percibir a través de ese desprendimiento temporal de los esquemas de conocimiento que nos determinan. A partir de dicho desprendimiento, nos convertimos en seres en potencia para poder asimilar su propuesta de conocimiento, disfrutarlas, analizarlas y operarlas como paradigmas para darnos cuenta de que somos seres inteligentes capaces de asimilar todo lo que esté dentro de nuestras posibilidades como seres inteligentes en potencia.

Dicho sistema cognitivo lo percibe de la siguiente forma: "**... los procesos responsables de la conciencia cotidiana, entre los que se cuentan la memoria, la experiencia, la percepción y el empleo experto de cualquier sintaxis dada.**"[135]

¿Qué significa esto? Simplemente que Castaneda, considera al ser humano, la naturaleza y el conocimiento, como base para las construcciones de pensamiento que tienen que ver con la formación de la realidad de su conocimiento meta-ordinario, es decir, un conocimiento que va más allá de la realidad ordinaria, pero que parte de esta misma realidad común de todos los días.

En esta idea, la memoria, la experiencia y la percepción, son las herramientas claves que nos permitirán darnos cuenta de que el conocimiento ordinario puede incrementarse con base en la intención de percibirlo desde una perspectiva diferente a su propia estabilidad. Es decir, Castaneda nos brinda un abanico de posibilidades cognitivas que deben ser activadas por medio de nuestra percepción, memoria (recapitulación) y experiencia que tenemos del mundo ordinario. Del mundo que nos ha formado y nos hemos formado.

¿Qué pasa con la voluntad, la razón y la intuición en la teoría gnoseológica de Castaneda? Él utiliza todas las potencialidades humanas para la integración de su teoría de conocimiento, no está en contra de nada. Lo que sí le preocupa es que el ser humano se encierre en su propio conocimiento y no se atreva a pensar y actuar más allá de lo que le determina su conciencia como consecuencia de los acondicionamientos socio-culturales en que se encuentra. Eso sí le inquieta pues reconoce que la realidad social, puede ser percibida desde una posición diferente a la convencional.

---

[135] Op. cit Cstaneda, Carlos. *La rueda del tiempo.*, pp. 10 y 11.

Una realidad donde la "importancia personal" adquiere un segundo plano o simplemente tiene que desaparecer de la cosmovisión humana, pues esa importancia hace que las personas se inflen en su ego, se vuelvan egoístas, mezquinos y con una ignorancia hacia el bien común, pues lo más importante son ellos mismos. Castaneda propone una realidad más humana, respetuosa de la naturaleza y con fines pacíficos respetando al propio ser humano. Una realidad que te haga responsable de tus actos, propuestas y compromisos a desarrollar, entre otras peculiaridades que iremos desarrollando durante este breve paso por su teoría del conocimiento.

Otra de sus propuestas es la siguiente: **"El poder reside en el tipo de conocimiento que uno posee. ¿Qué sentido tiene conocer cosas inútiles? Eso no nos prepara para nuestro inevitable encuentro con lo desconocido."**[136]

Aquí Carlos maneja algunas categorías de su conocimiento: Poder, conocimiento, encuentro con lo desconocido. Pero ¿qué podemos entender por esos parámetros de su conocimiento?

A continuación intentaremos aproximarnos a su pensamiento:

a. **Poder**, es una palabra que en términos ordinarios tiene que ver con las capacidades y potencialidades que cada ser humano posee. Este poder, en términos de Castaneda, es el poder personal. Un poder que finalmente marcará el ritmo, intensidad, agudeza y proyección que regirá nuestra vida.

b. **Conocimiento**, puede ser interpretado desde diferentes posiciones existenciales. En esta filosofía para policías, lo hemos limitado al conocimiento empírico-experimental, el conocimiento científico y el conocimiento filosófico-sapiencial. En términos de Castaneda, sería el conocimiento abierto natural que nos permite darnos cuenta de nuestras capacidades y potencialidades.

c. **Encuentro con lo desconocido**, sería en términos generales, lo que está más allá de nuestras capacidades racionales, es decir, lo que no entra en nuestro esquema de vida ordinaria, no es posible de existir, eso que esta fuera de nuestras capacidades racionales, es lo que se puede considerar como lo desconocido. En términos de Castaneda, sería el encuentro con lo eterno, con lo desconocido para nuestra razón, pero que entra dentro de nuestras posibilidades cognitivas como seres superiores inteligentes. Eso desconocido es

---

[136] Ibid., p. 23.

lo que permite la posibilidad de Castaneda, un encuentro con lo que nuestra razón no está acostumbrada a percibir, procesar y activar.

Para lograr comprender este encuentro con lo desconocido pero posible de conocer, refiere Castaneda, que no es fácil, se necesita toda una vida para disfrutarlo intensamente, pero es necesario que se vayan conociendo sus principios pragmáticos para ir fortaleciendo esa vida integral. Es decir, conocer esta posibilidad cognoscitiva para desde un principio ir afinando nuestra forma de percibir el mundo y, en consecuencia, el mundo que podemos irnos construyendo: un mundo intenso, responsable inteligentemente con la naturaleza y lleno de compromisos; de compromisos de vida y compromisos con nuestra forma de ser y de actuar.

Su propuesta es: **"Nada en este mundo es un regalo. Lo que ha de aprenderse debe aprenderse arduamente."**[137]

Entonces, en esta vida nada es fácil, es necesario poner nuestras máximas capacidades para hacer de ella, una vida energética, con responsabilidad e ideas claras. Con gusto, simpatía y haciendo el bien a las personas para hacer de nuestra estancia en esta tierra, una presencia agradable, confortable e intensa en cuanto a nuestro actuar. En el fondo diría Castaneda, con la idea de que no somos eternos. Somos seres limitados, por ende, cada instante hay que vivirlo con la mejor intencionalidad posible. Como si fuera el último sobre esta tierra maravillosa.

Otra de las propuestas de Castaneda en materia de la teoría del conocimiento, evidentemente, muy personal, es la del respeto al conocimiento, es decir, el conocimiento no es cualquier cosa, es toda la información que te va a permitir, tu formación ¿mi formación? Claro que sí. Por eso hay que ser exigentes con el mismo. ¿Cómo vamos alimentar nuestra mente con conocimientos sin calidad? Por eso, es necesario meterle a nuestra mente calidad de conocimiento, no cualquier conocimiento. Un conocimiento que te permita realizarte plenamente como ser humano, que te satisfaga, genere felicidad, y, en la actualidad, los suficientes medios para vivir bien, pues vivimos en una sociedad de consumo y si no se tienen los medios para lograr satisfacer dichas necesidades, se vuelve uno, un humano de baja calidad, es decir, una persona que se enfrenta ante realidades fuertes por la falta de medios suficientes para satisfacer sus necesidades.

---

[137] Ibid., p. 24.

Entonces, estamos a favor de los medios para satisfacer necesidades fundamentales. Por eso es importante conocer, para que a través de ese conocimiento obtengamos también, los medios para satisfacer nuestras necesidades personales y familiares, a través de nuestra formación humana integral.

Castaneda en relación al conocimiento refiere: **"Un hombre va al conocimiento como va a la guerra: bien despierto, con miedo, con respeto y con absoluta confianza."**[138]

Con esta cita, encontramos que el conocimiento no es cualquier cosa. Es todo lo que nos hace posible ser seres de luz con inteligencia aguda y proyección de futuro. Por lo tanto, al conocimiento hay que considerarlo con ecuanimidad, precisamente porque hay personas que se encierran en una sola tendencia de conocimiento limitando con esto, toda la potencialidad humana de conocer otros principios, teorías, hipótesis y tesis de conocimiento con otras propuestas. Por ello es importante abrirse al conocimiento, no cerrarse en absoluto con determinada presencia de conocimiento, somos seres de conocimiento en potencia, y, por lo tanto, debemos atrevernos a conocer cada día más. Otro de los puntos importantes es la debilidad, la no concreción del poder personal para enfrentarse a lo desconocido. Si no agudizamos nuestro poder personal, nuestra energía, nuestra intensidad existencial, difícilmente estaremos entregados plenamente al conocimiento; por ende, es importante, para cualquier encuentro con el conocimiento, en especial aquel conocimiento que te hace pensar fuerte, estar bien emocionalmente, pues, como lo hemos referido, meterse en una solo línea de conocimiento es limitar tu libertad, tus potencialidades epistemológicas, y el no explotar tus capacidades inteligentes. Sólo con la muerte sales de esa línea de pensamiento cuando eres débil, sólo al final te das cuenta de que estabas enfrascado. Por ello, es importante, en vida, reconocer tus errores, magnificar tu libertad y actuar con responsabilidad y calidad humana cualquiera que sea el compromiso y la faceta de vida en que te encuentras.

En este sentido, cuando sólo tenemos una propuesta en materia de conocimiento, quedamos limitados existencialmente, nos encerramos en nosotros mismos y, entonces vienen los problemas epistemológicos, sociales, psicológicos y existenciales. Por eso, como policías, debemos abrirnos a todo, pues, finalmente ese todo, es lo que enriquece nuestra mente, nuestra forma de ser y de actuar; en suma, mientras más conocimientos tengamos

---

[138]   Ibid., p. 25.

a nuestra disposición, seremos mejores hombres y mujeres de calidad en libertad y responsabilidad.

Las palabras de Carlos Castaneda en este sentido son las siguientes: **"Ocuparse de uno mismo produce una terrible fatiga. Un hombre en esa posición está ciego y sordo a todo lo demás. La fatiga misma le impide ver las maravillas que le rodean."**[139]

¿Qué encontramos aquí? Una vez más que los seres humanos no debemos ser egoístas con nadie. Ni con nosotros mismos. Por lo contrario debemos de procurarnos todo lo que quieramos y este dentro de nuestras posibilidades. Muchas veces nos abandonamos, nos descuidamos, en el fondo, estamos demostrando otro tipo de intereses que no tienen que ver con nuestra persona cuando lo que realmente importa, es procurarnos nosotros mismos pues, en la medida en que nosotros estemos bien, podremos arrojar bienestar hacia el exterior, concretamente con las personas que hacen posible nuestro mundo. Por eso, hay que abrirnos al bien, en todas sus posibilidades. No hay otro camino, por lo menos no como seres brillantes con inteligencia superior y, como policías, como seres de alta responsabilidad y compromiso con el bien: jamás con el mal, pues la sociedad ha depositado en nosotros su confianza para defenderle, protegerle y garantizarle seguridad con las leyes.

El encerrarnos a nosotros mismos, el no compartir, el adquirir una mente egoísta, grosera y con tendencia hacia el mal, es una actitud que debemos superar pues, finalmente esa no es nuestra condición como seres con inteligencia superior; cuando actuamos así, debemos atender ese problema pues, es una forma de minimizar nuestra brillantez como seres energéticos, como seres de luz en camino hacia la plena realización a través de la lucha permanente por lograr mejores niveles de vida, desde la posición en que nos encontremos, es decir, siempre buscar la superación espiritual, intelectual, material y energética, logrando con ello, seres íntegros en cuanto seres inteligentes.

En consecuencia, estamos a favor primero, de una formación integral de nosotros mismos para que a partir de esa formación sólida, empezando a compartir el bien a través de nuestros actos y generación de conocimiento para distribuir, para ceder, para demostrarle a la humanidad que la vida NO SOLAMENTE ES UNA COMPETENCIA SANA, SINO QUE TAMBIÉN HAY QUE ALIMENTAR NUESTRO LADO ESPIRITUAL, PUES UNA

---

[139] Ibid., p. 26.

PERSONA VACÍA DE PRINCIPIOS INTERNOS BIEN SÓLIDOS ES PRESA FÁCIL DEL MAL. ¿Como policías, cómo debemos actuar en este sentido?

Una persona que carece de principios sólidos difícilmente podrá compartir el bien pues, no es una persona ecuánime, bien parada y con la mente brillante, sin embargo, siempre es bienvenida aquella persona que busca la superación personal, pues esa intención, se tendrá que ver reflejada en una buena actuación generalizada, ya que, su actitud de bien, impactará en algunas personas que buscan un mensaje, un consejo, un ejemplo, un gesto, algo que les motive a continuar por el camino del bien hacer y crecer íntegramente como personas inteligentes.

Continuando con Castaneda refiere: **"Cada vez que un hombre se propone aprender tiene que esforzarse como el que más, y los límites de su aprendizaje están determinados por su propia naturaleza. (...) Pero por terrible que sea el aprendizaje, es más terrible la idea de un hombre sin conocimiento."**

Aquí tenemos dos principios de la teoría del conocimiento de Castaneda interesantes:

a. Todo ser humano debe explorar y explotar sus capacidades cognitivas. Si no lo hace, quedamos cortos, incompletos y limitados en relación a los potencialidades que podemos actuar como seres de conocimiento, pues esa potencialidad es una peculiaridad específica de la especie humana: el conocimiento como su herramienta favorita para ir transformando el mundo, la realidad, el ser personal, y la humanidad en su conjunto, siempre con la visión y objetivo de hacerlo por el bien de todos los que hacemos posible la vida en la tierra.

b. Un hombre sin conocimiento de calidad, por supuesto, es atentar contra su inteligencia, pues una de las premisas de todo ser humano, es alimentar su mente con conocimiento que le genere satisfacción, felicidad, libertad y tranquilidad; con la posesión de un conocimiento que satisfaga estas situaciones, seguramente, generará en la persona que posea dicho conocimiento un estado de existencia integral, relajado y con tendencia a la superación personal y de los seres que integran su mundo.

Entonces, el encuentro con el conocimiento no es fácil, hay que estar bien completamente para enfrentarlo, procesarlo y asumirlo, pues de toda la información que nos llega, nuestra mente es un filtro donde se debe desechar toda aquella información de poca envergadura, mientras que la información que realmente nos sirve, hay que asumirla para posteriormente hacer uso de la misma y nos beneficie.

Otro punto importante de la teoría del conocimiento de Castaneda es el de la importancia personal, el sentirnos de esa forma, nos mete en conflicto pues, sentimos que la tierra realmente nos queda pequeña en relación a nuestro egocentrismo. Ya lo hemos considerado con anterioridad, sin embargo, continuamnos pues es una premisa del conocimiento de Castaneda que realmente lo debemos de explotar como seres de conocimiento y de alta responsabilidad con la justicia penal, como oficiales de policía. En este sentido, cuando nos sentimos demasiado importantes, ignoramos la ecuanimidad, nobleza y sencillez de la humanidad. Por ejemplo, una sonrisa con un bebe, un vaso de agua, el sentir el pulso de la ciudadanía al abordar el vagón de un metro o tren en alguna gran ciudad del mundo. El regalar una moneda a una persona con deficiencias física o mental, entre otras formas de manifestar nuestra calidad humana. Entonces, el sentirnos demasiado importantes, es una enfermedad mental que nos desprende de la esencia humana. Son seres humanos, los que se encuentran dentro de esta dimensión humana, sin embargo, renuncian de la propia humanidad. Algunos hasta pueden llegar a sentirse dioses, posiblemente por sus fortunas monetarias o materiales, pero seguramente con vacíos espirituales. Lo cierto es que hay que lograr ser seres afortunados pero, sin perder la realidad general, pues desafortunadamente tendremos que morir, es decir, no somos eternos y eso lo debemos tener en mente cuando nos encontramos ante una situación donde tenemos que magnificar nuestra humanidad.

Entonces, sentirnos demasiado importantes, es encuadrar nuestra existencia en un solo esquema de comportamiento, limitando nuestra existencia, destruyendo nuestra calidad y potencialidad humana. Por ello, es importante sentirnos importantes, pero para crecer íntegramente, es decir, alimentar todo el tiempo posible nuestra inteligencia y lado espiritual con buenos actos que beneficien no sólo a nuestra persona sino también a todos los seres humanos con los que convivimos.

Las palabras de Carlos Castaneda en este sentido son: **"Los actos de los hombres no pueden ser lo suficientemente importantes como para contrarrestar nuestra única alternativa viable: nuestro encuentro inmutable con el infinito."**[140]

---

[140]   Ibid., p. 28.

De tal forma que la conciencia de nuestra muerte, el infinito y la eternidad, pueden coadyuvar en nuestra conciencia para no dispararnos por el camino de la soberbia y de la importancia personal.

Es gracias a la ecuanimidad, nuestra inteligencia y poder personal con lo que podremos enfrentar al mal, a la mediocridad y la conformidad con lo básico de vida y en especial con el conocimiento, precisamente porque cuando se tienen los medios suficientes para vivir cómodamente, se empiezan a desaparecer de nuestro mundo, las personas que sufren, por ejemplo, las personas enfermas, las personas vacías de conocimiento y que necesitan encauzamiento cognitivo, por eso hay que compartir, hay que ejercer el bien, hay que comprometerse por salvar las vidas, hay que ser responsables, pero sobretodo, hay que ser seres humanos conscientes de que no somos eternos, somos seres para la muerte como lo refiere Martin Heidegger.[141] Pero si vamos morir, menester es vivir lo más humanamente posible, ni en la miseria, ni en la soberbia, en el punto exacto donde no perdamos el piso y nuestra mente se obscurezca.

Mientras más conscientes estemos de nuestra muerte, mayores oportunidades se nos presentarán para disfrutar con mayor intensidad nuestra existencia. El no sentirnos importantes nos libera de las cargas que tenemos que asumir cuando nos sentimos importantes, pues el sentirse importante, moldea al ser humano de una forma cuadrada. No hay versatilidad, no hay movimiento espontáneo, todo esta mecanizado, solemnizado y enclaustrado en parámetros de vida demasiado desgastantes.

Finalmente, tenemos la propuesta del camino del conocimiento de Carlos Castaneda. Mismo que significa el tomarlo, asumirlo, disfrutarlo, explotarlo y humanizarlo. Es un camino con gusto, a propósito y pletórico de sorpresas. No hay linealidad, hay cauce, destino y proyección; hay futuro y entrega, hay armonía y simpatía, hay calor e inteligencia humana. Hay entrega y trascendencia. Hay conocimiento y sabiduría, hay ecuanimidad y sorpresa, en fin, hay calidad, misterio y trascendencia.

Mientras en el camino sin propósito, hay linealidad, frialdad, estructura ortodoxa, oscuridad, dolor y sufrimiento, desgaste, simpatía por el mal, conformismo e ignorancia, guerra y muerte. Soberbia y mezquindad, llanto y miseria, lujuria y poder personal desarticulado, en fin, se manifiesta a plenitud el lado oscuro de la humanidad. No hay futuro, hay limitaciones,

---

[141] Op. cit., Heidegger, Martin. *El ser y el tiempo.*, pp. 212-225.

contradicciones y competencia sucia, no hay respeto ni leyes, hay maldad y mediocridad.

En este sentido, en algún momento Carlos Castaneda dijo: **"Todos los caminos son lo mismo: no llevan a ninguna parte. Sin embargo, un camino sin corazón nunca es agradable. En cambio, un camino con corazón resulta sencillo: a un guerrero no le cuesta tomarle gusto; el viaje se hace gozoso; mientras un hombre lo sigue, es uno con él."**[142]

Entonces, mientras estemos vivos, tenemos la libertad de escoger nuestro camino, asumirlo y ser uno con él. Pues afortunadamente vivimos en un planeta donde la mayoría de sus habitantes somos libres pero dependientes. Es aquí donde debemos preguntarnos si ¿estamos a gusto, en paz, por el camino donde nos movemos o, si es necesario buscar y/o hacer nuestro propio camino? En ese horizonte debemos movernos.

En conclusión tenemos las siguientes propuestas de Carlos Castaneda:

1. **Nuestro poder personal determina cómo vivimos y cómo morimos.** En otras palabras, estamos determinados por nuestro poder, por nuestra energía, por nuestra voluntad, por nuestra razón, por nuestra inteligencia; todas estas peculiaridades determinan finalmente nuestro poder personal.

2. **El conocimiento es nuestra libertad.** En este sentido, cuando logramos darnos cuenta de que gracias al conocimiento podemos hacernos libres o condenarnos, hemos dado un gran avance en nuestra constitución integral como seres de inteligencia superior. El conocimiento es nuestra máxima herramienta como seres inteligentes. El saberlo explotar y explorar nos lleva a nuestra máxima expresión como seres de conciencia superior. Como seres que piensan sienten y producen.

4. **Nuestra vida hay que desarrollarla con corazón, con responsabilidad y a propósito.** Por lo tanto, hay que hacer un alto en nuestro camino y recapitular nuestra vida para saber si realmente estamos a gusto con esa vida que ejercemos. Si no, es tiempo en vida, cuando la podemos modificar para hacer de nuestra existencia, un camino consciente de lo que estamos haciendo en un ambiente de libertad y compromiso, de humildad y entrega por el bien; no magnificar nuestra importancia personal, pues esta actitud

---

[142] Op. cit. Castaneda, Carlos. *La rueda del tiempo.*, p. 29.

lo único que genera es limitar nuestra potencialidad como seres de luz con inteligencia superior.

En suma, el conocimiento es una posibilidad del ser humano, hay que explorarlo y explotarlo con la intención de enriquecer la mente-conciencia con información de calidad, pues finalmente la información de calidad hará que nuestros actos lleven una fuerte dosis de la misma.

Nosotros-mismos estamos a disposición de nuestra inteligencia, es decir, tenemos el poder personal suficiente para hacer de nuestra vida, una vida amable, agradable, con proyección hacia el bien hacer y siempre con la convicción de que no somos seres eternos; aprovechar nuestra corta existencia para hacer de ella, un presencia en la tierra con humildad, compromiso y generador de bienestar económico, espiritual y con alta calidad humana.

Asimismo, el conocimiento es percibido por nuestros sentidos, almacenados en nuestra conciencia y estimulados o actualizados por nuestra memoria para generar actos que satisfagan nuestros intereses. Esos intereses, evidentemente tienen que estar colmados con ráfagas de energía positiva que genere bienestar generalizado.

La teoría del conocimiento de Luz García Alonso

La doctora García Alonso en su propuesta del conocimiento, parte directamente de la cosmovisión humana, pues finalmente es el ser humano el epicentro de toda apreciación de conocimiento.

En este contexto refiere que el hombre es un "animal racional". Entonces tenemos que el ser humano es percepción y mente. La percepción son los sentidos corporales mientras que la mente, la razón o la inteligencia, la cual, tiene que ver con los procesos mentales que se generan en el interior del cerebro.

Para la doctora García Alonso, el intelecto cubre la razón y voluntad de los seres humanos, mientras que el lado corporal, abarca la nutrición, el crecimiento, la reproducción y la muerte, añadiríamos nosotros. Entonces hay vida animal y vida mental en la integración existencial humana. Hay que saber activarlas a ambas, y lograr acciones con inteligencia.

La fórmula del hombre en términos antropológicos-cognitivos y dando continuidad al pensamiento de Luz García Alonso, es:

H + FACULTADES RACIONALES = INTELECTO-VOLUNTAD + FACULTADES VEGETATIVAS = NUTRICIÓN-CRECIMIENTO-REPRODUCCION.

De tal forma que el hombre, es la suma de procesos racionales, más los procesos naturales. Ambas facultades formularán la integración del ser superior pensante.

En suma, la doctora magnifica la inteligencia y percepción del ser humano como premisas específicas para la construcción del conocimiento. Así tenemos, la siguiente observación:

"El objeto propio de la inteligencia humana son las esencias o las formas abstraídas de los seres sensibles."[143]

Entonces, en el proceso cognitivo de la teoría epistemológica de Luz García, hay dos momentos: en el primero, el impacto directo en tiempo real que se genera como consecuencia del encuentro entre el fenómeno y la mente. El segundo, son las formas que se van acumulando en nuestra mente como consecuencia de ese primer encuentro con los fenómenos que pueden ser naturales o artificiales; los naturales directamente abstraídos de los generados por la propia naturaleza y los artificiales, los producidos por la mente humana. De tal forma que son dos encuentros con el conocimiento: los directos y los indirectos con las diversas manifestaciones con la cognición de la realidad. Un conocimiento se mueve en el mundo objetivo, concreto, mientras que el otro, lo encontramos en la mente humana; son fenómenos de conocimiento que se alojan en la mente y desde donde los podemos abstraer o actualizar para darle significado a los nuevos entes de conocimiento personal y que, en el momento que los exponemos, adquieren la calidad de objetividad-concreción.

No podemos movernos solamente con esencia de conocimiento, tenemos que interactuar permanentemente con la realidad para que aunados a nuestros procesos cognitivos, comencemos a generar nuevas expectativas de conocimiento o puedamos entender la realidad que se nos manifiesta todo el tiempo.

Entonces, estamos ante una realidad que se retroalimenta con propuesta de conocimiento mental y real, objetivo u subjetivo, diría Popper. No podemos

---

[143] Cf. García Alonso, Luz. *El Hombre: su conocimiento y libertad.* Universidad Anáhuac del Sur-Porrúa. México. 2000, p. 16.

evadir este encuentro-relación con el conocimiento. Con esto regresamos con nuestra propuesta inicial de conocimiento: mientras más información tengamos en nuestra mente, mayores posibilidades tendremos para aceptar, transformar, disfrutar y generar nuevas expectativas de conocimiento sustantivo.

La otra parte del conocimiento de García Alonso es el que se refiere a la voluntad. Sus palabras son: **"La voluntad es la facultad apetitiva racional del hombre."**[144]

¿Qué pasa aquí? La doctora Alonso, en esta propuesta, limita la voluntad a la racionalidad humana. Es decir, la voluntad no puede estar por encima de la razón. Por ende, es una voluntad racionalista. No es una voluntad como la de Schopenhauer, por ejemplo, donde la voluntad está por encima o a la par que la razón.[145] Por ende, son dos tendencias o facultades diferentes pero que, en el fondo, son arrojadas al mismo objetivo: la actuación inteligente del ser humano.

Siguiendo con el pensamiento de la doctora Alonso, dicha libertad por el querer, por el gustar, estará limitada y vigilada por la racionalidad humana.
Asimismo, esta filósofa mexicana, refiere que hay dos tipos de conocimiento: el sensible y el intelectual. Sus palabras son las siguientes: **"El hombre está dotado de conocimiento sensible y de conocimiento intelectual."**[146]

Entonces la doctora Luz, marca un espacio entre lo sensible y lo intelectual, pero, en el fondo, es unido por la facultad racional. Así tenemos que **"El producto último del conocimiento sensible se llama imagen, mientras que el producto del conocimiento intelectual se llama concepto."**[147]

Aquí es importante destacar la "imagen" y el "concepto". La imagen es producto de la percepción, mientras que el concepto, proviene del intelecto.

---

[144] Ibid., p. 16.
[145] Cf. Schopenhauer, Arturo. *El mundo como voluntad y representación*. FCE. México, 2003.
[146] Op. cit. García Alonso, Luz., p. 19.
[147] Ibid., p. 19.

Profundizando un poco, encontramos la siguiente propuesta, claro esta que todo esto es con el fin de enriquecer el conocimiento, en esta ocasión de los policías.

Así tenemos que el cuerpo a través de sus sentidos, percibe información que va directamente a la mente, sin embargo, dichas percepciones quedan como imágenes. Entonces tenemos imágenes sensoriales e ideas intelectuales. Sin embargo, la imágenes generan ideas ¿y las ideas imágenes? En el fondo consideramos que sí, pues ambas producciones mentales se retroalimentan. Por ejemplo: la imagen de una mujer hermosa. Cuando hay una comunicación con ella, se generan ideas con las cuales podemos abrir dicho diálogo, pero antes, ya hemos tenido una idea de su forma de ser, actuar y percibir el mundo o la realidad. En este sentido, ya hay un antecedente que es imagen, primero, el gusto por su belleza y posteriormente abrimos el diálogo a consecuencia de esa impresión de imágenes que tenemos en nuestra mente.

Finalmente, tenemos, primero, la percepción, las imágenes, el gusto, el interés; posteriormente vienen las ideas, la producción intelectual. Y así tenemos la siguiente fórmula:

REALIDAD (MUNDO OBJETIVO) + SER HUMANO + PERCEPCIÓN (IMÁGENES) + INTELECTO (IDEAS) = SER HUMANO INTEGRAL.

Ahora tenemos que cada uno de los conocimientos sensibles e intelectuales, tienen también sus respectivas peculiaridades.

En esta idea, tenemos que la doctora Alonso divide el conocimiento intelectual en los siguientes apartados:

a. Conocimiento vulgar. Es un conocimiento universal básico. (Personas ordinarias. Sin mucha educación valiosa).
b. Conocimiento empírico-experimental. Es un conocimiento común, ordinario-específico, básico y fundamental. (Por ejemplo los campesinos, los obreros)
c. Conocimiento artístico o técnico. Es un conocimiento práctico, específico. (Normalmente son los artesanos, los productores de artesanía).
d. Conocimiento prudencial. Es dirigir con ecuanimidad las acciones. (este conocimiento normalmente lo deben tener las personas que tienen algún tipo de responsabilidad humana o material).

e. Conocimiento científico. Es conocimiento teórico y especulativo. Se desarrolla ciencia. (Los científicos, los productores de conocimiento tecno-científico).

f. Conocimiento sapiencial. Se usa como máximo nivel del conocimiento epistemológico. (Filósofos, teólogos, astrólogos, guías espirituales, entre otros).[148]

Es importante destacar que dentro de la línea del conocimiento intelectual, hay niveles de abstracción, interés y profundidad en el mismo. Así tenemos la siguiente apreciación:

1. **Conocimiento conceptual.-** Es la simple aprehensión. La que produce conceptos. Es un acto de simple inteligencia, por el que la mente capta una esencia sin afirmar ni negar nada de ella. Por ejemplo, el vuelo de un avión. No hay profundidad en dicho acto y menos cuando diario se ven aviones o se vive cerca de un aeropuerto. El conocimiento se vuelve rutinario. No hay asombro. No hay novedad.

2. **Conocimiento judicativo.-** Es el juicio. Produce la enunciación o proposición mental. Hay afirmación o negación en el concepto. Se puede separar entre lo bueno o lo malo. (Por ejemplo cuando se miente o no).

3. **Conocimiento inferencial.-** Es la obtención de una nueva verdad a partir de verdades conocidas. El raciocinio puede ser inductivo o deductivo, el producto del raciocinio es la argumentación mental, y su signo convencional es la argumentación oral o escrita. Entonces tenemos que la inferencia va a generar conocimiento después de haber puesto a pruebas dos hipótesis argumentativas.[149] En el fondo de este conocimiento podemos apreciar la argumentación y propuesta de Karl Popper.[150]

Finalmente tenemos la siguiente afirmación de la doctora García Alonso: **"El conocimiento es primordialmente una realidad individual, y secundariamente un fonómeno socio-histórico."**[151]

¿Qué significa esto? En una primera impresión, ya lo hemos referido, es toda la cosmovisión informativa que va adquiriendo el ser humano desde

---

[148] Ibid., pp. 19-20.
[149] Ibid., p. 21.
[150] Op. cit. Popper, Karl. *La responsabilidad de vivir,* pp. 25-65.
[151] Op. cit. García Alonso, Luz., p. 22.

que se encuentra dentro de la mujer hasta el momento en que muere. Entonces, los seres humanos somos "esponjas", "recipientes", océanos, fines en sí-mismo, que recibimos información para interactuar y comprender nuestro mundo. Para vivir y sobrevivir en el lugar-tiempo-circunstancia en que nos tocó vivir. Por ello, somos una mina de conocimiento. Nuestra mente no tiene límites para la acumulación, procesamiento y transformación de las sensaciones cognoscitivas que nos llegan. Otra vez, nuestra tesis: mientras más información tengamos, mayores posibilidades tendremos de transformar nuestra realidad.

En este contexto, de la información que tenemos, iremos influyendo e interactuando en nuestra realidad. Con esto, dependiendo de nuestras capacidades, dejaremos una huella en la realidad social, personal y familiar de nuestro paso por esta tierra. En otras palabras, somos seres socio-históricos, limitados pero que, en el momento que magnificamos un evento, un hecho, una obra, dejamos antecedente para las nuevas generaciones. Por ende, hay que dejar algo que beneficie a la humanidad, por ejemplo: una obra intelectual. En nuestra familia, un bien que le sirva para trascender, una buena educación, una plataforma sólida de principios ético-morales que les permita asegurar su existencia.

Finalmente somos seres socio-históricos, inteligentes, energéticos y comprometidos con nosotros mismos para hacer el bien. Nuestra responsabilidad depende de la cimentación y fortaleza de principios éticos, filosóficos, humanistas y, en su caso, teológicos, bien forjados.

Claro esta que el conocimiento siempre será nuestra carta de presentación ante otras personas, mientras más interesante sea el conocimiento, mayores posibilidades tendremos de influir en la concepción y evolución del pensamiento crítico del siglo XXI.

En otras palabras, el oficial de policía tiene que crecer espiritual e intelectualmente. El lado espiritual puede ser apreciado como su comportamiento de calidad como persona, mientras que el aspecto intelectual, tendrá que estar alimentado con todos los conocimientos adquiridos y que se vean reflejados en su buena y excelente actuación.

Si ambas tendencias las unificamos en un solo ser policial como persona individual, automáticamente tedremos personas de prestigio y con proyección hacia el bien hacer.

Por lo tanto en nosotros mismos, está la libertad para liberarnos y crecer como policías a través del conocimiento teórico y práctico que obtenemos todos los días o, simplemente dejar que pase el tiempo y no influyamos en la dinámica humana por medio de actos positivos.

Entonces tenemos que un policía culto, tendrá una vida más agradable, sencilla y con tendencia a la perfección permanente.

CAPITULO IV.

Ética-Moral.

Ahora entramos a otra rama de la filosofía, en este caso policial, la cual es la ética y su efecto en la moralidad. Por lo tanto, tenemos que la ética va a ser la base constitutiva de la forma de ser de la persona en particular y su introducción en la sociedad a través de las conductas morales.

Una ética sólida y de calidad, va a permitir que las personas sean seres de bien. Personas comprometidas con la calidad humana. Personas entregadas al bienestar de la humanidad.

Personas comprometidas con la justicia, y el Estado Democrático de Derecho como es el caso de los oficiales de policía, los cuales deben entrar en ese rango de principios sólidos éticos para que su entrega a su trabajo sea de calidad y con excelentes dosis de humanismo.

Entonces, tenemos que lo más importante en la formación ética policial es la excelencia y profesionalismo, dotado con una buena formación humanista que se vea reflejado en los actos ejercidos en su trabajo por el bien de las personas. Esto es realmente el compromiso ético-moral de los oficiales de policía.

Pero ¿qué es la ética y para que nos sirve como oficiales de policía?

Ética y policía.

Para lograr una responsabilidad real en el servicio de policía, es necesario que sus agentes tengan un concepto claro de lo que es la ética y, por ende, aplicarla a cada uno de sus ámbitos existenciales, laborales y personales, con la finalidad de ser y buscar un mayor nivel de aceptación en su mundo personal y laboral.

Una policía que cuente con conocimiento claro de sus límites y posibilidades como servidor público, tendrá siempre, una mejor actuación en su trabajo desde una simple investigación, patrullaje o desarticulación de una banda delictiva organizada.

Por ende, el conocimiento ético, les hará personas con un criterio policial más humano y amplio; por lo tanto, mayor profesionalismo con respecto a su trabajo. En consecuencia, la ética, no sólo es un código de comportamiento, sino toda una estructura de ser, que busca el bien en su máxima posibilidad.

Constantemente se menciona la palabra ética en diferentes discursos públicos y privados, algunas personas lo entienden, otras, simplemente lo escuchan sin mayor trascendencia en su mundo cognitivo.

La palabra ética, nos remite a principios, valores, normas de conducta, etc., que deben prevalecer en nuestro comportamiento ante nosotros y las personas que hacen posible nuestro mundo.

De esta forma, el origen etimológico del término "Etica", procede del vocablo <<ethos>>, que significa <<carácter>>, <<modo de ser>>. Asimismo, Aristóteles, señala que <<éthos>>, se traduce por <<hábito>> o <<costumbre>>, por ende, el carácter o modo de ser, no es el temperamento o la constitución psicobiológica innata, sino la forma de ser "que la persona adquiere para sí misma a lo largo de su vida, emparentada con el hábito (<<héxis>>), que es bueno (virtud) o malo (vicio)."[152]

Entonces, la persona es el centro de nuestra atención, porque es un ente de reflexión, de comportamientos normales y delictivos; precisamente porque adquiere hábitos que pueden ser buenos o malos. Es ahí donde nuestra atención se debe agudizar para comprender la etiología de los actos humanos y la influencia que ejercemos como policías cuando nos enfrentamos ante personas con hábitos delictivos que afectan a otras personas, es decir, cuando se rebasa la legalidad.

Las palabras de Rodríguez Luño, en este sentido son:

"... el ámbito de la realidad estudiada por la Ética está constituido por la persona humana, considerada directamente no en su ser físico o

---

[152] Cf. Rodríguez Luño, Ángel. *Ética General.* Eunsa. España, 1998., p. 20.

psicológico, sino en el ser y en la configuración buena (virtuosa) o mala (viciosa) que se da a sí misma mediante sus acciones."[153]

Por ende, es importante la ética porque regula nuestro comportamiento y hace que nos manifestemos en forma correcta ante las personas. Por tal motivo, la ética es constitutiva para regular la convivencia entre los seres humanos. Pero más importante como policías, es conocer la esencia de la ética para enriquecer nuestro conocimiento como personas que se encargan de mantener la seguridad pública y también la convivencia permanente no sólo con personas antisociales, sino también, con ciudadanos normales que buscan el bienestar y convivencia pacífica en una sociedad cada día más compleja.

Por su parte, el diccionario filosófico de Herder, considera que la ética **"es la reflexión racional sobre qué se entiende por conducta buena y en qué se fundamentan los denominados juicios morales."**

Asimismo, refiere que **"... la ética es a la moral lo que la teoría es a la práctica; la moral es un tipo de conducta, la ética es una reflexión filosófica."**[154]

En este sentido, acudimos a algunos filósofos para incrementar el conocimiento sobre la filosofía y su relación con la Ética.

Para el doctor Manuel Ocampo Ponce, la ética es una ciencia filosófica, es decir, es parte de la filosofía general, la cual observaremos más adelante. Por ahora, diremos que el doctor Ocampo, une la ética con la política, considerando, por ello, una rama de la ética-política. En esta idea, refiere que la ética-política, **"... es una de las ciencias filosóficas más importantes tanto por la luz de sus principios como por la finalidad de sus aplicaciones ya que el fin de ésta consiste en la contemplación de la verdad en sus principios para la realización del bien común, es decir, para que la persona y la sociedad obren de tal manera que se logre la plena realización de todos y cada uno de los miembros de la sociedad."**[155]

---

[153] Ibid., p. 20.
[154] Cf. Diccionario de Filosofía, en disco compacto, Herder. España. Tercera edición.
[155] Cf. Ocampo Ponce, Manuel. *Las dimensiones del hombre. Un estudio sobre la persona humana a la luz del pensamiento filosófico de Santo Tomás de Aquino.* Edicep. España, 2002., p. 137.

De esta reflexión, podemos abstraer un principio de Aristóteles-Tomás de Aquino: el bien común en la aplicación de los procesos sociales de la persona humana.[156]

Por otra parte, el filósofo Karl Popper refiere que la ética tiene que ver con la responsabilidad. Sus argumentos son los siguientes:

❖ Necesitamos una ética que rechace absolutamente éxito y recompensa.
❖ Tenemos que aprender a hacer nuestro trabajo, sacrificarnos por él y no por conseguir la fama o evitar el deshonor.
❖ Tenemos que encontrarnos justificados en nuestro trabajo, en aquello que nosotros mismos hacemos.
❖ Somos nosotros quienes hemos de decidir cuál debe ser la meta de nuestra vida, y determinar nuestros fines.
❖ Somos absolutamente responsables de nuestras acciones y de la repercusión de las mismas en el curso de la historia.
❖ El progreso depende de nosotros, de nuestros desvelos, de nuestros esfuerzos, de la claridad con la que nos representamos nuestros fines, y del realismo de nuestras decisiones.[157]

Con estas premisas popperianas, regresamos al principio de la ética, el cual es un carácter o modo de ser. En este caso sería la "absoluta responsabilidad" que implica nuestra forma de ser respecto al mundo que constituimos. De tal forma que nuestros actos en la vida ordinaria, tendrán que estar respaldados con una fuerte dosis de responsabilidad. Esa es la ética pragmática de Popper: la responsabilidad absoluta de nuestros actos ante nuestra existencia y, por ende, reflejo de nuestro comportamiento.

De tal forma que nuestra ética es personal. Mientras más cultos seamos, mayores horizontes de producción de bienestar y felicidad generaremos por medio del buen actuar. Mientras más refinados sean nuestros conocimientos, más placer produciremos en cuanto a las relaciones humanas. La moralidad social, estará determinada por la justicia y el bien como lo diría John Rawls, mientras que la ética, es un gesto personal. Una peculiaridad donde está de por medio nuestra formación cultural.

---

[156] Cf. Aristóteles. *Ética-Metafísica.* Edimat. España, 2001. Así como De Aquino, Tomás. *Tratado de le ley. Tratado de la justicia y Gobierno de los príncipes.* Porrúa. México, 2000.
[157] Op. cit. Popper, Karl. R. *La responsabilidad de vivir.*, pp. 171-174.

Esta es la argumentación de la formación intelectual de la persona, es decir, la aprehensión del conocimiento para posteriormente traducirlo en actos de sabiduría que generen placer y bienestar en las personas que nos rodean. Sin embargo, como policías, no hay que confundir la formación ética con un carácter débil, simple o mediocre; por lo contrario, hay que estimular la inteligencia suficiente para actuar de acuerdo a las circunstancias del tiempo, lugar, y grado de peligrosidad en que nos encontremos ante una situación policial. En este sentido, la ética, nos ayudará a fortalecer nuestra inteligencia para que ante una situación de peligro, tengamos los suficientes medios intelectuales y naturales para actuar en forma responsable respecto a las situaciones que se nos presenten.

En este contexto, nos damos cuenta que la aportación ética de Karl Popper es la responsabilidad ante nosotros y el medio en que nos desarrollamos como seres inteligentes y pragmáticos.

Ahora, tenemos la presencia de otro gran filósofo John Rawls, quien refiere que la ética, tiene que ver con dos principios universales: lo bueno y lo justo. En la medida en que se utilicen estos dos objetivos en el actuar humano, se estará hablando de una justicia ética en términos rawlianos. La referencia es: **"Los dos conceptos principales de la ética son los de lo bueno y lo justo (...) La estructura de una teoría ética está entones en gran parte determinada por el modo de definir y de conectar estas dos nociones básicas."**[158]

En esta idea, el constitutivo de una persona moralmente digna, tiene que ver con la inclusión de estos dos principios como paradigmas de su actuar humano.

Rawls, también considera que es posible arribar a una "ética de perfeccionismo", es decir, buscar la mejor forma posible de vivir una vida en armonía, confort y belleza. La idea, es la siguiente: de un deber natural, es posible desarrollar personalidades de un cierto estilo y elegancia estética, y fomentar la búsqueda del conocimiento y el cultivo de las artes, dice Rawls, en este sentido, **"... la justicia como imparcialidad permite que en una sociedad bien ordenada se reconozcan los valores de la excelencia, la perfección humana ha de buscarse dentro de los límites del principio de libre asociación."**[159]

---

[158] Cf. Rawls, John. *Teoría de la justicia.* FCE. México, 1997., p. 36.
[159] Ibíd., p. 302.

De donde obtenemos que para Rawls, existen las siguientes posibilidades para la construcción de la ética:

❖ El actuar moralmente excelente, tiene que ver con la inclusión de lo bueno y lo justo. De esta forma, se busca una justicia humana desde una perspectiva de hacer y buscar el bien, y por la otra, actuar en forma justa, es decir, sin afectar los intereses, libertades y espacios de otras personas.

❖ Es posible el perfeccionamiento de la ética por medio del conocimiento y cultivo de la creación humana. En suma, que los actos humanos personales sean agradables y generen bienestar en nosotros mismos y las personas que nos rodean.[160] En este sentido encontramos que la ética, no está amarrada a ningún patrón específico de conducta, siempre y cuando respete estos dos principios: el bien y la justicia. Con el amarre y aprehensión cognoscitiva de estos principios éticos rawlianos, será posible perfeccionar la ética a través de la acción excelente de la actuación humana.

Ahora, tenemos la aportación de Jürgen Habermas, quien considera que **"... la "eticidad" de una forma de vida se acredita, pues, en procesos de formación y tipos de relación que hacen que el individuo cobre conciencia de sus deberes concretos y que a la vez lo motivan para actuar de conformidad con ellos."** [161] Es decir, el individuo va a tener una serie de deberes por vivir en una sociedad limitada por actos jurídicos que regulan su comportamiento dentro de la misma sociedad. De tal forma que estos deberes, van a marcar la libertad de las personas.

Asimismo, respecto a la ética formalista, considera que: **"... lo que en sentido moral está justificado tiene que poderlo querer todos los seres racionales."**[162]

---

[160] John Rawls, refiere que: **"No existe conjunto alguno de condiciones o primeros principios que pueda ser aceptablemente proclamado como necesario o definitorio de la moralidad y, por ello, en especial adecuado para soportar la carga de la justificación."** En otras palabras, la moralidad, fundamentada por los dos principios éticos antes considerados, no tienen ningún compromiso indefinido, por lo contrario, hay libertad para ir modificando esa moralidad, sin perder como horizonte el bien y la justicia como integradores de una ética filosófica atractiva y pragmática. Ibíd., p. 522.

[161] Cf. Habermas, Jürgen. *Escritos sobre moralidad y eticidad.* Paidós. España, 1998., p. 76.

[162] Ibid., p. 101.

De aquí que la ética va a estar determinada por una moralidad socialmente aceptable, donde prevalecerá la racionalidad como sustento para la construcción de dichos principios morales. Una naturaleza racional capaz de aceptar dicha moralidad pues en ella va implícito las reglas y normatividades que marcarán el límite de comportamiento de las personas racionales en una sociedad y tiempo específico. Precisamente porque, como lo hemos señalado, la moralidad estará estructurada en gran proporción por la cultura de las civilizaciones.

También, en el pensamiento de Habermas, encontramos la ética universalista, la cual, "**... es la que afirma que este principio moral (u otro similar) no sólo expresa las intuiciones de una determinada cultura o de una determinada época, sino que tiene una validez general.**"[163]

¿Qué significa esto? Simplemente que hay principios universales éticos que trascienden tiempo, lugar y circunstancias, elevándolos a principios universales, como podrían ser por ejemplo: el no matar por el simple hecho de privar de la vida a un ser humano. Ser respetuoso. No violento y no a la guerra. Sí a la inteligencia, sí al diálogo, sí a la tolerancia, sí a la calidad de vida humana.

Como podemos apreciar, existen diversos principios éticos que incluyen a toda la humanidad en su conjunto, sin embargo, hay que aceptar y tolerar, que hay también muchos principios éticos que no son compatibles entre algunas civilizaciones humanas.

Asimismo, Habermas, maneja el término de intuiciones morales: "**... <<Morales>> nos informan acerca del mejor modo de comportarnos para contrarrestar mediante la consideración y el respeto la extrema vulnerabilidad de las personas.**"[164]

Es decir, que hay que aprender a ser tolerantes e incluyentes en algunos principios ético-morales. El cerrarnos a la tolerancia, a la inclusión, significa debilidad de nuestra inteligencia pues nos estamos convirtiendo en seres soberbios o enfermos. En otras palabras, la cerrazón mental y la ortodoxia cognoscitiva no abre horizontes.

Con respecto a la intuición, es importante dominar este esquema de pensamiento pues, por medio de la intuición podemos darnos cuenta de

---

[163] Ibid., p. 102.
[164] Ibid., p. 105.

ciertas circunstancias, tendencias y caracteres que nuestra racionalidad muchas veces nos limita. Por lo tanto, quienes saben de la intuición como posibilidad de procedimiento inteligente, tiene una opción más para ser tolarables con respecto a los principios éticos exhoticos de algunas personas.

Y desde un punto de vista antropológico Habermas, considera que "**... la moral puede entenderse como un mecanismo protector que sirve de compensación a la vulnerabilidad estructuralmente inscrita en las formas de vida socioculturales.**"[165]

Este hecho permite razonar que somos vulnerables a determinados estimulos socio-culturales y naturales, en este sentido, la moral nos va a permitir ser ecuánimes y tolerantes cuando es necesario ejercer dicho proceder. Por ejemplo, no hay que ser inoportunos, por lo contrario hay que ser oportunos, simpáticos, generosos y agradables.

Si vemos que una persona apenas puede con su vida y, nosotros como representantes y ejecutores de que se cumplan las leyes nos tornamos intolerables con el mismo, a pesar de que su comportamiento no implica peligro alguno, es una descortesía e inhumanismo terrible, por lo contrario, nosotros como policías, debemos ser mucho más comprensivos de las circunstancias en que se encuentran las personas ya sean criminales o personas afectadas por el crimen. Y ¿quién nos da dicho conocimiento? Obviamente la formación socio-cultural con base en una estructura de principios éticos y morales sólidos y pragmáticos.

Jürgen habermas, también maneja la ética del discurso,[166] el cual es el medio por el que acordamos los principios morales que van a regular un comportamiento humano en sociedad. Y esta moral, para Habermas, "**... no**

---

[165] Ibid., p. 105.

[166] Ya que, es a través del medio que representa el lenguaje cotidiano como a la vez se impone la intersubjetividad que sirve de soporte al proceso de socialización, es decir, por medio del lenguaje, socializamos nuestra presencia emanada de un acuerdo intersubjetivo que se materializa por medio de la expresión humana. Entonces, tenemos que primero, se da la intersubjetividad por medio del lenguaje, creando así una socialización humana, la cual, manejará el discurso con base en los acuerdos logrados por medio del lenguaje, creando así, una moralidad fundamentada en una ética del discurso, misma que buscará sacar lo mejor del ser humano para la posible interacción e intersubjetividad interpersonal. Ibid., p. 106.

puede proteger los derechos del individuo sin proteger a la vez el bien de la comunidad a que el individuo pertenece."[167]

En palabras de Tomás de Aquino sería el magnificar "el bien común". Esto es, no limitarse a generar el bien en forma parcial, sino que, nosotros como oficiales de policía, tenemos la obligación jurídica, política, operativa y humana de ejercer nuestro poder en beneficio de todos los habitantes que se encuentran en la comunidad socio-política en donde trabajamos.

Finalmente, ser imparciales en el ejercicio de nuestra trabajo es una obligación *sine qua non,* que nos pemitirá fortalecer al estado de derecho.

De tal forma que, **"... las éticas del deber se han especializado en el principio de justicia, las éticas de los bienes se han especializado en el bien común."**[168]

Aquí tenemos dos momentos de la ética:

1. La ética del deber que compromete a la justicia en su generalidad y,
2. La ética de los bienes, donde prevalece el bien común.

Ambas éticas tienen un objetivo común: generar el bienestar y la convivencia pacífica e inteligente entre las personas que hacen posible determinado estado político.

Como podemos apreciar, "el bien común", también es una premisa intrínseca que maneja habermas, con esto fortalecemos la hipótesis citada con anterioridad que: cuando se ejerce el bien generalizado, siempre habrá resultados que fortalezcan la dignidad humana.

Asimismo, continúa Habermas: **"La estrategia de la ética del discurso de obtener los contenidos de una moral universalista a partir de los presupuestos generales de la argumentación tiene perspectivas de éxito precisamente porque el discurso representa una forma de comunicación más exigente, que apunta más allá de las formas de vida concretas, en que las presuposiciones de la acción orientada al entendimiento se generalizan, abstraen y des-limitan, es decir, se**

---

[167] Ibid., p. 108.
[168] Ibid., p. 109.

extienden a una comunidad ideal de comunicación que incluye a todos los sujetos capaces de lenguaje y acción."[169]

Entonces tenemos que, el discurso es un instrumento fundamental para que las personas se entiendan y a través de dicho entendimiento, se logren arribar a mejore niveles de convivencia humana.

Finalmente, de las consideraciones anteriores, Habermas llega a la conclusión de que la ética política es un aguijón para la responsabilidad, pues la filosofía política, implica una buena dosis de responsabilidad ética con la intención de mantener una moralidad que beneficie a la humanidad a pesar de las grandes injusticias y desigualdades contemporáneas en el planeta.

Su observación es la siguiente:

"En vista de las cuatro grandes vergüenzas político-morales que afectan a nuestra propia existencia: en vista del hambre y la miseria en el Tercer Mundo; en vista de la tortura y la continua violación a la dignidad humana en los <<Estados de no-derecho>>; en vista del creciente desempleo y de las disparidades en la distribución de la riqueza social en las naciones industrializadas de Occidente; en vista, finalmente del riesgo de autodestrucción que el armamento atómico representa para la vida en nuestro planeta; en vista de hechos tan provocadores como éstos, la concepción restrictiva que acabo de exponer acerca de lo que puede dar de sí una ética filosófica quizá resulte decepcionante; pero en todo caso también representa un aguijón: la filosofía no releva a nadie de su responsabilidad política."[170]

Aquí encontramos una fuerte dosis de reflexión filosófica en torno a lo que es la filosofía política, misma que nos permite entender que una ética filosófica, siempre generará expectativas de cambio que se proyecten hacia el bienestar de las personas. Una ética filosófica que rebase los ciclos políticos paralizados por el conformismo y en su caso, comodidad de vida en forma parcial; seguramente, la idea de fondo, es extender ese bienestar general hacia la mayor población posible.

De tal forma que la ética filosófica sea un paradigma permanente que oxigene la conciencia y comunidades humanas con el fin de que, siempre estén en

---

[169]   Ibid., p. 111.

[170]   Ibid., p. 130.

movimiento y proyección hacia sociedades cada vez más refinadas, más humanizadas y con un alto índice des desarrollo y crecimiento humano.

En suma, Habermas refiere que, "**... el cumplimiento de las normas moralmente bien fundadas sólo es exigible en la medida en que aquellos que ajusten a ella su comportamiento puedan esperar que también los otros se comporten de conformidad con esas normas.**"[171]

Es importante destacar también que, para entender los avances de la humanidad hay que empezar por aceptar los principios constitutivos de las sociedades por medio de los códigos éticos y morales. Una aceptación generalizada para que no existan impedimentos, dudas o condiciones para aceptar dichos principios regulativos del actuar y comportamiento humano.

Entonces, en la medida en que la población acepte las líneas de comportamiento ético-moral colectivo, estaremos hablando de sociedades maduras comprometidas con la estabilidad social y evolución económica, política y social en beneficio de todos los habitantes de este planeta.

Finalmente, Habermas afirma que "**... Mientras que las normas morales son fines en sí, las normas jurídicas son también medios para la consecución de objetivos políticos. Pues no sólo sirven como acontece en el caso de la moral a la solución imparcial de los conflictos de acción, sino también a la puesta en práctica de programas políticos.**"[172]

En este sentido, "**... el derecho se sitúa entre la política y la moral.**"[173]

Es importante destacar que las leyes generadas en los recintos legislativos, su calidad y eficiencia, dependerá de la formación cultural de los legisladores, por ello, afirmamos una vez nuestra tesis inicial de que mientras más culto seamos, en general, la producción de calidad intelectual y por ende, la generación de leyes normativas de la conducta humana, brillarán por su excelencia, objetividad e inteligibilidad. En estos detalles formativos intelectuales, también está pendiente Habermas, su referencia es:

"La calidad de la legislación política, en lo que a racionalidad práctico-moral se refiere, no sólo depende de cómo trabajan en el

---

[171] Ibid., p. 166.
[172] Ibid., p. 167.
[173] Ibid., p. 167.

parlamento las mayorías elegidas y las <u>minorías protegidas</u>. Depende también del nivel de participación y <u>del nivel de formación de los participantes</u>, del grado de información y de la claridad con que en el seno de la opinión pública quedan articuladas las cuestiones de que se trata."[174]

En conclusión, la aportación de Habermas en relación a la ética, la podemos resumir con las siguientes premisas:

❖ La ética para Habermas, tiene que ver con el discurso, es decir, con el acuerdo entre varias personas que buscan el bien racional por encima de intereses particulares. En este sentido, va a ser una ética emanada del acuerdo entre varias personas racionales.

❖ La ética va a estar encaminada a ser parte de la moralidad y principios jurídicos establecidos en una sociedad. De tal forma que, las estructuras jurídicas, marcarán los límites de las libertades humanas y, por ende, todo lo que se salga de esa juridicidad va a ser considerado como violatorio de la legalidad y, por ende, de los acuerdos racionales entre las personas que constituyen un Estado político.

Con esta visión rápida y superficial, pero concreta de los autores considerados, hemos podido compartir la idea de que la ética va a estar determinada por las estructuras culturales que se vayan manifestando; de tal forma que no existe un ética específica y mucho menos, una moral universal. Por lo contrario, lo que parece moralmente aceptado en una cultura, para otras, podrá ser una violación a la intimidad o libertad de las personas. Mientras que la ética puede ser limitativa de acuerdo a las formaciones culturales de las personas. Lo que no puede dejarse al margen de estas complejidades, es el hecho de que la ética debe mantener los dos principios fundamentales de John Rawls, hacer el bien y buscar la justicia humana y, por ende, la justicia social.[175]

---

[174] Ibid., pp. 171-172. Subrayado mío, al igual que los anteriores y posteriores subrayados.

[175] Asimismo, Hans Küng, filósofo-teólogo, considera que la reivindicación de una ética mundial, permitirá llegar a un lenguaje común que se vea reflejado en los actos de respeto, tolerancia, libertad, justicia, desarrollo y crecimiento de las personas en todo el planeta. Cf. Hans, Küng. *Reivindicación de una ética mundial.* Trotta. España, 2002.

Asimismo podemos determinar que la ética va a ser una forma de percibir la realidad desde un punto de vista, primero personal y posteriormente social. El personal es el que se relaciona directamente con la formación intelectual de la persona, mientras que el social, tendrá que ver con el comportamiento responsable y respetuoso ante las personas que nos rodean. Por ende, son dos éticas, la personal y la social. Las cuales, en el fondo, tienen un objetivo común: hacer el bien. Asimismo, cabe destacar que la ética social, normalmente se tiende, a considerarla como la moral, la cual siempre va a tener sus matices específicos de acuerdo al lugar y tiempo donde se actualice.

En suma, la ética social, podría interpretarse como moral y la ética personal, como ética filosófica. Más adelante profundizamos en estas características éticas.

Precisamente porque si se actúa en forma positiva, es decir, en la producción del bien, automáticamente estás arrojando un comportamiento social que se traduce en un comportamiento responsable y, por lo tanto justo. De esto, asumimos que el bien va a generar justicia, una justicia responsable y por el buen funcionamiento de una sociedad racional que busca, finalmente, el bienestar de las personas.

Como policías, esto se ve traducido en hacer bien el trabajo. Es decir, responsabilizarnos de nuestros actos ante las personas y usar los instrumentos naturales, jurídicos y tecnológicos para hacer de nuestra labor, un compromiso por el bien de las personas.

En este contexto, en esta **filofía para policías**, revisamos algunos principios ético-filosóficos de la obra de Ángel Rodríguez Luño[176] y su aplicación en el trabajo del policía con el fin de que:

1. El policía conozca más a fondo la ética.
2. La aplique en su vida personal y laboral.
3. Tenga una existencia placentera, y acorde con sus objetivos de vida.

Pues finalmente esa es la ética: "un modo de ser". Y si el ser es una oportunidad para desarrollarnos, en su máxima potencia como seres inteligentes, es necesario empezar a formular y fortalecer nuestros objetivos de vida para que haya congruencia con nuestras aspiraciones humanas y

---

[176] Op. cit. Rodríguez Luño, Ángel. *Ética General*. Eunsa, España, 1998.

simpatía con los principios éticos que nos vamos formando como seres responsables de nuestros actos.

De tal forma que estemos en paz con nosotros mismos, con las personas que nos rodean y, en este caso, con los ciudadanos que se encuentran dentro de nuestra jurisdicción territorial y que su seguridad y justicia penal, muchas veces, dependerá de nuestro compromiso responsable de hacer bien el trabajo como oficiales de policía.

Por otra parte, tenemos otro filósofo, Raúl Gutiérrez Sáenz,[177] que considera las siguientes características sobre la Ética.

❖ Para él, la Ética y la moral se mueven entre la costumbre, es decir, la forma en que están acostumbradas las personas a aceptar, comprender y vivir dentro de una realidad social específica. Por ende, la ética sería la *ciencia de las costumbres*. Lo cual es válido, precisamente porque no hay verdades absolutas y de lo que se trata aquí, es de conocer las diferentes manifestaciones del conocimiento en torno a un objetivo policial: conocer más para hacer mejor el trabajo, en forma responsable, profesional y con una excelente dosis de sentido común, de sentido humano.[178]En esta idea, el doctor Saénz reconoce que efectivamente a la Ética exclusivamente le interesa el bien o el mal de la conducta humana. Nada más y nada menos. El punto justo, donde se proyectan estas dos formas de comportamiento. Las características de cada uno de esos comportamientos le pertenece a otras ciencias. Por lo tanto, el buen o mal obrar es la base para la actuación de la Ética en busca de moderar las conductas y proyectarlas hacia el lado bueno.

❖ Asimismo, reconoce el doctor Saénz que todas las ciencias, para ser efectivas, es necesario que tengan un objeto material y otro formal, de lo contrario, el conocimiento en estudio, si no tiene estas dos cualidades, se debilita, no alcanza el grado de ciencia o simplemente se pierde en el abismo del conocimiento posible. En este sentido, para él, *el objeto material de la ética es la conducta humana, mientras que el objeto formal es la bondad o maldad de*

---

[177]   Doctor en Filosofía. Profesor numerario de la Universidad Iberoamericana, México.

[178]   El sentido común y su operatividad en el trabajo policial como una forma de aplicación de la ética filosófica, lo veremos más adelante.

esa misma conducta.[179] De tal forma que, la conducta en general de las personas, es lo material de la ética, mientras el qué tipo de conducta, buena o mala, es lo que le interesa a la formalidad de esa conducta. Esta apreciación del doctor Saénz es parecida a la posición de González Luño, pues, para Luño, el objeto material de la ética son los actos humanos, que en el fondo, se caracterizan por ser la conducta humana, ya que una serie de actos, determinan una forma de comportamiento; y el objeto formal de la Ética para Luño, sería la moralidad de esos actos. De tal manera que la moralidad, se va a manifestar en esta apreciación de Luño como perteneciente al objeto formal de la Ética, así como la característica común de los actos humanos.[180] En el horizonte cultural, es el comportamiento del hombre en forma personal y, por ende, común, lo que va a determinar su moralidad, la cual estará delimitada por una estructura ética, pendiente de los desbordamientos morales, lo cual podría traducirse en códigos, leyes, reglamentos, entre otros ordenamientos.

❖ En suma, para el doctor Sáenz, la Ética sería la ciencia que estudia la bondad o maldad de los actos humanos. Aquí se abren dos mundos, el de los buenos y el de los malos. Afortunadamente el bueno es el mayor, es decir, el que más personas tiene seguramente,[181] mientras que el malo, es mínimo. Este es el lado fuerte del policía. El controlar a los malos para que dejen ser a los buenos. Es ahí donde el poder del Estado Democrático de Derecho, debe ejercer su gobernabilidad a través del ejercicio del derecho, en este caso penal y administrativo cuando se violente la estabilidad de una sociedad. Es aquí donde el conocimiento de la ética policial es necesaria, para poder ubicar en tiempo, forma y circunstancia, el mal obrar de las personas y, en consecuencia, el actuar del policía sin violentar la integridad humana así como sus derechos naturales y garantías individuales.

❖ En este contexto, el doctor Saénz señala algo que es importante destacar: la Ética es una ciencia normativa.[182]La Ética estudia lo

---

[179] Cf. Gutiérrez Saénz, Raúl. *Introducción a la filosofía.* Esfinge. México, 2003., p. 180.
[180] Op. cit. Ángel Rodríguez Luño., pp. 20-27.
[181] Imaginémonos ¿cuántos seres humanos podrían ser buenos o malos de un universo de 7. 219.4 millones de personas para el 2015? Según cifras del Informe Sobre Desarrollo Humano, 2005. ONU.
[182] Nótese que aquí solamente se habla de Ética no de Ética filosófica como lo maneja Rodríguez Luño. Es necesario saberlo para que el policía valore estas

que es normal. Pero no una normalidad ordinaria, sino aquella que está bajo un régimen de derecho, es decir, aquellas sociedades humanas donde prevalece una estructura jurídica, la cual limita y ordena el comportamiento humano en sociedad. Las palabras del doctor Sáenz son: Lo normal de hecho es lo que suele suceder, lo que estamos acostumbrados a constatar, lo que estadísticamente es la norma. En cambio, lo normal, de derecho es lo que debería suceder, lo que está regido por una norma o ley, aunque no suceda siempre, o tal vez nunca.[183] Aquí podemos visualizar la normatividad de hecho y de derecho, cuestiones de tesis doctorales, mismas que no profundizaremos. Simplemente, nos solidarizamos con la aportación del doctor Sáenz, siguiendo su horizonte de conocimiento y considerando que efectivamente hay un espacio físico mental en algunas personas que no se acoplan, respetan o violentan a propósito las normas de comportamiento que deben ejercer en una comunidad humana. En suma, son conductas normativas de costumbre, tradición o culturales, las cuales, se alejan de las conductas normativas, formadas por personas que hablan y piensan en la construcción de dichas normas jurídicas; legisladores, que tienen como principio y fin, garantizar la vida de las personas y sus relaciones personales, así como el crecimiento, económico y cultural en un momento y espacio determinado.

❖ Finalmente, el doctor Saénz reconoce que la Ética es una ciencia porque, la Ética propone un paradigma o modelo de los actos humanos. La conducta humana se debe ajustar a dicho modelo que supuestamente encarna el valor moral. De tal forma que la Ética por ser el máximo foco de luz de la conducta humana, debe ser acorde a las necesidades, contradicciones e inquietudes humanas. Es decir, deberá ser la referencia mental por excelencia para moderar nuestras conductas cuando creemos que estamos violentando alguna situación específica. En este sentido la Ética del doctor Sáenz, con relación a la Ética del doctor Rodríguez Luño, nos parece complementarias pues, en el fondo, buscan el bien de la humanidad por medio de sus actos personales. De esta forma, el doctor Sáenz reconoce que la Ética es una rama de la filosofía, inclusive, es la que tiene mayores aplicaciones en la vida humana.[184]

---

dos dimensiones; afortunadamente tienen el mismo objeto material, el cual es como lo hemos indicado, el estudio de los actos y conductas humanas.

[183] Op. cit. Raúl Gutiérrez Saénz. *Introducción a la filosofía.*, p. 183.
[184] Ibíd., p. 184.

Por su parte, Antonio Millán Puelles,[185] es otro filósofo que necesitamos considerar para expansión y comprensión de aquellos principios éticos que pueden incrementar el conocimiento del policía. Su propuesta es la siguiente:

❖ La ética o filosofía moral estudia algo operable por el hombre y que la razón humana es susceptible de planear o dirigir.[186] Entonces es una producción humana que tiene como fundamento el hecho de que se puede planear o dirigir. De tal forma que la ética se puede aplicar en cualquier ambiente humano desde los más íntimos familiares hasta toda la humanidad, por ejemplo, la Declaración de los Derechos Humanos que es aplicable a nivel mundial, entre otros ordenamientos ético-jurídicos.

❖ Este filósofo también maneja la especificidad de la ética, de la que distingue el objeto material como el estudio de los actos humanos y el objeto formal como lo bueno o malo de esos actos humanos. De tal forma que nos movemos en el mismo horizonte de los actos humanos y su proyección hacia el exterior en forma buena o mala. Si es buena, seguramente pertenecerá a la ética filosófica y si es mala a la ética jurídica con la finalidad de que aplique las leyes cuando se violente el Estado de Derecho ¿quién?, por supuesto que los entes racionales capacitados para dar lo mejor de su persona y así garantizar la paz, el derecho y estabilidad social de las personas en comunidad: los oficiales de policía. De tal manera, podemos ir jerarquizando las éticas con base en su compromiso social. Primero, tendríamos a la ética filosófica, misma que se va a caracterizar por el estudio del buen comportamiento de la persona tanto en su mundo humano, su mundo natural y con Dios como el ser creador de todo cuanto existe. Todo esto aglutinado por una moralidad, misma que estará supervisada por esa ética del buen comportamiento. Por otra parte, dentro del horizonte existencial y laboral del policía, tendríamos la ética jurídica, donde estarían aquellas estructuras jurídicas (Códigos, leyes, reglamentos, manuales, entre otros), que regularían el comportamiento humano en un Estado político; finalmente, estaría la "ética policial". Esta se distinguiría por la consideración de la ética jurídica, ética profesional y ética filosófica en el entendido de que son las tres éticas básicas que estructuran la comprensión del estudio del ser humano desde una perspectiva compleja. Compleja, precisamente porque el trabajo no se limita

[185] Op. cit. Antonio Millán Puelles. *Fundamentos de filosofía.*
[186] Ibíd., p. 609.

exclusivamente a la ética jurídica, por lo contrario, su horizonte laboral del policía, va más allá de esos límites; por ende, es necesario que el oficial de policía, conozca las otras éticas para poder entender, valorar y proponer respuestas inmediatas ante situaciones de seguridad pública (prevención, investigación y persecución de las personas que violentan el Estado de Derecho). Entonces, no podemos limitar una sola ética para la policía, necesariamente, tendrá que conocer, por lo menos, la ética jurídica, ética profesional y la ética filosófica. Con estas tres éticas, se puede formular una ética para policías. Si nos limitamos exclusivamente a entender la ética jurídica, nuestros actos como policías estarán minimizados y por ende, nuestra "aplicación de criterio" será demasiado débil en comparación a nuestra responsabilidad como servidores públicos.

Finalmente, tenemos las aportaciones del doctor Adolfo Sánchez Vázquez en referencia a la ética y la moral. Sus hipótesis son:

- La Ética puede contribuir a fundamentar o justificar cierta forma de comportamiento moral.
- La Ética nos ayudará a poner en su verdadero lugar a la moral efectiva, real de un grupo social que pretende que sus principios y normas tengan una validez universal, al margen de necesidades o intereses concretos.
- En suma, la moral para el doctor Sánchez Vázquez, será concreción y la ética, generalización.

Con estas tesis del doctor Adolfo Sánchez Vázquez, podemos entender aún más, el hecho de que la ética estará pendiente de la eficiencia de los actos humanos manifestados a través de la moralidad prevaleciente en un tiempo y lugar específico.

Las palabras de doctor Sánchez Vázquez, en este sentido son: **"El comportamiento moral no es por tanto, la manifestación de una naturaleza humana eterna e inmutable, dada de una vez y para siempre, sino de una naturaleza que está siempre sujeta al proceso de transformación que constituye justamente la historia de la humanidad."**[187]

En este sentido, podemos apreciar que la moral va a estar determinada por múltiples circunstancias de tiempo, lugar y cultura, mismas que especificarán

---

[187] Op. Cit. Adolfo Sánchez Vázquez. *Ética.*, p. 26.

los parámetros particulares para poder mantener viva una forma de moral. En consecuencia, no se puede hablar de morales absolutas y definitivas. Las sociedades y personas cambian y, por ende, las imposiciones morales tendrán que ir evolucionando y madurando de acuerdo a la inteligencia de las personas y su aplicación a la realidad social.

Continuando con la propuesta del doctor Adolfo Sánchez Vázquez, refiere que **"la moral es un conjunto de normas, aceptadas libre y conscientemente, que regulan la conducta individual y social de los hombres."**[188] Con esta idea, podemos apreciar que la aceptación de las estructuras morales podrán ser consideradas y asumidas en un clima de libertad humana, es decir, es voluntariamente libre el que se acepte o no la conducta moral, mientras que las leyes y reglamentos, entre otros ordenamientos jurídicos, tendrán el calificativo de obligatoriedad. Ahí no se discute si se cumple o no, determinado comportamiento, la ley, se cumple, no se negocia o se discute.

Con la siguiente hipótesis del doctor Adolfo Sánchez Vázquez, cerramos su intervención, al referir que **"El derecho y la moral responden a una misma necesidad social: regular las relaciones de los hombres con el fin de asegurar cierta cohesión social."**

De esta forma tenemos a la moral, al derecho y a la ética como instrumentos operativos para la regulación del comportamiento humano en sociedad y en forma personal. Es decir, con estos instrumentos inteligentes, el ser humano determina su forma de ser y actuar ante sí mismo y el mundo social en que se encuentra realizando su vida.

A continuación entraremos a lo que consideramos una ética filosófica policial, misma que nos permitirá enriquecer nuestro acervo cultural como garantistas de la conciencia y comportamiento pacífico de las sociedades jurídicas contemporáneas.

Ética filosófica policial y su fórmula.

Para concretiza esto de las éticas, manejamos una fórmula específica como lo hemos hecho con anterioridad.

Vamos a partir del hecho de que para llegar al conocimiento de la ética-filosófica-policial, es necesario haber conocido y aprehendido la

---

[188] Ibid., p. 55.

ética-jurídico-moral del policía, con la idea de que haya mayor inteligibilidad de lo que significa, en el fondo, ir más allá de la ética fundamental del policía.

De tal forma que la ética filosófica, es la base para la comprensión de una ética integral para policías.

Por ende, iniciaremos con la fórmula que a continuación exponemos con el propósito de que se haga más comprensible y digerible mentalmente la ética policial.

(S. H. = L + V + R = I > A. H. = B o M = E. G. > E. J-M. P. > E. F. P. = B. E. P.)

De donde obtenemos los siguientes conceptos:

S. H.= Ser Humano.

L. = Libertad.

V. = Voluntad.

R. = Razón.

I = Inteligencia.

A. H. = Actos Humanos.

B. o M. = Buenos o Malos.

É. G. = Ética General.

É. J-M. P. = Ética Jurídica-Moral Policial.

É. F. P. = Ética Filosófica Policial.

B. y E. P. = Buenos y Excelentes Policías.

La traducción de estos conceptos, sería el siguiente mensaje:

"SER HUMANO = LIBERTAD + VOLUNTAD + RAZÓN = INTELIGENCIA > ACTOS HUMANOS = BUENOS o MALOS =

ÉTICA GENERAL > ÉTICA JURÍDICA-MORAL POLICIAL > ÉTICA FILOSÓFICA-POLICIAL = BUENOS Y EXCELENTES POLICÍAS (ÉTICA INTEGRAL POLICIAL).

La interpretación sería la siguiente:

❖ **Ser humano.-** La persona es la base de las construcciones sociales. Por lo tanto, todas las acciones sociales, deben estar encaminadas hacia el bienestar de las personas. De tal forma que, es necesario que se ubiquen bien los constitutivos humanos, los cuales serían el cuerpo y el alma espiritual-racional. En este sentido, la ética, será la línea de comportamiento moral que ha de adquirir la persona con la intención de lograr una vida agradable y confortable. Por ello, la felicidad humana, será el objetivo fundamental y final por la que desarrollará sus potencialidades como ser inteligente y mortal. De esta forma, podemos afirmar que la presencia de la ética en la persona, y el policía, -en este caso-, es con la intención de coadyuvar en la integración excelente de las potencialidades humanas con la idea de que el bien hacer, sea un imperativo permanente de la existencia. Asimismo, es importante reconocer que filosóficamente, el ser humano es una sustancia natural que tiene su materia: el cuerpo y su forma. Espíritu y forma de ser. En este contexto, le podemos agregar los siguientes constitutivos metafísicos, mismos que nos permitirán interpretar y comprender con mayores dimensiones la existencia humana. En suma, tenemos que la PERSONA es en términos metafísicos: SUSTANCIA + CUALIDAD + CANTIDAD + RELACIÓN + UBICACIÓN + POSICIÓN + POSESIÓN + CIRCUNSTANCIA + ACCIÓN + PASIÓN.[189] Estas serían las cualidades o *predicamentos* de las personas en términos metafísicos. En otras palabras, el ser humano es una SUSTANCIA que TIENE CUALIDADES y TIENE CANTIDAD; SE MUEVE POR RELACIONES y ESTÁ UBICADO EN TIEMPO Y LUGAR; ASUME VARIAS POSICIONES y POSEE VARIAS COSAS U OBJETOS; asimismo, MANEJA Y DEPENDE DE UN TIEMPO HUMANO Y/O NATURAL; también SE MUEVE y TIENE PASIONES. Todo esto nos va a generar una METAFÍSICA DEL SER HUMANO y, por ende, una ÉTICA FILOSÓFICA que juntas, van a hacer de la persona un SER HUMANO EXCELENTE Y CRÍTICO, como ya lo hemos considerado en un capitulo anterior.

---

[189] Op. cit. Tomás Alvira, Luis Clavell y Tomás Melendo. *Metafísica.*, pp. 65-77.

En este sentido, nos damos cuenta que la persona es de lo más complejo que hay en la tierra, pero lamentablemente un ser vivo en potencia de dejar de ser; es decir, un ser posible de morir. Entonces, la vida humana es compleja y sencilla; tiene potencias y actos. Está vivo el ser humano, pero también puede dejar de existir. Ésta fórmula metafísica llevada al lenguaje policial, y aplicado a los entes humanos, nos arroja al siguiente ejemplo: SILVIO MANUEL es hombre, es bueno, es alto; es hijo de Don Juan, está en su habitación, está acostado; tiene teléfono celular y block en sus manos; llegó a las 10 p. m; está hablando por teléfono y tienen hambre. Estas características de Silvio Manuel, si las elevamos a una visión metafísica, encontramos que la mayoría de los actos humanos, se encuentran en constante interacción con estos predicamentos y/o cualidades que hemos revisado con la intención de que el policía, ubique mejor los comportamientos y características de los seres humanos y, en especial, de las personas que se dedican a hacer el mal.[190] Con anterioridad observamos ya, algunas cualidades de las personas, desde una posición de filosofía antropológica fundamentada por el doctor Carlos Castaneda.[191]

❖ **Libertad**.- Ya vimos que las personas son dueñas de sus actos. Ningún ser es responsable de sus actos, sólo los seres humanos. En este sentido, encontramos que la libertad es la base de los actos humanos, los cuales pueden ser buenos o malos. En este sentido, consideramos que las personas por su naturaleza racional son aptas para conocer el último fin como tal, y para dirigirse a sí mismas hacia él: tienen dominio de sus actos, y no sólo son movidas como las demás criaturas, sino que obran por sí mismas. Íntimamente vinculados a su voluntad se encuentra un conjunto de derechos ordenados a la consecución de su fin último, la aptitud para ser sujetos de leyes y obligaciones, etc.[192] De esta forma, la inteligencia humana a través de la creación de sus leyes comunes, van a ser los limitantes reales de esa libertad. Asimismo, mientras más culta sea la persona, mayores alcances basados en su libertad tendrá. Para el doctor Sáenz la libertad es la autodeterminación axiológica. Propiedad humana por la cual delibera y elige su propia conducta.[193]

---

[190] En estudio "Metafísica del policía."
[191] Op. cit. Carlos Castaneda. *El don del águila.*
[192] Op. cit. Tomás Alvira et. al. *Metafísica.*, p. 126.
[193] Op. cit. Raúl Gutiérrez Sáenz. *Introducción a la filosofía.*, p. 325.

❖ **Voluntad**.- La hemos considerado como potencialidad del ser humano que tiene como finalidad moverse, por necesidades, deseos y pasiones. De esta forma, la voluntad es junto con la razón, un constitutivo humano, donde se generarán acciones que buscarán satisfacer un deseo, una necesidad o una pasión. En unión con la razón, se fundamentan y crean los actos inteligentes de las personas. En suma, es la facultad humana por la cual un individuo puede elegir una conducta previamente analizada.[194]

❖ **Razón**.- Es una facultad de la mente humana que, junto con la voluntad, activan actos inteligentes en beneficio de la persona. De esta manera encontramos que voluntad y razón, determinan la actividad humana. Habrá actos que lleven mayor dosis de razón o viceversa, con mayor voluntad; lo cierto es que juntos –voluntad y razón- estimulan y generan actos inteligentes que se caracterizan por su excelencia humana, como ejemplo una obra de Mozart, Monteverdi o una pintura de Dalí o en su posibilidad, la obra de los grandes filósofos; en fin, son actos inteligentes que han arrojado al horizonte cultural, la oportunidad para que otras mentes se alimenten y por ende, se fortalezcan personalmente. Facultad cognoscitiva que se encarga de razonar, es decir, obtener nuevos conocimientos a partir de los ya adquiridos. Facultad superior del ser humano por la cual conoce y piensa.[195]

❖ **Inteligencia**.- Es la máxima potencialidad de una mente humana bien cultivada. En este nivel estamos hablando de mentes maduras, las cuales tendrán la posibilidad de crear conocimiento y arte, por medio de la manifestación de su inteligencia. No solamente de su razón o voluntad, sino del resultado de ambas facultades humanas, mismas que quedan traducidas en actos inteligentes. De esta forma, obtenemos que la inteligencia es un horizonte de construcciones humanas donde todas las manifestaciones cognitivas son bienvenidas. En esa mente caben la ciencia, la técnica y la tecnología, instrumentos inteligentes que permiten una vida confortable y feliz. Por ende, las personas tienen la obligación de alimentar su inteligencia con la finalidad de asumir y llevar una vida agradable. En este sentido, se hace justicia a la dignidad humana. Es ahí, a donde deben proyectar su máximo objetivo los policías: la alimentación de la inteligencia con la intención de hacer de los actos policiales, un gesto de responsabilidad inteligente en su trabajo. Esta idea nos remite a las policías empíricas, científicas y sapienciales, mismas que podrán

---

[194] Ibíd., p. 330.
[195] Ibíd., p. 328.

y tienen las mismas oportunidades para desarrollar su intelecto y ver su mundo policial desde una perspectiva filosófica, científica y/o experimental. En concreto, el horizonte cultural esta a nuestra disposición, hay que buscar los mecanismos para encontrarnos con el conocimiento que busquemos para que, por medio de él, puedamos disfrutar con mayor intensidad nuestro trabajo, nuestra inteligencia y libertad. Esa es una posibilidad para el policía con mente crítica. No limitarse a manuales jurídico-operativos que reducen su actuar, hay que rebasarlos, siempre ir por más. Esa es parte de la condición de la inteligibilidad humana. Finalmente tenemos a la persona como centro de interés. Ya consideramos su libertad, su voluntad, su razón y ahora la inteligencia como constitutivos de la ética filosófica policial, misma que nos permitirá ir comprendiendo la formación inteligente de las personas y por ende, un reflejo para la consideración de la misma con interés policial, es decir, conocer estos constitutivos humanos para valorar la potencialidad y complejidad humana. De esta forma, vamos percibiendo la densidad de las cualidades y mentes humanas. En suma, la inteligencia es un instrumento mental, de tal forma que nos permite actuar considerando toda la cosmovisión cultural que tenemos para accionar en forma impecable, claro, cuando se hace uso de esa inteligencia y se cuenta con un horizonte cultural suficiente para actuar con ecuanimidad. Finalmente, el doctor Sáenz considera que la inteligencia, es una facultad cognoscitiva por la cual se capta el sentido o significado de los entes.[196]

❖ **Actos humanos.**- Ya hemos considerado que las personas son seres en potencia; hay que actuar para que esas potencialidades se vean reflejadas en nuestro comportamiento. De esta forma, podemos entender que las acciones humanas son una abstracción de la potencialidad humana. En este sentido, el ser humano es un ser potencial y capaz de mucho. Sus facultades inteligentes no tienen límites. De esta manera, mientras mayor sean los actos humanos, mayor será la actividad humana. Aquí lo que se sugiere son pocos actos humanos pero de calidad. Así encontramos que, el movimiento va a ser el determinante de los actos humanos, es decir, si no hay movimiento, hay potencialidad pero difícilmente esa potencialidad puede ser abstraída para convertirla en acto. En concreto, afirmamos que una persona viva se encuentra en movimiento y, por lo tanto, en acto, por estar magnificando la existencia por medio de su percepción; está actualizando lo que

---

[196] Ibíd., p. 325.

percibe por medio de sus sentidos. Una persona sin vida, no tiene actos objetivos, ni subjetivos; no tiene más actualidad que su muerte. No es más persona y, por ende, deja de ser y activar por medio de actos humanos al propio ser. De esta forma, somos el Ser que nos da vida. Sin el ser, dejamos de ser. Por ende, el ser que nos permite constituirnos como personas, es Dios ¿quién más podría ser? ¿Cómo explicaría la ciencia a ese ser? ¿Qué es la vida? ¿Quién da la vida? ¿Quién quita la vida? ¿Quién dice hasta aquí llega éste oficial de policía? Finalmente, estas serían algunas preguntas que se generarían como consecuencia de estas reflexiones. En este momento no profundizaremos, simplemente lo dejamos como constancia de la importancia que significa la vida como la base de la potencialidad de los actos humanos; como el paradigma de los actos humanos. Es decir, si no hay vida humana, no hay actos humanos y si no hay actos humanos no existe la humanidad. Por ende, mientras exista la vida humana, habrá un horizonte de posibilidades para actualizar la potencialidad humana y convertir esos actos en excelencia activa. Para eso es la ética filosófica, para hacer de los actos humanos una maravilla. Convivir con personas que hacen de sus actos lo mejor que pueden es un confort agradable; el convivir con personas superficiales, vacías y sin mayor compromiso que nacer, vivir, y morir es bastante pesado. Para ello existe el horizonte de la filosofía, para superar la normalidad humana y ver la realidad con ideas más complejas,[197] más brillantes, sugestivas, conmovedoras y trascendentes; esa es parte del misterio de la vida y el misterio humano, explotar al máximo, por medio de actos humanos excelentes y bien canalizados, la potencialidad del ser humano.

❖ **Actos buenos y malos**. Hemos señalado que los seres humanos son potencialmente perfectibles por medio de sus actos; de esta forma, en la medida en que se perfeccionen estos actos, la persona será un ser de bien. Así, reconocemos que la capacidad de tener una perfección recibe el nombre de potencia.[198] De esta forma encontramos que el acto es una perfección. Entonces las perfecciones humanas se logran por medio de los actos humanos; lamentablemente estos actos pueden ser para bien o para mal. La idea es que por encima de las deficiencias y debilidades humanas, siempre se busque el bien. Pues el mal, acaba con la calidad, excelencia y brillantez humana. En este sentido, los actos buenos o malos, son la base de estudio,

---

[197] En estudio "Crecimiento humano a través del conocimiento complejo."
[198] Op. cit. Tomás Alvira. *Metafísica.*, pp. 79-91.

consideración y ejercitación de las éticas y moralidades sociales. En suma, el bien y el mal en los actos humanos, son materia de la moralidad pero, en el fondo, se alcanza a percibir la presencia de la ética filosófica como paradigma de las construcciones morales. De esta forma, la ética filosófica se encuentra por encima de las éticas convencionales: ética profesional, ética política, ética jurídica, entre otras éticas. Finalmente, la ética filosófica para policías, es una gran ventaja pues se rebasan estas éticas convencionales y se visualiza una ética más amplia, más profunda y a la vez pragmática en el sentido de que se comprende con mayor profundidad e intensidad la complejidad y comportamiento de los seres humanos. Y estos actos y relaciones humanas, el oficial de policía los practica diario.

❖ **Ética general.** Normalmente a la ética básica la suelen confundir con la moral. El doctor Gutiérrez Sáenz es enfático al referir que **"existen dos realidades que convienen distinguir desde un principio con toda claridad: una cosa es el conjunto de normas que recibimos a partir de la educación acerca de lo que debemos hacer u omitir, y muy diferente es la norma que una persona se otorga a sí misma en función de** *su reflexión y análisis de los valores y las opciones que se presentan a su consideración en un momento dado*. **Al primer hecho lo vamos a llamar moral, al segundo lo vamos a llamar ética."**[199] De esta idea, la moral es una forma de actuar y de pensar, mientras que la ética trasciende a la moral pues es más directa con los actos de la persona. El doctor Raúl Gutiérrez Sáenz sintetiza: **"La moral nos viene del exterior, la Ética tiene su origen en el interior y la intimidad de la conciencia humana."** Por lo tanto, mientras que la moral es una corriente de forma de pensar, de ser y de comportarse, la ética rebasa estos parámetros y va más allá de las generalidades de comportamiento limitándose concretamente a personas o grupos de personas reducidos. En este sentido, encontramos que la ética es la moralidad que se aplica a un determinado campo del conocimiento. Así también tenemos la ética profesional que se aplica en la medicina, el derecho, la política, entre otras ciencias del conocimiento. De esta forma, la ética-moral es la base para comprender el actuar de las personas en determinado tiempo y espacio geográfico. En este sentido, encontramos que la ética general, es la base de donde se desprenden las demás éticas. En conclusión, la moral es el parámetro para neutralizar los actos

---

[199] Op. cit. Gutiérrez Sáenz, Raúl. *Introducción a la ética.* Esfinge. México, 2000., p. 13.

humanos que se proyectan hacia el camino del mal, la soberbia o deficiencia humana; asimismo, la ética estará pendiente cuando el actuar humano por medio de su moralidad quede estancado con un cuestionamiento como el ¿qué hacer? En suma, la moral es general, y la ética particular. La ética policial-moral y la ética-filosófica policial es otra. Ambas éticas, determinarán la responsabilidad del comportamiento y los actos policiales; en el fondo, será una ética integral policial.

❖ **Ética jurídica-moral policial.** Esta ética, estará limitada por los Códigos, Leyes y Constituciones que se puedan considerar como fundamentales para el comportamiento de los servidores públicos que tienen como función la prevención, investigación y persecución de los criminales, es decir, las personas que se dedican a hacer el mal. De esta forma, la policía, tiene toda una estructura ético-jurídica-moral, misma que le va a indicar los principios ético-morales con los que debe ejercer su trabajo con la intención de no generar malestar más allá de las limitaciones jurídicas en contra de presuntos delincuentes. Por lo tanto, la ética-moral policial es de las más amplias. Incluyen leyes generales universales y leyes locales, mismas que fundamentan explícitamente la forma como deben comportarse y cumplir con su trabajo los oficiales de policía. En este sentido, lo ético-moral en el ámbito policial queda determinado por los Códigos y estructuras jurídicas que existen. En esta ética, la acción humana policial queda estructurada por dichos códigos de conducta.[200] Asimismo, la violación a estos códigos de conducta, en muchas ocasiones quedan sancionados por imposición de correctivos disciplinarios, amonestaciones, bajas de la corporación y en su caso, cuando existe acción penal, consignados ante las autoridades correspondientes. De esta forma, el comportamiento de los policías está controlado por códigos, reglamentos y leyes penales. Finalmente, el oficial de policía queda restringido en su actuar, limitándose normalmente en su trabajo a lo que le marcan los ordenamientos jurídicos.

❖ **Ética filosófica policial.** Aquí encontramos la suma de los conocimientos considerados con anterioridad donde la persona, es lo más importante para la construcción de éticas-morales y patrones de comportamiento. En este sentido, es necesario que para comprender la ética filosófica, se haya revisado los constitutivos humanos, los cuales son la libertad, la voluntad, la razón y la inteligencia. Con la comprensión de estos constitutivos es fácil

---

[200] Op. cit. Efrén Ramírez R., pp. 21-28.

entender que el ser humano es una potencia racional compleja y, por ende, una incógnita para el conocimiento humano, pues, ya hemos señalado, la persona tiene límites físicos pero intelectuales no. Asimismo, la ética filosófica policial rebasa la ética jurídico moral del policía ordinario, precisamente porque en esta ética se hace uso de la filosofía con la intención de buscar un más allá de los comportamientos ordinarios de las personas; sus constitutivos metafísicos y su trascendencia, complejidad y valor como seres inteligentes. En concreto, la ética filosófica, no es cualquier pensamiento aplicado al trabajo policial, sino que genera conocimiento profundo y amplio, dando la posibilidad para que el oficial de policía enriquezca su horizonte cultural para entender mejor los actos delictivos de las personas que se inclinan por el mal. Por ende, la ética filosófica es una mina para actuar policialmente con responsabilidad y excelencia.

❖ **Buenos y excelentes policías (Ética Integral Policial).** Finalmente ese es el objetivo de la aplicación de la ética filosófica: crear buenos y excelentes policías con la intención de reformar a los cuerpos policiales que se han quedado estancados en niveles empíricos de trabajo policial; por ende, asumir la formación ética-policial-moral en un principio, para posteriormente, conocer la ética filosófica y así responder con inteligencia, a las demandas de seguridad pública que se traduce en prevención, investigación y persecución de los presuntos delincuentes. Entonces, nos damos cuenta que la prioridad en la formación ética del policía es vital pues, son ellos, los que se encargan de atender a las personas que se dedican a hacer y comportarse mal. Los policías son la fuerza coercitiva del Estado Democrático de Derecho; quienes se encargan de mantener el orden, la paz y garantizar que se cumpla el derecho y la estabilidad social con el fin de que el crecimiento, sea un horizonte humano en constante desarrollo. De esta forma, una policía profesional, tendrá que responder con actos excelentes en beneficio de la ciudadanía. Una policía científica-profesional es la que se necesita para este siglo XXI.

En conclusión, consideramos que hemos hecho un análisis de las ideas fundamentales que constituyen una **ética policial integral**. Normalmente nos encontramos con una ética policial que se limitaba exclusivamente a los códigos y leyes establecidos. Ciertamente es válido, pero ya hemos observado que el trabajo del policía va más allá de esos códigos y leyes. El trabajo policial es más complejo y con mayores horizontes laborales, por eso determinamos agregar esa parte de la filosofía que es la **ética**

filosófica policial con la intención de enriquecer más el panorama cultural del policía y así valore su vida, su trabajo y la búsqueda de la excelencia humana por medio del conocimiento de la ética filosófica; misma que finalmente tiene como objetivo, la forma de ser, de comportarse, de percibir y valorar la existencia. En suma, esta ética-filosófica-policial, es una forma de ser. Luego entonces, si sumamos a la ética-moral policial la ética-filosófica policial, obtendremos una ética integral policial, y, en este sentido, una base epistemológica para que el oficial asuma su trabajo con responsabilidad, en forma profesional, con excelencia y en constante perfeccionamiento, pues la profesión del policía es de las más apasionantes ya que se trabaja directamente con seres humanos, no con máquinas, o animales irracionales.

CAPITULO V.

Filosofía del derecho.

Aunque no somos juristas, si nos preocupa esta rama del conocimiento pues es parte de la filosofía y herramienta de nuestro trabajo como policías, pues gracias al derecho, la justicia y el bien común, es como elevamos nuestra calidad humana a través del ejercicio profesional de este trabajo en beneficio de los seres humanos.

Para profundizar un poco en esta rama de la filosofía e instrumento de labor policial, consideraremos a tres filósofos que se han preocupado por la justicia, el derecho y por ende, con un perfil sólido hacia una filosofía del derecho. Estos personajes son: John Rawls, Jürgen Habermas y Claus Roxin.

Partimos de la siguiente fórmula jurídica:

SER HUMANO + SOCIEDAD HUMANA + JUSTICIA SOCIAL + ESTADO DE DERECHO + JUSTICIA PENAL + DERECHO + AUTORIDADES (EJECUTIVAS, LEGISLATIVAS Y JUDICIALES) + POLICÍAS = FILOSOFÍA DEL DERECHO.

A partir de esta fórmula iniciaremos nuestra construcción filosófica. Pues no existe una metodología, única y exclusiva que limite la libertad de la filosofía del derecho.[201] Esto no significa que nos muevamos en el abismo de las ideas sin concreción alguna, por lo contrario, nuestras argumentaciones

---

[201] Hay algunos filósofos del derecho, que canalizan dicha filosofía a cuestiones de las construcciones socio-políticas de la evolución de las diversas sociedades humanas, influyendo en las mismas, las diversas teorías políticas que se han generado a lo largo del transcurrir de la vida humana. Cf. C.J. *La filosofía del derecho*. FCE. México, 2002.

jurídicas-filosóficas, son los tres grandes titanes del pensamiento jurídico universal que hemos referido con anterioridad.

En este contexto, nos apegamos a las afirmaciones popperianas en materia del conocimiento universal, en el sentido de que nada es veradero, absoluto y definitivo, si acaso, una de las grandes verdades que nos hacen aterrizar el pensamiento en el acto, es el hecho de que somos seres mortales; es decir, la muerte personal y absoluta de uno-mismo es lo más real que puede existir en nuestra construcción cognitiva.

Esa si que es una verdad definitiva, absoluta y real.[202] Entonces diremos que lo más real que hay en esta vida maravillosa, es el hecho de que vamos a morir. Por ello, es importante construir a partir de nuestra existencia, generar el bien en vida y en el acto, pues después no hay seguridad para garantizar que sigamos viviendo; por lo tanto, no hay que dejar los compromisos, deseos y objetivos personales, familiares, laborales para el mañana, pues somos entes de aquí y ahora.

En este sentido, la filosofía del derecho para policías que proponemos, va directamente ligada con la existencia humana, su evolución, necesidades y bienestar generalizado. En consecuencia, el derecho va a ser la rama del conocimiento que nos permitirá garantizar estas premisas existenciales integrales de la satisfacción de las necesidades humanas que se generan en su realidad social.

Esto no significa que ignoremos la evolución del derecho, por lo contrario, estamos conscientes que con la formación de las comunidades humanas es cuando surge la necesidad de garantizar la convivencia pacífica entre las personas, el respeto a sus propiedades y las garantías fundamentales y políticas que deben poseer todos los seres humanos desde que son concebidos en el cuerpo materno hasta el momento en que dejan de existir.[203]

Entonces tenemos que la propuesta filosófica del derecho, es percibida, en esta obra, desde una perspectiva humanista, jurísta, filosófica y policial.

---

[202] Op. cit. Castaneda, Carlos. *La rueda del tiempo,* pp. 74-96.

[203] Cf. C.J. Friedrich. *La filosofía del derecho.* FCE. México, 2002, así como Hans, Kelsen. *Teoría pura del derecho.* Ediciones Peña. México, 2001 y Hervada, Javier. *Introducción crítica al derecho natural.* Editorial de revistas, S.A., México, 1985, así como García Maynes, Eduardo. *Filosofía del derecho.* Porrúa. México, 1980.

¿Pero por qué filosófica? Precisamente porque consideramos que el trabajo policial va más allá de las estructuras jurídicas básicas como son los lineamientos que marcan las constituciones, los códigos, las leyes, los manuales, los acuerdos, las circulares, entre otros instrumentos jurídicos que garantizan y legitimizan el trabajo policial. Sin embargo, cuando el policía ejerce su trabajo, además de apoyarse en la nomenclatura jurídica operativa, debe tener una cosmovisión más amplia de lo que significa la labor policial, es por eso que elevamos el derecho a una visión con sentido filosófico que comprometa con mayor intensidad, profundidad y en forma amplia, la responsabilidad policial. Además de fortalecer y magnificar el lado humano del policía, pues, como lo hemos referido, el policía no solamente es una parte de la estructura jurídica del Estado, sino que su posición va más allá de esa circunstancia jurídica.

Finalmente, con una visión más amplia del derecho, el policía, tendrá mayores oportunidades, conocimiento, visión y "criterio" para actuar con seguridad, profesionalismo, humanismo y siempre respetando la existencia humana, su vida, integridad y bienes materiales, para con ello, generar un ambiente de convivencia de calidad, logrando con esto, que las personas confien en su policía y el profesionalismo de las mismas.

Independientemente de las condiciones laborales del policía, debe prevalecer una primacía: el profesionalismo, compromiso y responsabilidad que debemos dar a las personas, ese es nuestro más alto compromiso, atacar el mal para fortalecer el bien. No podemos engañar a la gente o engañarnos a nosotros mismos, debemos estar convencidos plenamente de nuestra entrega total hacia la población para garantizar el respeto al Estado de derecho, si no es así, lo más conveniente es buscar otras alternativas laborales pues, el trabajo de policía significa estar dispuesto a dar todo de nuestra persona, inclusive nuestra vida, por salvaguardar la seguridad e integridad de los seres humanos.[204]

---

[204] Sabemos que cuando no se es policía por convicción, muchas veces, se puede perder el trabajo, la libertad o la vida. Por ejemplo, en un enfrentamiento de fuego cruzado, donde esta de por medio no solamente la vida de uno-mismo, sino de otros compañeros y personas inocentes, cuando no se es policía de fondo, dudamos, nos reducimos, limitamos y bloqueamos, ante un evento de esta naturaleza, sin embargo, cuando se es policía integral, enfrentamos dicha emergencia con ecuanimidad, inteligencia y decididos a sacar adelante y lo mejor que se pueda dicha situación.

A continuación desarrollo la **fórmula filosófica del derecho** en el ámbito policial, que he considerado con anterioridad:

SER HUMANO + SOCIEDAD HUMANA + JUSTICIA SOCIAL + ESTADO DE DERECHO + JUSTICIA PENAL + DERECHO + AUTORIDADES (EJECUTIVAS, LEGISLATIVAS Y JUDICIALES) + POLICÍAS = FILOSOFÍA DEL DERECHO.

SER HUMANO.- Ya hemos hablado del ser humano, sin embargo, no tenemos límites para decir que es el máximo representante de este planeta. Es un ente inteligente que tiene a su disposición sus manos y su cerebro para poder transformar y adecuar el medio que le rodea para satisfacer sus necesidades naturales, sociales e inteligentes. El ser humano es un complejo de estructuras, procesos y transformaciones bioquímicas, energéticas y evolutivas de su integridad existencial. El ser humano es una naturaleza animal con sentimientos, fortalezas y debilidades. Es un ser que busca su supervivencia y trascendencia como ser libre y comprometido con otros seres que hacen posible su existencia. Es por eso que va construyendo su mundo personal y social para satisfacer sus necesidades en forma ecuánime, sin violencia y utilizando su inteligencia para garantizar su permanencia en esta tierra generosa.[205] Es en ese mundo social que construye, como consecuencia de sus necesidades personales, sus estructuras de poder económico, jurídico, político, teológico, entre otras formas mentales y materiales, como va a asegurar su pleno desarrollo y crecimiento como ser de luz energético con inteligencia superior.

Es ahí donde las estructuras jurídicas tendrán que garantizarle su integridad corporal, mental y material para poder vivir una vida en paz, digna y en constante perfeccionamiento, pues, nuestro destino es ir afinando la calidad de vida para hacer de nuestra existencia, un instante de satisfacción personal que se verá reflejado en el desarrollo social armónico del lugar en que nos encontremos.

---

[205] Este hecho de la no violencia es en términos generales y teóricamente; aunque sabemos que aún hay brotes de violencia por la misma situación de vivir en sociedades cada vez más conflictivas, por ejemplo, México, D.F.; Los Ángeles o Nueva York en Estados Unidos. Entonces, la violencia es una posibilidad latente. Está ahí, en el fondo del actuar humano, esperando el momento para ser desencadenada.

Es ahí donde el derecho es el instrumento mental por excelencia que se encargará a través de sus operadores –policías, jueces, magistrados, entre otros-, de garantizar el desarrollo de las personas.

SOCIEDAD HUMANA.- Sin duda el ser humano necesita de otras personas para su supervivencia, no podemos ser autónomos a plenitud, necesitamos de otro u otra persona para poder evolucionar, hablar, compartir, sentir, ayudarnos, protegernos y procurarnos. Un ser humano sólo, en su propia soledad, normalmente tiende al debilitamiento emocional y por ende, su vida se torna gris u obscura; necesita por naturaleza, de la compañía de otro ser. Es ahí donde aparece el diálogo, el acuerdo, la voluntad, la inteligencia para avanzar en las satisfacciones personales y de grupo, es ahí donde se va configurando la agrupación humana. Desde nuestro pasado, sabemos que se necesitaba la unión de varias personas para la caza, la agricultura, la protección, los enfrentamientos con otros grupos para defender propiedaes o familias; de tal forma que las organizaciones humanas son fundamentales para la propia evolución de la humanidad. Sin agrupamiento humano no es posible trascender como seres superiores.[206] Nuestra inteligencia se nubla, entorpece y apaga. No hay diálogo, no hay entrega, no hay sentimiento, no hay sonrisa, no hay calor humano. Por eso la sociedad humana, es una forma de garantizar nuestra existencia, permanencia, desarrollo y crecimiento como seres inteligentes, energéticos y con horizontes definidos para nuestra plena realización como maximos representantes de esta tierra.[207]

JUSTICIA SOCIAL.- En la justicia social encontramos las bases fundamentales para la construcción de las diversas instituciones que proporcionarán a las personas los mínimos y máximos derechos, compromisos y propuestas que se proyecten hacia el bienestar de las personas.

La justicia social es lo mínimo que puede obtener una persona de una organización humana. Es a partir de la concepción de esta justicia social como las personas tendrán garantizadas las bases sociales que le permitan desarrollarse plenamente como ser inteligente.

ESTADO DE DERECHO.- Aquí encontramos un avance en cuanto a la inteligibilidad de las personas; es decir, se supera el Estado convencional

---

[206] Op. cit., Canetti, Elías. *Masa y poder.,* 31-92.
[207] Cf. Toynbee, A.J. *An Historian's Approach To Religion.* London, 1956, Arendt, Hannah. *The Human Condition.* The University Chicago Press. USA, 1958, así como op. cit. Cannet, Elías. *Masa y poder.*

político y se asume un grado más de superioridad, la producción, ejercicio y operatividad de las leyes para garantizar la seguridad y convivencia humana.

JUSTICIA PENAL.- Aquí operamos todos los procedimientos que hacen posible que la equidad sea transparente, explícita y concreta en cuanto al ejercicio sobre determinadas personas. Una justicia penal que se encargará de tener a las personas que violentan las leyes en donde tienen que estar.

DERECHO.- Es el instrumento básico para garantizar la convivencia entre las personas. El derecho es el medio donde se liman asperezas y se superan fricciones. Todo dentro de un ambiente de respeto, tolerancia y prudencia. Por lo tanto, el derecho es un espacio mental donde se buscan soluciones a los conflictos humanos. El derecho se debe actualizar permanentemente con la intención de que sea congruente con las necesidades reales de las personas que conviven en sociedad.

AUTORIDADES.- Son las personas que se encargan de atender la convivencia humana, sus necesidades, aspiraciones, compromisos y tendencias a la superación personal. Estas autoridades son la clase gobernante, es decir, los encargados de la administración de la gobernabilidad en un Estado político que puede ser de derecho o no; es decir, un gobierno monárquico, autoritario o lo que resulte. Estas autoridades en las democracias contemporáneas están divididos en poder legislativo, ejecutivo y judicial, mismos que tienen la obligación de atender las necesidades humanas y garantizar su desarrollo biopsicosocial en un ambiente de respeto, tolerancia, prudencia y calidad humana.

POLICÍAS.- Es la organización coercitiva del Estado encargada de que se cumplan las leyes y garantizar que las personas vivan en paz, con respeto y respetuosa de las estructuras jurídico-políticas. Estas policías pueden ser preventivas, investigadoras o de control político. Todas estas policías tienen un objetivo común: garantizar el pleno desarrollo de las personas bajo un esquema básico de leyes que permitan la convivencia pacífica entre los seres humanos en un Estado político específico. Estas policías, dependen de los gobernantes, es decir de la clase política en el poder, quienes tienen la obligación de ejercer la política en forma ecuánime y sin violar las garantías fundamentales de las personas. Sin embargo, por ser estas policías el brazo fuerte del Estado, es necesario que las mismas, estén integradas por personas convencidas de su alta responsabilidad humana, jurídica y estatal. A partir de la profesionalización de estos entes policiales, es posible garantizar el Estado de derecho a través de la responsabilidad, eficiencia y calidad de las personas que integran a las corporaciones policiales. Por lo tanto, una policía profesional, siempre será garantía incondicional de la fortaleza de las leyes y su ejercicio responsable.

FILOSOFÍA DEL DERECHO EN EL ÁMBITO POLICIAL.- ¿Por qué es importante que una policía sepa de filosofía, del derecho y de la unión de ambas ramas del conocimiento? Precisamente porque una policía culta siempre tendrá mayores posibilidades de realizar su trabajo con responsabilidad, profesionalmente y con un alto contenido de formación humana. Estas situaciones harán de la policía, entes sociales que permitan la confianza, seguridad y calidad por parte de la sociedad civil. Entonces el derecho, la filosofía y la filosofía del derecho, son instrumentos inteligentes, que incrementarán, en determinado momento el acervo cultural de los policías, abriendo horizontes de conocimiento y sobretodo, conociendo más a fondo al propio ser humano, pues la filosofía del derecho, a grandes rasgos, eso es lo que busca: entender la evolución socio-cultural y biológica de la especie humana con la finalidad de garantizrle los mínimos principios de una sana convivencia como son la paz, la armonía, el respeto, el diálogo sano y la seguridad que significa mantener orden y ejerccio del poder en el lugar que le corresponde, en especial en todas aquellas personas que violentan la legalidad y la armonía en una sociedad, Estado, comunidad, asociación, etc. Entonces la filosofía del derecho, es aquella oportunidad que se brinda el ser humano, el ser inteligente, el ser propositivo y crítico que busca el bienestar y trascendencia de la humanidad. Precisamente porque el derecho es, en cierta forma limitativo, objetivo y encuadrado a una realidad social específica; mientras que, la filosofía del derecho rebasa esos parámetros y entra al horizonte de la propuesta con mayor inteligibilidad, responsabilidad y acorde con los problemas reales de las personas; en otras palabras, puedo afirmar que el derecho es la formalidad del ejercicio coercitivo de las violaciones a la normatividad, mientras que la filosofía del derecho es el fondo de dichas formalidades. A través de la aplicación de la filosofía en el derecho, se alimenta la propuesta jurídica con mayores tendencias de conocimiento, por ejemplo, se hace uso de la antropología, de la sociología, de la política, de la economía, de la psicología, de la teología y de la metafísica como ramas del conocimiento filosófico, encargadas de magnificar las necesidades reales de las personas desde su respectivo ámbito de conocimiento. Entonces, la filosofía del derecho es más amplia en su propuesta con respecto al derecho exclusivo, es decir, con el uso eficiente de la filosofía del derecho, es posible entender el comportamiento humano en una cosmovisión más amplia y, por lo tanto, con mayores oportunidades de comprender efectivamente las necesidades humanas.

En términos metafísicos, el derecho sería la cuestión formal que garantiza el comportamiento inteligente de las personas en sociedad, garantizándoles su bienestar y la cuestión material, sería la filosofía del derecho, es decir, aquellos fundamentos epistemológicos, socio-culturales que hacen posible la trascendencia humana.

Una fórmula para ubicar esta propuesta filosófica, sería la siguiente:

SER HUMANO + PERCEPCION = CONOCIMIENTO EMPIRICO + CONOCIMIENTO CIENTÍFICO + CONOCIMIENTO FILOSÓFICO = CONOCIMIENTO INTEGRAL + DERECHO + FILOSOFÍA = FILOSOFÍA DEL DERECHO + MAYOR CONOCIMIENTO DE LAS NECESIDADES Y PROBLEMÁTICAS HUMANAS = CONVIVENCIA HUMANA SANA Y DE CALIDAD.

Entonces, tenemos que el conocimiento de la filosofía del derecho, en el policía, en este caso, generará sociedades más humanas, pacíficas e integrales y con la plena seguridad del fortalecimiento de las instituciones y por lo tanto, una armonía agradable entre policía-ciudadanía; gobernantes-gobernados. Con esto, demostramos que el conocimiento de la filosofía del derecho para policías, es necerio pues nos permite entender y preocuparnos, como policías, por el ejercicio del derecho como garantía *sine cua non,* dentro de cualquier Estado democrático jurídico.

La justicia como base para las construcciones jurídicas. (John Rawls).

En un primer momento Rawls refiere que: **el objeto primario de la justicia es la estructura básica de la sociedad.**[208] Entonces si no hay justicia, no hay sociedad humana. Tiene que exisitir ese ente jurídico para garantizar la seguridad de la convivencia humana. Inaginemos una sociedad sin justicia, inmediatamente llega a la mente las sociedades arcaícas donde el más fuerte o hábil, era el que se llevaba los triunfos, ya sea en alimentos, protección natural inclusive de las mujeres. Sin embargo, gracias a la inteligencia, se han superado esas tendencias por el diálogo, el acuerdo, la negociación, la propuesta, la ley. Entonces, la justicia en las sociedades contemporáneas, es un valor que debe actualizarse y ejercerse permanentemente con la finalidad de que no haya espacios donde se asome la barbarie e irracionalidad

---

[208] Cf. Rawls, John. *Teoría de la justicia.* FCE. México, 2000, p. 17.

humana. Todo debe pasar por la justicia para permitir la equidad en las relaciones humanas. De tal forma que los actos humanos que no pasan por un filtro de justicia, posteriormente tendrán que hacerlo.

Para ello, Rawls considera que **"El pacto de la sociedad es reemplazado por una situación inicial que incorpora ciertas restricciones de procedimiento basadas en razonamientos planeados para conducir a un acuerdo original sobre los principios de justicia."**[209]

Tenemos entonces que para Rawls, la justicia tendrá que tener el poder suficiente para convencer a las personas que se encuentran en situación de incertidumbre para incorporarlos a la dinámica de una justicia imparcial y comprometida con todos los que hacen posible determinada sociedad humana.

Pero ¿qué importancia tiene la justicia en una sociedad humana? Para contestar esta pregunta continuamos con Rawls quien refiere lo siguiente:

"La justicia es la primera virtud de las instituciones sociales, como la verdad lo es de los sitemas de pensamiento."[210]

Entonces, podemos decir que una sociedad sin justicia, podrá ser cualquier cosa, menos una comunidad humana, pues, gracias al acuerdo inteligente de los seres humanos, la justicia es el arma por excelencia para domesticar la soberbia de muchas personas que se proyectan a través de su comportamiento erróneo por el camino del mal. Una justicia, en el caso penal, tendrá que poner en su lugar a las personas que violentan la integridad de las personas. Una justicia penal, es la forma por excelencia de magnificar la inteligencia humana por encima de los irracionalismos desgastantes y comprometidos con el lado oscuro de la humanidad.

Sin embargo, existen algunos principios jurídicos que hay que revisar permanentemente, los cuales son:

1. Que las personas esten dispuestas a cumplir los ordenamientos jurídicos.
2. Que se actualicen las leyes.
3. Que sean congruentes con las necesidades reales de determinada sociedad humana.

---

[209] Ibid., p. 17
[210] Ibid., p. 17.

Con estos principios filosóficos jurídicos, es posible tener un cuadro básico de leyes que permitan al ser humano desarrollarse en plenitud sin afectar a otras personas y seguros de la protección que les brinda el Estado jurídico-político.

La propuesta de Rawls, en este sentido es: "**... no importa que las leyes e instituciones estén ordenadas y sean eficientes: si son injustas han de ser reformadas o abolidas.**"[211]

Esta es una regla de oro para juristas, politólogos, legisladores y policías.

Entonces señores encargados de la producción jurídica, es importante recordar que el sistema jurídico se mueve en relación a las necesidades humanas. No importando el nivel socio-económico en que se encuentren o el compromiso que se tenga con determinados grupos de poder. La ley, es nuestra mínima-máxima garantía que nos permite seguir viviendo, desarrollarnos y crecer como entes con inteligencia superior. No queremos leyes brillantes, queremos leyes justas que atiendan necesidades humanas en tiempo, lugar y circunstancias latentes y vivas, es decir, leyes que perciban en tiempo real la problemática existencial y sean aplicables.

Otra aportación importante de Rawls es: "**Cada persona posee una inviolabilidad fundada en la justicia que ni siquiera el bienestar de la sociedad en conjunto debe atropellar.**"[212]

Esta propuesta de Rawls implica una buena dosis de reflexión pues, en el fondo, es una acción que muchas veces es violentada por el gobierno para mejoras de la sociedad. Por ejemplo, las expropiaciones, los decomisos, entre otras formas de afectar los bienes de algunas personas. Lo cierto es que el gobierno debe tener muy claro que las violaciones a las propiedades privadas en aras de generar un bien mejor o superior al que se está afectando, es una situación que debe hacerse con mucho cuidado, siempre y cuando no se afecte la integridad de las o persona afectada y cuando dicha persona este de acuerdo. Esta propuesta es en términos teóricos, porque sabemos que ante una situación de gran envergadura, los gobiernos no se andan con dudas para afectar a personas particulares. Creando con esto, un acto de autoridad que se puede adjetivizar como abuso.

---

[211]   Ibid., p. 17.
[212]   Ibid., p. 17.

Por lo tanto, tenemos "el ser" y "deber ser" como lo dirían algunos juristas. En cuanto al ser, es la violación a los principios de propiedad o de personalidad, mientras que el "deber ser", sería el respeto estricto a la persona y sus bienes materiales o intelectuales.

La argumentación de Rawls en esta idea es la siguiente:

Es por esta razón por la que la justicia niega que la pérdida de libertad para algunos se vuelva justa por el hecho de que un mayor bien es compartido por otros.[213]

Entonces tenemos que la justicia social, tiene que demostrar que es justa al respetar al ser humano, sus derechos, facultades y sus bienes materiales.

La hipótesis de Rawls en este sentido es que:

En una sociedad justa, las libertades de la igualdad de ciudadanía se dan por establecidas definitivamente; los derechos asegurados por la justicia no están sujetos a regateos políticos ni al cálculo de intereses sociales.[214]

Sin embargo, en términos reales tenemos que muchas veces se atropellan derechos particulares fundamentales para evitar un acto mayor donde este de por medio la vida, integridad o bienes materiales de más gente en una situación urgente, compleja o donde se comprometa la estabilidad de, por ejemplo un Estado político.

La propuesta de Rawls es la siguiente:

Una injusticia sólo es tolerable cuando es necesaria para evitar una injusticia aún mayor.[215]

Entonces ¿qué es justo o que es injusto en materia de violación de derechos en aras de salvar un bien mayor? Este cuestionamiento es una hipótesis que se discute en todo el mundo por jurístas, politologos, estadístas y demás personas comprometidos con el bienestar de las personas.

---

[213] Ibid., p. 17.
[214] Ibid., p. 17.
[215] Ibid., p. 18.

Por lo tanto, diremos:

Primero.- toda violación a los derechos de las personas es una injusticia.

Segundo.- la injusticia menor puede ser tolerable cuando se visualiza una injusticia mayor.

Tercero.- lo que se pretende es que por ningún motivo se debe ser injusto por más necesidad que se tenga. Usar la injusticia sería como un acto de última posibilidad y siempre que este justificada dicha injusticia como generadora de un bien mayor.

Y, entonces estamos ante otro cuestionamiento: ¿Se puede avanzar en una sociedad madura o inmadura económica y políticamente, cometiendo injusticias menores? Aquí voy a contestar con los tres niveles de conocimiento que tengo –político, filosófico y policial-, esto no significa que hayan propuestas diferentes a las mías. Finalmente lo que se busca en esta obra es el debate, la crítica, la reflexión y cuando existan razonamientos inteligentes para asumir determinadas posturas, simpatizar con la misma o no, como elemento para posteriores producciones de conocimiento.

Políticamente, toda violación a los derechos de las personas es una injusticia, independientemente que se busque evitar un mal mayor, sin embargo, puede ser tolerable cuando el ejercicio de dicha injusticia salve la vida, no bienes materiales de otras personas. Entonces lo que estamos reconociendo es dicha violación cuando este de por medio "la vida" de otras personas. Claro está que es una situación delicada, pero políticamente no habría otra posibilidad, pues se podría caer en una omisión jurídicamente y con esto, en un gran retroceso para la política. Se maneja el caso, en algunas propuestas jurídicas sobre los atentados de Nueva York del 2001. ¿Se podría hacer algo a los aviones que iban a impactar a las torres gemelas, como por ejemplo, destruirlos aún con el conocimiento de que iban a perder la vida algunas personas que se encontraban en el interior de la aeronave? Ciertamente aquí se hace una injusticia menor para evitar una injusticia de mayor impacto y dimensión al generar más pérdidas humanas como consecuencia de los impactos de las aeronaves en las torres gemelas. Por lo tanto, estamos seguros que una injusticia menor es más tolerable que una injusticia mayor, siempre y cuando sea como última posibilidad.

Policialmente, tenemos el siguiente escenario: si hay que cometer una injusticia por evitar una injusticia mayor, es mejor actuar para evitar el mal mayor. Por ejemplo, en una balacera, en un centro comercial, nuestro objetivo como policías es salvaguardar por todos los medios posibles la vida e integridad de las personas, inclusive del propio delincuente, pero cuando no existen mayores alternativas que privar la vida de una persona, en este caso, del delincuente, no tenemos otra opción que ejercer la autoridad, pues estamos salvaguardando un bien mayor –personas que se encuentran el el centro comercial-, por un bien menor en relación a las muertes que podría generar la persona que se encuentra efectuando disparos a las personas que se localizan en dicho centro comercial. Por lo tanto, policialmente, tenemos que salvaguardar el bien mayor ante una situación de emergencia por un bien menor. No podemos dudarlo, pues ante la duda, se pueden generar mayores pérdidas humanas.

Filosóficamente, no estamos a favor del mal, sin embargo, ante una situación de vida o muerte, debemos estar por el bien mayor. No podemos permitir la pérdida humana ante un sujeto que se encuentra atacando, por el medio que sea, a otras personas. No podemos tolerar el mal, por encima del bien.

Finalmente estamos por la justicia por más mínima que sea. Sabemos que la injusticia es una posibilidad que se puede dar. No estamos exentos de esta contradicción jurídico-política, sin embargo, debemos reconocer que los seres humanos no somos perfectos en absoluto, siempre habrá algunas personas enfermas o que se inclinan por el camino del mal, con las que debemos tener mucho cuidado como personas y como policías, en este caso. Recordemos que de la prisión podemos salir, de la muerte jamás. En este sentido, sabemos que una injusticia es una violación a derecho, sin embargo, cuando está de por medio un bien mayor, puede ser justificable dicha injusticia.

Para aclarar esta situación hemos hecho la siguiente fórmula:

SER HUMANO = ACTOS HUMANOS + BUENOS (JUSTOS) —MALOS (INJUSTOS) = DERECHO: JUSTICIA O INJUSTICIA. = APLICACIÓN DEL DERECHO PENAL.

Y ahora tenemos la siguiente fórmula:

SER HUMANO = JUSTICIA SOCIAL + JUSTICIA INTEGRAL HUMANA = JUSTICIA DE EXCELENCIA.

Con esta formula podemos explicar que lo más importante en todo Estado político, es el ser humano, sin embargo, cuando un mal mayor está latente, es posible violentar esa justicia integral personal por evitar un mayor injusto.

Asimismo es importante reconocer como lo refiere Rawls que:

Una sociedad está bien ordenada no sólo cuando fue organizada para promover el bien de sus miembros, sino cuando también está eficazmente regulado por una concepción pública de la justicia. Esto quiere decir que se trata de una sociedad en la que: 1) cada cual acepta y sabe que los demás aceptan los mismos principios de justicia, y 2) las instituciones sociales básicas satisfacen generalmente estos principios y se sabe generalmente que lo hacen.[216]

Entonces es importante que todos los miembros pertenecientes a determinada comunidad esten conscientes de las principales premisas de comportamiento jurídico, político, social y económico, entre otras que influyen en las mismas, para hacer posible que las comunidades humanas se desarrollen con respeto, tolerancia e inteligencia.

Para lograr el cumplimiento y aceptación en este caso en materia de justicia distributiva, es importante que los miembros acepten dichos principios y a partir de ello, hacer del respeto a la justicia, una cultura, una forma de ser social, un ente coparticipado, para que finalmente no existan injusticias que afectan la integridad de las personas que viven en dicha comunidad.

Otro punto importante es el hecho de que, para lograr que dicha trascendencia jurídica madure y se puede operar y ejercitar en forma eficiente, se necesita de la fuerza coercitiva o fuerza pública para que garantice dicha estructura jurídico-política. En este caso, lo que se procura es una policía profesional y de alta calidad humana, pues finalmente va a trabajar con personas honorables, dignas y capaces de inteligibilidad; de diálogo y aceptación de convivencia humana. Esto significa que se debe contar con una policía fuerte y enérgica que haga que se cumplan las leyes y que no se cometan injusticias.

Las palabras de Rawls en este sentido son:

---

[216]   Ibid., p. 18.

Cuando ocurran infracciones a las mismas, deberán existir fuerzas estabilizadoras que prevengan violaciones ulteriores y que tiendan a restaurar el orden.[217]

Aquí es importante destacar que dichas fuerzas no solamente deben dedicarse exclusivamente en forma ordinaria o simple y limitarse exclusivamente a lo que le marca la estructura jurídica, por lo contrario, es importante que los cuerpos de policía rebasen las estrcturas laborales concretas y específicas y amplifiquen sus horizontes de conocimiento para que entienedan a la perfección la génesis del derecho, los actos justos e injustos; la evolución criminal y los factores socio-culturales que influyen en la consolidación de las estructuras criminales. En este sentido, reafirmamos la hipótesis de que mientras una policía se profesionalice constantemente tendrá resultados profesionales logrando en la conciencia colectiva de las personas, una sensación de crecdibilidad en las instituciones de gobierno y de la propia institución policial.

Claro está que, si hablamos de un sistema jurídico-penal, también incluimos a las personas que hacen posible la justicia penal desde el poder judicial, legislativo y ejecutivo como ya lo hemos referido; es decir, que en el proceso de la aplicación de la justicia penal, debe haber personal calificado en el ámbito de la esfera del gobierno, que tengan una visión y formación sólida para la creación permanente de leyes que beneficien, en forma justa, a las personas que habitan determinada sociedad. ¿Qué significa esto? Simplemente que las personas encargadas de la producción de leyes, tomen en cuenta:

1. La vida e integridad humana.
2. Su dignidad e inteligencia.
3. La responsabilidad personal y colectiva de hacer leyes justas que generen esa sensación de justicia, en este caso penal; es decir, que sean leyes acordes con las necesidades humanas de la sociedad.

Estas situaciones, con el tiempo tendrán que arrojar leyes justas que se vean reflejadas en el bienestar de la humanidad. Hemos hecho esta observación porque en varias ocasiones las leyes no son congruentes con una determinada comunidad específica, logrando con ello, una serie de violaciones a la integridad biopsicosocialo humana.

---

[217] Ibid., p. 20.

Con este hecho, también queremos destacar que las leyes siempre son susceptibles de ser modificadas para la aplicación del bien común de la humanidad, en este sentido, las leyes que no funcionan o son violatorias del propio derecho, tendrán que ser modificadas.

Las palabras de Rawls, son:

En general, no podemos evaluar una concepción de justicia sólo por su papel distributivo, por muy útil que sea este papel al identificar el concepto de justicia. Tendremos que tomar en cuenta sus conexiones más bastas, ya que aún cuando la justicia tiene cierta prioridad por ser la virtud más importante de las instituciones, no obstante es cierto que, *ceteris paribus,* una concepción de justicia es preferible a otra cuando sus consecuencias generales son más deseables.

En este contexto, la oxigenación permanente de las estructuras jurídico-políticas son necesarias, en especial en aquellos Estados políticos débiles o con gobiernos mediocres; porque ciertamente en Estados políticos bien desarrollados y con políticas públicas de primer nivel, no tienen demasiados problemas entre si-mismos, precisamente porque sus instrumentos jurídico-políticos son contundentes, justos y con una aplicabilidad eficiente.

Por ende, la propuesta en materia de justicia va dirigida hacia aquellas comunidades humanas donde son débiles sus estructuras de gobernabilidad.

Las palabras de Rawls en este sentido, son las siguientes:

El objeto primario de la justicia es la estructura básica de la sociedad o, más exactamente, el modo en que las grandes instituciones sociales distribuyen los derechos y deberes fundamentales y determinan la división de las ventajas provenientes de la cooperación social.[218]

Esta propuesta de Rawls, es amplia, específica y concreta en su aplicabilidad en determinada sociedad política. Es en términos generales, la forma en que las instituciones de gobierno, deben distribuir la justicia. Una justicia que beneficie a todos sus integrantes, pues, en el momento en que haya una violación o deficiencia a la aplicación de dicha justicia, se está violentando el propio acuerdo humano en materia de copartícipes del engranaje social

---

[218]   Ibid., p. 20

que hace posible la evolución, desarrollo y crecimiento de las grandes sociedades, afortunadas o no, en materia de calidad de vida.

Otra propuesta de Rawls, en este sentido, es la siguiente:

Las grandes instituciones definen los derechos y deberes del hombre e influyen sobre sus perspectivas de vida, sobre lo que puede esperar hacer y sobre lo que haga.[219]

En esta idea de Rawls, existe el ser y deber ser clásico de la dogmática jurídica, es decir, lo que es y lo que debe ser. Por ejemplo, hay propuestas ejemplares de derecho, sin embargo, no son aplicables o son aplicables en demasía, en este sentido, encontramos el ser y el deber ser, muchas veces no son aplicables en su justo término.

Rawls, esta idea la considera como:

1. Esperar hacer y
2. Lo que se haga.

Aquí podemos observar dos momentos: el primero con un aquí y ahora, y el segundo, con una espera de comportamiento específico.

Ese hacer y, ese esperar humano, es lo que determina la génesis de la justicia en las sociedades. Ese ser y ese deber ser, que finalmente determinará la producción de propuestas justas y reales que se tendrán que verse reflejadas en el comportamiento humano.

Ahora bien, es importante ir un poco más a fondo en las propuestas de *ser* y *deber ser*, mismas que son deterministas para la génesis de la justicia, el derecho y la filosofía jurídica como ya lo hemos referido.

Pero también es importante reconocer que, las personas desde la llegada al mundo, nacen con algunas ventajas con respecto a otras parsonas que llegan en el mismo espacio-temporal, pero con diferentes características.

Veamos la propuesta de Rawls:

Los hombres nacidos en posiciones sociales diferentes tienen diferentes expectativas de vida, determinadas, en parte, tanto por el sistema

---

[219] Ibid., p. 20.

político como por las circunstancias económicas y sociales. De este modo las instituciones de una sociedad favorecen ciertas posiciones iniciales frente a otras. Estas son desigualdades especialmente profundas. No son sólo omnipresentes, sino que afectan a los hombres en sus oportunidades iniciales de vida, y sin embargo no pueden ser justificadas apelando a nociones de mérito o demérito.[220]

Es importante entender un poco a fondo esta prouesta de Rawls, pues, parte de la misma es la base donde se estructuran los diversos sistemas jurídico-políticos que existen en la actualidad.

Así tenemos que maneja las siguientes premisas:

- a. Nacimiento en diferente posición social.
- b. Diferentes expectativas de vida como consecuencia de su condición social.
- c. Expectativas de vida determinadas por el sistema político y circunstancias económicas y sociales.
- d. Esto realmente es lo que favorece ciertas ventajas iniciales frente a otros estados, personas, familias, entre otras.

Entonces tenemos que no todos los seres humanos nacen con las mismas ventajas o desventajas.

Todo depende de la situación económica, política y social en que se haya nacido. Así tenemos por ejemplo que un niño nacido en una familia rica económicamente y un niño nacido en una familia pobre, tendrán diversas situaciones, proyectos y horizontes relacionados o encaminados hacia su vida.

Sin embargo, lo que si debe estar seguro, es el hecho de que el Estado debe garantizar las mínimas situaciones que le permita a las personas desarrollarse plenamente.

Entonces, es un mito de que todos nacen parejos, por lo contrario, como lo define Rawls, hay muchas diferencias que influyen en la vida de los seres humanos.

Es aquí donde la verdadera preocupación debe maximizarse por lograr que las personas vivan bien. La idea de Rawls en este sentido es la siguiente:

---

[220] Ibid., p. 21.

Es a estas desigualdades de la estructura básica de toda sociedad, probablemente inevitables, a las que se deben aplicar en primera instancia los principios de la justicia social.[221]

De tal forma que para Rawls, la justicia social, es el soporte de toda la construcción humana en una sociedad específica. Sin una justicia social clara, concreta y aplicable, difícilmente se podrá hablar de desarrollo y crecimiento integral. Entonces la calidad en la aplicación de la justicia social, permeará el grado de evolución humana.

Rawls, refiere:

La justicia de un esquema social depende esencialmente de cómo se asignan los derechos y deberes fundamentales, y de las oportunidades económicas y las condiciones sociales en los diversos sectores de la sociedad.[222]

De lo que se trata, en el fondo, es que hayan las mismas oportunidades, derechos y libertades, sin importar características y posiciones específicas de las personas en un Estado político en relación a la aplicación de derecho y la justicia social. A partir de estas consideraciones, se puede hablar de una justicia social equitativa, operativa y eficiente.

Sin emabrgo, la justicia, conlleva diferentes matices en relación a las propias concepciones socio-evolutivas de cada sociedad. Entonces, lo que es justo para determinada sociedad, puede ser injuto para otras. Lo cierto es que hay algunos principios esenciales que deben respetarse en cualquier sociedad política no importando la situación jurídico-política en que se encuentre.

Así tenemos la siguiente idea de Rawls:

Las diversas concepciones de la justicia son el producto de diferentes nociones de sociedad ante el transfondo de opiniones opuestas acerca de las necesidades y oportunidades naturales de la vida humana.[223]

Todos estos puntos que hemos considerado nos llevan finalmente a lo que John Rawls refiere como "justicia como imparcialidad", misma que consiste en la aplicación del acuerdo en una sociedad jurídico-política

---

[221] Ibid., p. 21.
[222] Ibid., p. 21.
[223] Ibid., p. 23.

como paradigma permanente para ir construyendo o desconstruyendo los deberes y derechos de las personas, su familia y el propio sistema político en que se encuentran.

Así tenemos la siguiente propuesta:

Los principios de la justicia para la estructura básica de la sociedad son el objeto del acuerdo original. Son los principios que las personas libres y racionales interesadas en promover sus propios intereses aceptarían en una posición inicial de igualdad como definitorios de los términos fundamentales de su asociación. Estos principios han de regular todos los acuerdos posteriores; especifican los tipos de cooperación social que se pueden llevar a cabo y las formas de gobierno que pueden establecerse. A este modo de considerar lo llamaré justicia como imparcialidad.[224]

Una injusticia como imparcialidad que deberá magnificar:

a. La estructura básica de la sociedad.
b. Respetar los intereses personales y elevarlos al terreno de esta justicia como imparcialidad.
c. Cooperación social y
d. Formas de gobierno.

A partir de la consideración de estas premisas inclusivas, se pueden ir formulando los diferentes esquemas e instituciones que determinarán una sociedad específica.

Un punto importante que es necesario destacar en esta dinámica de ideas, es el hecho de que no se vale formular principios, leyes, estatutos, acuerdos, entre otros, que llevan ventajas sobre la generalidad de las personas que pretenden participar en dicha génesis de sistemas jurídico-políticos. Para ello es necesario iniciar con las mismas ventajas o desventajas circunstanciales que irán determinando las diversas propuestas jurídico-políticas.

En suma, en la creación de sistemas jurídico-políticos y sus respectivas transformaciones, es necesario que haya igualdad de condiciones para los integrantes de esa comunidad y se vean reflejados en la satisfacción personal y colectiva de los integrantes de dichas sociedades humanas.

---

[224] Ibid., p. 24.

La propuesta de Rawls, en este sentido es que:

Los principios de la justicia se escogen tras un velo de ignorancia. Esto asegura que los resultados del azar natural o de las contingencias de las circunstancias sociales no darán a nadie ventajas ni desventajas al escoger los principios.[225]

Entonces las condicones de igualdad en la génesis de estructuras socio-culturales jurídico-políticas, son importantes pues, las mismas podrán fortalecer o debilitar el trascender de dichos principios de justicia social. Un cuadro básico de principios jurídico-políticos transparentes, y justos, tendrán que generar estabilidad humana y trascendencia social, en el entendido de que se encuentran protegidos por estructuras jurídicas bien fortalecidas, tolerables y con agudeza inteligente con la intención de no afectar a ningún ser humano, logrando con ello, una cultura de certeza jurídica que se verá reflejada en términos generales en el desarrollo y crecimiento integral de determinada organización.

Es precisamente esta idea, la que magnifica Rawls en la siguiente oservación:

Dado que todos están situados de manera semejante y que ninguno es capaz de delinear principios que favorezcan su condición particular, los principios de la justicia serán el resultado de un acuerdo o de un convenio justo, pues dadas las circunstancias de la posición original y la simetría de las relaciones entre las partes, esta situación inicial es equitativa entre las personas en tanto que seres morales, esto es, en tanto que seres racionales con sus propios fines, a quienes supondré capaces de un sentido de la justicia.[226]

A estas alturas llega una pregunta cuando determinadas personas están en desacuerdo con ciertas imposiciones jurídicas que van en contra de sus intereses, principios o ideosincracias personales, por ejemplo: Yo soy una persona mexicana con 18 años de vida. Y no estoy de acuerdo con los famosos operativos para detener a las personas que se encuentran bajo el efecto del alcohol ¿quién dio mi consentimiento personal para que me impongan esta situación a pesar de que no me pidieron mi aceptación, además de que están violentando mis derechos constitucionales?

---

[225] Ibid., p. 25.
[226] Ibid., p. 25.

Hay dos formas de contestar esta pregunta, una primera sería conforme a derecho y una segunda conforme a la violación a los derechos individuales.

Primer caso, aplicación del derecho. Las personas que van adquiriendo derechos por haber cumplido la mayoría de edad, tendrán que aceptar impositivamente las estructuras jurídicas que ya existen en su actualidad. Posteriormente, habrá posibilidades para que se pueda influir en las diversas iniciativas jurídico-políticas que se vayan generando ya sea a partir de partidos políticos u organizaciones sociales, entre otras. En el segundo caso tenemos la imposición arbitraria donde no hay negociación, explicación o argumentación alguna, simplemente obedecer y acoplarse a la dinámica vigente.

La propuesta de Rawls, en este sentido es la siguiente:

Una sociedad que satisfaga los principios de justicia como imparcialidad se acerca en lo posible a un esquema voluntario, ya que cumple con los principios que consentirían personas libres e iguales en condiciones que son imparciales. En este sentido, sus miembros son autónomos y las obligaciones que reconocen son autoimpuestas.[227]

Como vemos la impartición de justicia es válida cuando hay propuesta, inteligencia, participación y algo muy importante visión para la aplicación del bien común. Una propuesta de justicia sin la consideración del bien común, podrá ser cualquier cosa, menos una propuesta con justicia social. Entonces, para que se de una verdadera justicia social es impoortante tomar en consideraciones dichos requisitos con la finalidad de que haya aceptación, actualización e innovación en la estructura jurídico-política.

Pero ¿por qué, consideramos la unión de lo jurídico con lo político para tratar de entender la dinámica de la justicia social? Justamente porque la justicia con la política dependen ambas, del conocimiento de sí-mismas y la interrelación entre ambas; la política, por ejemplo, propone una ley, la justicia, la aplica y el ejecutivo hace que se cumpla. Sin embargo, cuando dicha ley tiene deficiencias, tendrá que ser modificada o derogada, dando con esto una oportunidad a la inteligencia colectiva, para que se modifiquen las leyes que chocan con la realidad, trabajo que compromete directamente a los poderes legislativos.

---

[227] Ibid., p. 26

Otra de las características que refiere Rawls en torno a la aplicación de la justicia como imparcialidad, es la siguiente:

Un rasgo de la justicia como imparcialidad es pensar que los miembros del grupo en la situación inicial son racionales y mutuamente desinteresados. Esto no quiere decir que sean egoístas, es decir, que sean individuos que sólo tengan ciertos tipos de intereses, tales como riqueza, prestigio y poder. Sin embargo se les concibe como seres que no están interesados en los intereses ajenos.[228]

Aquí llama la atención las siguientes propuestas:

a. Egoísmo
b. Intereses de riqueza, prestigio y poder.
c. Intereses ajenos.

Son tres ideas que es necesario magnificar en el entendido de que el ser humano cuando se torna egoísta, normalmente tiende a afectar la dignidad humana, es decir, el egoísmo es un defecto que las mismas condiciones sociales y culturales te van imponiendo para continuar viviendo. Pero que, sin embargo, el ser humano por calidad y humildad tendrá que ir desapareciendo de la faz de la humanidad, pues dicho egoísmo lo único que genera es odio, guerra y muerte. Por tal motivo, si en el pasado humano había ese tipo de manifestaciones, en la actualidad por la propia madurez inteligente de los seres humanos tenemos que ir desapareciendo.

En cuanto a los intereses de riqueza, prestigio y poder, normalmente los seres humanos contemporáneos aspiran a dichas posibilidades, lo que proponemos es que se busquen y ejerzan con respeto, sentido común y bien común, por el bien de la humanidad. Que se de la compoetencia con respeto, en forma sana y con visión de ejercicio del bien común, pues cuando existe esa tendencia de poder, y no se mira a la humanidad en forma benefactora, normalmente esa riqueza y poder nos limita como seres humanos a pesar de que los poseedores de dichas riquezas, se sienten inpecables, en el fondo, están más vacíos que una persona ordinaria, por ejemplo, su lado espiritual normalmente se torna opaco y débil. Hay disciplina, entrega, coraje, lucha, pero si no se tiene una basificación sólida de principios ético-morales, normalmente se tiende a la soberbia, logrando con ello, una vida rica materialmente pero vacía de calidad humana.

---

[228] Ibid., p. 26.

Nosotros estamos a favor de la riqueza integral de la persona en forma material y espiritual, lo que no nos convence es que cuando se logre crecer como persona, se vaya minimizando el lado espiritual, ese realmente es el problema de fondo: perderse en las riquezas materiales sin alimentar la humanidad, la inteligencia y la tendencia hacia la búsqueda del bien común. Que ese interés ajeno de Rawls, sea para el bien de las personas que hacen posible nuestro mundo.

Ahora tenemos otra de las grandes divergencias contemporáneas donde el bien particular es superado por el bien común. ¿Qué esperar cuando se violentan los intereses personales en aras de un bien mayor?

Este es un problema de fondo. Por ejemplo, cuando se expropia un bien material por parte del Estado, no del gobierno, pues el gobierno es temporal, mientras que las funciones del Estado son permanentes, por lo menos mientras lo acepte la humanidad, entonces ¿cómo queda el ser personal, el ente individual inteligente, ante una expropiación del Estado? Otro ejemplo policial cuando, por ejemplo, se priva de la vida a una persona por salvar otras vidas humanas, ¿dónde queda ese bien personal, y definitivo?

Veamos qué dice Rawls en relación a esta propuesta:

El principio de utilidad es incompatible con la concepción de cooperación social entre personas iguales para beneficio mutuo. Parece ser incongruente con la idea de reciprocidad implícita en la noción de una sociedad bien ordenada.[229]

En los ejemplos que manejamos con anterioridad, en el primero, esta la expropiación por garantizar un bien mayor; por ejemplo construir una carretera, un hospital, entre otras situaciones; en el segundo caso, vamos directamente con la vida de las personas. Sin embargo, Rawls, refiere que cualquiera que sea la situación del Estado, tiene que respetar la vida y propiedad de las personas. Entonces el principio de utilidad, puede ser análogo al del principio del bien mayor, en este sentido, el bien mayor, cuando es aplicado, se parte de que se está violentando la integridad y juridicidad de una persona, pero, si se hace, para salvaguardar la vida o bienes de mayores personas, es válido, aunque no aceptable, porque: a estas alturas de la evolución humana ¿cuántas personas estarán de acuerdo por que se les expropie sus bienes materiales con la intención de beneficiar a las grandes mayorías?

---

[229] Ibid., p. 27.

Otro de los grandes principios jurídico-políticos de Rawls y que se pueden agenciarse en la filosofía para policías que estamos desarrollando, es la siguiente:

Que algunos deban tener menos con objeto de que otros prosperen puede ser ventajoso pero no es justo, sin embargo, no hay injusticia en que unos pocos obtengan mayores beneficios, con tal de que con ello se mejore la situación de las personas menos afortunadas.[230]

Aquí estamos ante una propuesta económica, política y social. De entrada diremos que las sociedades políticas contemporáneas, en su mayoría, manejan los derechos fundamementales de las personas en forma efectiva; en este sentido, los ciudadanos que busquen prosperidad, tendrán que encontrar los mecanismos legales para lograr sus objetivos de bienestar en forma pacífica, libre y con responsabilidad. De tal forma que estamos a favor de la riqueza integral de las personas en forma material y espiritual, siempre y cuando no afecten a las personas y lo hagan con honestidad, pues finalmente lo que se busca es el bienestar de las personas.

Entonces, diremos que se parte de una base de igualdades y oportunidades reales para las personas, el logarar sus objetivos para adjudicarse un ritmo de vida agradable, dependerá de la capacidad de cada uno de nosotros.

Por su parte, el Estado político, tiene la obligación de garantizar el mínimo de garantías para que las personas se desarrollen, exploten y crezcan en forma integral en su vida. Fortalecer los mecanismos jurídicos que garanticen la seguridad en las personas y se sientan seguros de que su desarrollo está garantizado y asegurado. Todo depende, entonces de uno-mismo. No buscar el bienestar en otor ser. Uno-mismo es el que tiene que esforzarse para desarrollarse plenamente como ser de luz con inteligencia superior.

Para ello hay que educarse, y profesionalizarse en algún conocimiento para que existan las posibilidades de obtener un excelente trabajo e integrarse a la vida económicamente en movimiento.

Por otra parte, es importante destacar que en materia de conocimiento, por lo menos social, la intuición como parámetro cognitivo es válido, pues ello permitirá entender mejor las posibilidades de conocimiento que existen o se pueden ir generando; en este contexto, tenemos que, hay muchos comportamientos sociales humanos, que son aceptables por

---

[230] Ibid., p. 27.

simple intuición, sin ejercer demasiado la racionalidad pues se podría caer en esquemas demasiado cuadrados, pues, como hemos referido, la razón sólo es un instrumento de la inteligencia humana. Por ende, la intuición, nos proporciona mayores oportunidades para entender nuestra realidad conocida o por conocer, sus obligaciones, derechos y compromisos que deben ejercer los seres humanos al vivir en una sociedad política.

Por lo tanto, hay que usar todos los mecanismos inteligentes para vivir en forma excelente en determinada estructura humana.

La propuesta de Rawls en este contexto es la siguiente:

La idea intuitiva es que, puesto que el bienestar de todos depende de un esquema de cooperación sin el cual ninguno podría llevar una vida satisfactoria, la división de ventajas debería ser tal que suscite la cooperación voluntaria de todos los que toman parte en ella, incluyendo a aquellos peor situados.[231]

De aquí obtenemos que la cooperación es fundamental para hacer de las comunidades humanas espacios de convivencia donde la justicia social prevalezca y el entendimiento sea una premisa integral de la aceptación de los pirnicipios jurídico-políticos que le dan cereteza a la viabilidad social.

Entonces, la cooperación humana, es una forma de superar las condiciones existenciales de las personas en forma material y espiritual, pues sin esa coperación difícilmente estaremos hablando de sociedades maduras con justicia social efectiva y con futuros y horizontes bien definidos con proyección hacia el bienestar de la humanidad.

Otra de las propuestas de Rawls es la siguiente:

La concepción de justicia más racional es utilitaria. Para comprobarlo consideramos que cada hombre, al favorecer sus propios intereses, es ciertamente libre de equilibrar sus propias pérdidas con sus propias ganancias.[232]

En este sentido tenemos una justicia utilitaria. Pero es un utilitarismo que se tiene que ver reflejado en el bien común, en el bienestar de las mayorías. En suma, un utilitarismo que tendrá que percibirse, primero en el bienestar

---

[231] Ibid., p. 20.
[232] Ibid., p. 35

de la persona particular para posteriormente extenderlo a la población que se encuentra en convivencia en dicho Estado político.

De tal forma que estamos a favor del utilitarismo con fines humanísiticos, con ecuanimidad y prudencia en la explotación de los recursos naturales y con la inversión permanente en la creación de ciencia y tecnología con la finalidad de buscar la armonía entre recursos humanos y recursos naturales en una atmósfera de respeto y tolerancia política y social.

La propuesta de Rawls en este sentido es la siguiente:

Así como el bienestar de una persona se forma a partir de las diferentes satisfacciones que siente en distintos momentos durante el curso de su vida, así casi del mismo modo, el bienestar de la sociedad ha de construirse a partir de la satisfacción de los sistemas de deseos de los muchos individuos que pertenecen a ella.[233]

En suma encontramos que:

Una sociedad está correctamente ordenada cuando sus instituciones maximizan el equilibrio neto de satisfacciones.[234]

Por lo tanto, a mayores satisfactores dentro de una sociedad, mayor legitimidad, legalidad, justicia y aceptación tendrá la misma en la relación entre seres humanos, instituciones sociales y su justa interactividad.

Entonces cuando la cartera de satisfactores personales sea satisfecha en su máxima posibilidad por el gobierno, estaremos hablando de una justicia social equitativa, madura y en constante perfección.

Finalmente con Rawls volvemos a fortalecer la tesis que hemos manejado desde el principio en el sentido de que la educación y formación cultural siempre va a generar y abrir mayores oportunidades y expectativas para las personas que asuman dicho camino. Mientras que las personas que se quedan atoradas por cualquier motivo, tendrán mayores dificultades para disfrutar su vida. Esta hipótesis también la hemos referido al mundo del policía, en el sentido de que un oficial de policía culto, tendrá mayores oportunidades de elevar su calidad humana y preofesionalizar su trabajo en forma eficiente.

---

[233] Ibid., p. 35.
[234] Ibid., p. 35.

Las palabras de Rawls son:

Los que tengan mayor capacidad y educación tenderán a dar mayor importancia a las pretensiones de la habilidad y el entrenamiento, mientras que aquellos que carezcan de estas ventajas subrayarán el derecho que da la necesidad.[235]

En consecuencia tenemos que los policías por interés personal, debemos continuar por el camino del conocimiento para enriquecer nuestro acervo cultural y en ese sentido estar preparados para cualquier eventualidad que se nos presente en el camino. Esa preparación la podemos efectuar de forma operativa, técnica y epistemológicamente, la idea de fondo es seguirnos preperandonos y actualizandonos hasta el último instánte de nuestra existencia, satisfechos de que no defraudamos nuestra máxima potencialidad como seres de conocimiento.

En términos generales, podemos sintetizar el pensamiento jurídico de Rawls, con la siguiente hipótesis:

La estructura básica de la sociedad ha de ser planeada, en primer lugar, para producir el mayor bien en el sentido del mayor equilibrio neto de satisfacción, y, en segundo lugar, para distribuir las satisfacciones equitativamente.[236]

Entonces tenemos que el bien, la satisfacción y la equidad, son los ingredientes básicos para la construcción de una teoría de la justicia social que se incline por el bienestar generalizado de las personas en proyección hacia la realización integral y plena de las personas que hacen posible la humanidad.

Asimismo, antes de concluir con Rawls, quiero dejar claro que su propuesta también magnifica el esfuerzo personal de las personas y la situación en que llegaron a la tierra, es decir, su realidad familiar inmediata en materia de seguridad económica y educativa. Pero además refiere Rawls que: La riqueza que se genera en determinadas realidades contemporáneas tendrán que benficiar a las mayorías. Su propuesta es la siguiente:

(...) las expectativas de los más aventajados contribuyen al menos al bienestar de los más infortunados. Es decir, que si sus expectativas

---

[235] Ibid., p. 46.
[236] Ibid., p. 47.

fueran disminuidas, las perspectivas de los menos aventajados descenderían también.[237]

De lo anterior se deduce que la competencia sana, las diferencias etiológicas iniciales, las formaciones socio-culturales, los sistemas políticos en el marco de una tolerancia humana, tienen que ser aceptados, pues son la base para ir construyendo mejores realidades sociales que abarquen el bienestar de mayor población.

Rawls, sintetiza esta propuesta con la siguiente aportación:

El principio de diferencia es un principio de justicia.[238]

Entonces esta aceptación diferencial humana, es válida para estimular el crecimiento de las personas, por ende, es necesario que todos los seres humanos nos forgemos la idea del crecimiento personal por medio del esfuerzo sistematizado por el bien de uno mismo, la familia, y, en consecuencia como un esfuerzo hacia el bienestar de la humanidad.

La propuesta de Rawls es:

Una mayor inteligencia, riqueza y oportunidades permiten a una persona alcanzar unos fines que de otra manera no habría ni siquiera considerado.[239]

Y el Estado tiene la obligación de garantizar el desarrollo biosicosocial de las personas con la finalidad de que dicha comunidad humana goce del mínimo de seguridades jurídicas, humanas y epistemológicas para que las personas en su integridad existencial, logren desarrollar sus potencialidades como seres de luz con alta inteligencia y canalizada al bienestar personal y posteriormente reflejarla al resto de la humanidad.

Precisamente porque para generar felicidad, es necesario estar uno-mismo bien y, a partir de esa seguridad personal, iniciar el despegue hacia la generación del bien común comprometido por una estructura jurídica-política eficiente que garantice la existencia y trascendencia de los seres humanos en su totalidad, pues, por una sola persona que sufra, queda empañada la dignidad de la humanidad a pesar de que los seres humanos

---

[237] Ibid., p. 83.
[238] Ibid., p. 88.
[239] Ibid., p. 96.

no somos perfectos, pero sí pertenecemos a la especie humana que sufre, sonrie y piensa.

Terminamos a John Rawls, con la siguiente hipótesis:

Todos tienen asegurada una libertad igual para llevar a cabo el plan de vida que les agrade, en tanto no viole las exigencias de la justicia.

Donde dichas exigencias son:

- La existencia.
- La libertad.
- La igualdad de oportunidades.
- El bien personal y posteriormente el bien común.
- El respeto y la tolerancia.

Todos estos son principios de justicia social que debemos de conocer los oficiales de policía para darnos cuenta de la génesis de las diferentes apreciaciones que se han ido formulando a lo largo de la presente obra con un objetivo fundamental: enriquecer la filosofía del policía para hacerlo más libre, responsable, profesional y consciente de su alta responsabilidad que significa ser oficial de policía en cualquier parte del planeta, pues finalmente nuestro objetivo en cualquier rincón del mundo por más recóndito que sea es:

Hacer que se cumplan las leyes en un ambiente de calidad humana y respeto a las garantías jurídico-políticas de los seres humanos.

Para ello, ya lo he referido, necesitamos continuar con el aprendizaje y actualización de los principios jurídicos que nos dan legitimidad y legalidad como oficiales de policía en el campo de la prevención, investigación y persecución de los delincuentes.

Esa es nuestra misión, nuestro compromiso y nuestra responsabilidad como seres inteligentes, humanos y comprometidos con el bienestar de la humanidad.

El Estado de Derecho como garantía para la convivencia humana. (Jürgen Habermas).

Ya hemos revisado algunas propuestas filosóficas de Habermas, en este espacio analizamos ciertas hipótesis que se relacionan con lo que significa el Estado de derecho.

Habermas, es una persona que se preocupa por la comunicación como mecanismo fundamental para la construcción de los "acuerdos intersubjetivos" que tendrán que arrojar propuestas viables en beneficio de una población específica, concretamente de las sociedades abiertas y con sistemas políticos democráticos.

Sus palabras son las siguientes: **"... el lugar de la razón práctica pasa a ocuparlo la razón comunicativa."**[240]

¿Cuál es la diferencia entre una racionalidad práctica y una comunicativa? De entrada diremos que la razón comunicativa absorbe a la razón práctica, pues para generar diálogo, es necesario hacer una serie de razonamientos que agudicen el grado de inteligibilidad humana, para que esos diálogos sean de calidad. Para que el discurso tenga propuesta y viabilidad. Mientras que la razón práctica conlleva menos ejercitación inteligible pues se queda en la praxis y muchas veces esa praxis no lleva rigurosidad racional donde se vea la calidad de razonamiento, en este sentido, la razón práctica es rebasada por la razón comunicativa por el simple hecho de la ejercitación racional para generar propuesta y conocimiento.

Veamos la hipótesis que da Habermas en este sentido:

La razón comunicativa empieza distinguiéndose de la razón práctica porque ya no queda atribuida al actor particular o a un macrosujeto estatal-social. Es más bien el medio lingüístico, mediante el que se conectan las interacciones y se estructuran las formas de vida, el que hace posible a la razón comunicativa.[241]

Aquí encontramos que Habermas eleva la razón comunicativa a nivel humanidad, es decir, que, a través de la acción comunicativa se generan

---

[240] Cf. Habermas, Jürgen. *Facticidad y validez. Sobre el derecho y el Estado democrático de derecho en términos de teoría del discurso.* Trotta. España, 1998., p. 65.

[241] Ibid., p. 65.

las formas de vida particular y general. En este sentido, el diálogo por excelencia va a ser el arma con la que los sujetos racionales en este caso, irán construyendo sus realidades sociales que estarán determinadas por los lenguajes respectivos. Mientras que la razón práctica será considerada como una forma de interacción entre grupos limitados. Por lo tanto, la acción comunicativa será el primer encuentro intersubjetivo entre las personas que hacen posible la génesis de las contrucciones socio-humanas. El lenguaje, finalmente es el que irá abriendo espacio y oportunidades de crecimiento y desarrollo integral entre las personas.

En este sentido, es gracias a la comunicación como se van a ir perfilando las nuevas estructuras de convivencia humana y con ello nuevas formas de generación de conocimiento y por ende, procesos de aprendizaje que, finalmente estarán determinados por la calidad y agudeza inteligente de los actores que se reúnen para generar acuerdos.

La propuesta de Habermas, en este sentido es:

La práctica comunicativa cotidiana se exige demasiado a sí misma con sus propias presuposiciones idealizadoras; pero sólo a la luz de esa trascendencia intramundana puede producirse procesos de aprendizaje.

Aquí le preguntaríamos a Habermas ¿cuál es esa trascendencia intramundana? En el fondo alcanzamos a percibir que es la famosa relación intersubjetiva entre varias personas. Una subjetividad que al darle movimiento, se genera diálogo que tiene que ver con la relación humana. Entonces las relaciones intersubjetivas, son la base en donde se formularán las diferentes acciones comunicativas. En este sentido, la comunicación será el vínculo de la subjetividad y objetividad entre las personas que ejercen la comunicación.

A partir de la aceptación de la comunicación humana como instrumento inteligente de las personas –ya lo hemos referido-, es como se irán construyendo las diferentes realidades sociales-artificiales de la especie humana. Una de esas realidades tendrá que ser el Estado democrático de derecho, donde el imperio de la ley, marcará el comportamiento, tolerancia, aceptación y convivencia humana.

En este sentido, encontramos la siguiente propuesta de Habermas:

El derecho positivo posibilita comunidades altamente artificiales, que se entienden a sí mismas como asociaciones de miembros libres e

iguales, cuya cohesión descansa en la amenaza de sanciones externas y simultáneamente en la suposición de un acuerdo racionalmente motivado.[242]

Este sería un primer encuentro con el derecho positivo habermasiano. En donde la libertad e igualdad humana serán premisas fundamentales para asegurar la legitimidad, legalidad y credibilidad de las diversas construcciones "artificiales" humanas.

Entonces, a partir de la libertad e igualdad humana, será posible, a través de la ejercitación de la comunicación racional, construir o desconstruir las diversas realidades sociales, capaces de consolidar las inteligencias humanas.

En el fondo de esatas hipótesis vislumbramos la importancia que Habermas le da al diálogo.

Por ejemplo, en el caso policial, el lenguaje hablado, en este caso, es lo que nos permitirá sacar en forma eficiente nuestro trabajo y, muchas veces, es el arma por excelencia con el que podemos salir librados en una emergencia, en un acto de vida o muerte, o, en su caso, por ejemplo, para controlar multitudes o asegurar a un delincuente.

En este sentido, es importante contar con un lenguaje fluído, seguro y transparente que nos sirva, en determinado momento para ejercer nuestro trabajo en forma profesional y dejar otros instrumentos de control como el uso de la fuerza física, psicológica o armada, como última posibilidad de acción.

Asimismo, por ejemplo, en un interrogatorio policial, es muy importante escuchar y analizar el lenguaje que utiliza el presunto delincuente, pues gracias a peculiaridades específicas de dicho lenguaje podemos encontrar horizontes de investigación que nos lleven al esclarecimiento de los hechos que se investigan. El tono y térmínios que usan los presuntos delincuentes, son fundamentales para ubicar tendencias y asociaciones delictivas.

La aportación de Habermas en este sentido es la siguiente:

---

[242] Ibid., p. 70.

(...) es en la estructura de las oraciones donde podemos leer la estructura de los pensamientos.[243]

En esta idea, debemos tener mucho cuidado y atención, por ejemplo, cuando entrevistamos a un presunto delincuente, pues en el fondo de su mensaje, en las palabras que utiliza y el tono del lenguaje, podemos agilizar nuestras investigaciones.

Entonces es el lenguaje el que nos va a abriri líneas de investiagación que nos debe llevar al esclarecimiento de los hechos que investigamos. Es en el lenguaje delictivo donde encontramos "pensamientos", como lo refiere Habermas, que nos brindarán la oportunidad para conocer mejor al delincuente.

En suma el lenguaje será nuestra condena, nuestra libertad, nuestra trascendencia y nuestra presencia. Un lenguaje consistente, concreto, entendible, fluído, elegante, será una forma de desestructurar los pensamientos de los delincuentes. La calidad y características de la persona y normalmente el lugar y mundo donde se mueve.[244]

Así tenemos que existen diversos lenguajes específicos en determinadas zonas geográficas, en este caso, criminales.

Regresando con el derecho tenemos que, según Habermas, nos va a servir para ejercer "coerción", una coerción que tiene que garantizar el desarrollo pleno del Estado de derecho en un ambiente de libertad. Un derecho que nos permita respetarnos entre nosotros mismos y sancionar a las personas que violenten dicho Estado de derecho.

La propuesta de Habermas, en este sentido es la siguiente:

El derecho está ligado de por sí con la facultad de ejercer coerción; pero esta coerción sólo se justifica como "un impedir que se ponga un

---

[243] Ibid., p. 73.

[244] Aquí debemos destacar el hecho de que cada grupo humano tien sus características específicas y lenguajes concretos con base en las determinaciones que se generan por sus propias circunstancias donde se desarrollan, por ejemplo, el caso de los policías, los abogados, los politólogos, los delincuentes, los gitanos, entre otros grupos.

impedimento a la libertad", es decir, sólo se justifica desde el propósito de oponerse y resistir a las intrusiones en la libertad de cada uno.[245]

Entonces para Habermas la libertad es de vital importancia. Una libertad que marcará la evolución o retroceso de la convivencia humana. Una libertad que tiene que ser garantizada por el nivel de madurez y calidad con la que se rigen los seres humanos. De tal forma que la brillantez de las inteligencias, tendrán que influir en dicha libertad humana y su respectiva tendencia coercitiva cuando se violente el Estado de derecho.

Otra línea de pensamiento habermasiana, bajo este contexto es la siguiente:

Las reglas jurídicas establecen condiciones de coerción, "bajo las que, el arbitrio de uno pueda concertarse o conciliarse con el arbitrio del otro conforme a una ley general de la libertad."[246]

Entonces tenemos que la coerción es una situación *sine qua non,* con la cual, el derecho y su aplicabilidad queda garantizado. Es ahí donde entramos nosotros como policías. Como instrumento coercitivo del Estado. De tal forma que, debemos estar bien conscientes de la alta responsabilidad que significa nuestro trabajo. Bajo nuestra responsabilidad esta el ejercicio efectivo de las leyes penales y administrativas, en su caso. Por ejemplo, cuando tenemos una orden judicial girada por la autoridad respectiva, debemos de cumplirla. Debemos buscar todos los medios y mecanismos posibles, para cumplir esa orden judicial y poner al requerido inmediatamente a disposición de la autoridad competente. Otro ejemplo, como policías preventivos, inmediatamente que observemos a un conductor que no maneja bien y que al parecer se encuentra en estado inconveniente para manejar, tenemos que asegurarlo y poner a disposición de la autoridad competente al conductor y al vehículo respectivo, con ello salvamos la vida del conductor y la de personas inocentes. Estos son algunos ejemplos de ejercicio de las leyes que rigen nuestro comportamiento en una sociedad específica.

Por lo tanto, nosotros como miembros del bloque coercitivo del Estado, debemos ejercer nuestro trabajo en forma responsable, profesional y con alto sentido humano. Generando con ello, una concepción de seguridad

---

[245] Op. cit. Habermas, Jürgen. *Facticidad y validez.*, p. 90.
[246] Ibid., p. 91.

eficiente hacia los ciudadanos y habitantes de determinada comunidad humana.

Las palabras de habermas, en este contexto son las siguientes:

Las pretensiones fundadas de derecho van asociadas con facultades de ejercer coerción, han de poder ser seguidas también en todo momento por la pretensión normativa de validez que le es inherente, es decir, por "respeto a la ley".[247]

En esta idea, para evitar ser sancionados y molestados, es importante acatar los ordenamientos jurídico-políticos establecidos y aceptados, en su mayoría por la comunidad humana en que nos encontremos. Logrando con ello, la idea de que todos los integrantes de dicha comunidad humana están dispuestos a respetar, cumplir y hacer que se cumpla el Estado de Derecho en el que nos encontremos.

En suma tenemos que:

Las normas jurídicas son a la vez, aunque en aspectos distintos, leyes coercitivas y leyes de la libertad.[248]

Entonces tenemos un binomio en la propuesta habermasiana en torno al derecho y su respectiva aplicabilidad: coerción-libertad. Ambas tendencias van unidas en su proyección hacia la aplicabilidad del derecho. Un derecho sano, actualizado, y con miras a su perfección por el bienestar de la huanidad. Sin emabrago, sabemos que para lograr esa actualización, esa modernización, esa oxigenación permanente de la estructura jurídica, debe haber personas calificadas, expertas, profesionales y sabias en la génesis del derecho pues, cuando no es así, nos encontramos ante una situación jurídica difícil: desfasada, incongruente con la realidad, con poca calidad humana, muchas veces con tendencias injustas y así sucesivamente; por lo tanto, es importante que los productores de leyes, esten conscientes también de su alta responsabilidad que significa la génesis, actualización, modificación y derogación de leyes que son deficientes.

Para lograr que se cumpla con toda la estructura jurídico-política, ya lo hemos referido, necesitamos una policía de calidad, eficiente, profesional y

---

[247] Ibid., p. 91.
[248] Ibid., p. 91.

conscientes de la alta responsabilidad que significa ejercer el derecho para el bienestar de los ciudadanos.

Entonces, los oficiales de policía deben ser personas respetuosas, profesionales y con principios ético-morales-humanistas bien cimentados para evitar que se caiga en debilidades policiales.[249]

La hipótesis de Habermas es:

Los dos componentes de validez jurídica, es decir, coerción y libertad, dejan a discreción de los destinatarios la perspectiva que hayan de adoptar como actores.[250]

Ahora tenemos la siguiente fórmula para afianzar el pensamiento:

PRIMERO.- SER HUMANO: RAZÓN + LIBERTAD = COMUNICACIÓN.

SEGUNDO.- SOCIEDAD + DERECHO + POLÍTICA + COMUNICACIÓN = ESTADO DE DERECHO.

TERCERO.- COERCIÓN + POLICÍA + COMUNICACIÓN = LEGITIMIDAD Y LEGALIDAD POLICIAL.

Con estas formulas considero que afinzamos el conocimiento habermasiano donde se magnifica la comunicación como acto por excelencia que va a ser la base para las construcciones humanas.

Ahora entramos a la importancia que significa la imposición-aceptación de las leyes en un Estado político y en un ambiente de libertades personales y públicas. En este sentido, es importante reconocer que para que haya legalidad y legitimidad en las leyes, es necesario el acuerdo, la negociación y la producción jurídica para que se respeten y cumplan las leyes que han sido producidas por las personas especializadas en conflictos humanos, sociales, políticos y socio-cuturales para cubrir las contradicciones o deficiencias de dichos campos del conocimiento y que influyen directamente en las construcciones socio-humanas.

---

[249] Por ejemplo, cohechos, corrupciones, simpatía por la delincuencia organizada, entre otras deficiencias policiales.
[250] Op. cit. Habemas, Jürgen. *Facticidad y validez.*, p. 91

Las palabras de Habermas, en este sentido son las siguientes:

La *validez social* de las normas jurídicas se determina por el grado de imposición, es decir, por la aceptación que cabe esperar en el círculo de los miembros de la comunidad jurídica de que se trate.[251]

En consecuencia, para que haya legitimidad y legalidad en la imposición de las leyes en determinadas comunidades jurídicas es importante la aceptación generalizada para que no haya inconformidades o queden desfasadas dichas leyes, en este caso nuevas, pues las que ya están, pueden ser modificadas, reemplazadas o derogadas.

Por ello, es importante la legitimidad de las leyes, para que a la hora de la imposición de las mismas, no exista esa sensación de injusticia o del abuso de autoridad por parte de los servidores públicos encargados de que se cumplan las leyes.

Seguramente, cuando se generen leyes de calidad y actuales a las necesidades humanas, contarán con un gran peso jurídico y por ende, su legitimidad será inaplazable, pues no hay injusticia, incertidumbre o desfazamiento en la integridad de dichas leyes.

Otra de las hipótesis deterministas de Habermas en esta aportación, es la siguiente:

Un orden jurídico no sólo tiene que garantizar que cada persona sea reconocida en sus derechos por todas las demás personas; sino que el reconocimiento recíproco de los derechos de cada uno por todos los demás tiene que descansar en leyes que serán legítimas en la medida en que garanticen iguales libertades a todos, de suerte que "la libertad de arbitrio de cada uno sea compatible con la libertad de cada uno de los demás.[252]

Por eso, es importante reconocer que la libertad personal, va a ser el límite de nuestra libertad social. Por lo tanto, debemos ser muy ecuánimes e inteligentes para no violentar las libertades de otras personas, pues, en el momento en que violentemos dichas libertades, aparece la libertad social con su respectivo cuerpo coercitivo para magnificar la presencia de la justicia en donde hay violaciones de las libertades o se imponen una sobre otra. Es

---

[251]   Ibid., p. 92.
[252]   Ibid., p. 94.

ahí donde aparece la "justicia sustancial" de Rawls. Entonces tenemos que la libertad personal va a activar a la libertad social cuando se violenten otras libertades personales. Por lo tanto, la libertad social, debe imponerse sobre la libertad personal cuando son vulnerables las libertades personales. En otras palabras, podemos decir que la libertad social, pertenece a la esfera del poder del Estado jurídico-político.

En este sentido, si quieres que el Estado no se meta con tu libertad personal, debes obedecer las leyes vigentes, ser respetuoso de las personas y las instituciones del Estado para que tu libertad no sea violable por la presencia de la libertad estatal.

Aquí es importante reconocer que no se habla de una violación directa a las libertades personales, sino que, se ejercita dicho poder estatal (libertad social) con la imposición de la policía para garantizar el orden y la seguridad cuando se violente el Estad de derecho.

La siguiente propuesta de Habermas es clara en este sentido:

Ciertamente el comportamiento conforme a ley puede describirse como una observación de normas que vienen provistas de la amenaza de sanción y que han sido puestas en vigor por resolución del legislador político.[253]

Ya lo hemos considerado y Habermas lo vuelve a magnificar, en torno a la importancia de la conformación de legisladores en cuanto a conocimiento del pulso de la sociedad para no cometer errores o violaciones sistemáticas a los derechos humanos. Es en la producción de legislaciones donde debe haber un alto grado de responsabilidad, profesionalismo y compromiso desinteresado por hacer bien las leyes. Ponemos el caso de, por ejemplo cuando se legisla por los intereses económicos de determinadas empresas, se está violentando la legalidad, se está cometiendo una gran injusticia y, lo más importante, se está violentando la dignidad de las personas que eligieron a dichos legisladores con la intención de que se manejaran en sus compromisos políticos con limpieza, profesionalaismo, responsabilidad y lealtad hacia las personas con una visión de ejercitación del bien común. Cuando se dejan llevar por el dinero, las cosas adquieren otra dimensión, dichos legisladores y servidores públicos en general, que se inclinan por esas tendencias, se vuelven en veraderos delincuentes organizados y lo más pesado es que lo hacen bajo el encargo que les ha proporcionado las

---

[253] Ibid., p. 101.

personas que los eligieron para ser representantes del pueblo y su voluntad popular como lo diría Rousseau.

En suma, es importante que los legisladores asuman su compromiso con la idea de no defraudar a los ciudadanos, en especial en aquellos países poco afortunados, donde la corrupción, el cohecho y la simpatía por el dinero mal habido, es una constante.

Para eso nos sirve el Estado de derecho, para poner orden, generar leyes eficientes y buscar el bienestar de la humanidad en un ambiente de respeto, tolerancia, libertad, igualdad y comunicación por parte de las personas que hacen posible dicho Estado político.

Las palabras de Habermas en esta ocasión, son las siguientes.

De esta tensión mantenida en la dimensión de validez del derecho resulta además la necesidad de organizar en forma de derecho legítimo el propio poder político, al que se recurre para imponer el derecho (y para aplicar autoritativamente el derecho) y al que el derecho debe su positividad. Al desiderátum de una transformación jurídica del poder que el derecho mismo presupone, responde la idea de Estado de derecho.[254]

Así tenemos las siguientes reflexiones:

a. Practicar el diálogo para generar, renovar y ejercer el derecho.
b. Ejercer el poder político por vía legal y legítimo bajo el respaldo y cuidado de una estructura jurídica que garantice el pleno desarrollo de dicho poder político, el cual, es el ente capaz de moderar y solucionar una situación conflictiva dentro del propio derecho.
c. Aplicar autoritativamente el derecho y no autoritariamente, dos dimensiones diferentes que implican reflexiones distintas.
d. El ejercicio en forma positiva del derecho para no ser tolerables, débiles, complices o injustos cuando se violente la legalidad, por lo contrario ejercer el derecho para darle autoridad al poder político y por ende, garantizarle a la población humana, esa sensación de tranquilidad, seguridad y justicia en los actos de gobierno hacia los violadores de la legalidad.
e. Con la idea de Estado de derecho, se cubre la dimensión existencial de las personas en su mundo subjetivo, objetivo y social. Se

---

[254] Ibid., p. 101.

garantiza su pleno desarrollo biopsicosocial en un ambiente de libertad e igualdad. Se ejercita el aparato jurídico para garantizar el orden, cumplimiento de las leyes y la seguridad de las personas en determinado Estado político.

Por lo tanto, el Estado de Derecho es una dimensión jurídico-política, donde lo más importante es el ser humano y su relación intersubjetiva con otras personas. Un Estado de derecho que magnifique la calidad de vida humana por encima de los interese particulares o de grupo. Un Estado de Derecho que se renueve constantemente con la idea de ser congruentes con las necesidades actuales de sus integrantes. Un Estado de derecho que brinde toda la seguridad posible para el pleno desarrollo y crecimiento integral de todos sus habitantes.

Habermas lo percibe de la siguiente forma:

La configuración del Estado de derecho puede entenderse como la secuencia básicamente abierta de dispositivos, precauciones y cautelas aconsejados por la experiencia contra el avasallamiento del sistema jurídico por el poder ilegítimo de los estados de cosas, es decir, de las circunstancias y relaciones sociales y políticas, que contradiga la autocomprensión normativa del derecho.[255]

Entonces la ilegitimidad es un estorbo para las construcciones sociales, políticas y jurídicas. Esa ilegitimidad no debe prevalecer en los Estados políticos, sin embargo, en los Estado incipientes, en los Estados con democracias inciertas, débiles o mediocres, es una pandemia aún.

Por ello, hay que madurar políticamente, profesionalizar la política y humanizar el ejercicio político para coadyuvar en la madures de los Estados políticos, creando con ello, oportunidades sistemáticas para que las personas vivan bien.

Otra propuesta que maneja Habermas como filosofía del derecho, en este caso como forma de entender las formaciones jurídico-políticas, es el hecho de que existen poderes reales que se manifiestan meta política y jurídicamente y que por su poderío económico influyen, en cierta forma, en las determinaciones y construcciones jurídico-políticas en determinados momentos y lugares específicos, en especial, en aquellas democracias débiles. Su aportación es la siguiente:

---

[255] Ibid., p. 102.

Las sociedades modernas no sólo se integran socialmente, es decir, por medio de valores, normas y procesos de entendimiento, sino también sistemáticamente, es decir, a través de mercados y de poder empleado administrativamente. El dinero y el poder administrativo son mecanismos de integración de la sociedad, formadores de sistemas, que coordinan las acciones de forma no necesariamente intencional, es decir, no necesariamente a través de la conciencia de los participantes en la interacción y, por tanto, no mediante gasto de energías comunicativas, sino objetivamente, por así decir, a espaldas de esos participantes.[256]

Hay que reconocer que efectivamente existen esos poderes, en especial económicos que influyen en las determinaciones socio-estructurales en algunos Estados políticos. Aquí no afirmamos, de derecho, pues en términos reales, no se ejerce el derecho postiva y plenamente.

Por lo tanto, tenemos Estados políticos, Estados de Derecho, Estados constitucionales y Estados Democráticos de Derecho. Para ubicarse en qué Estado nos encontramos es necesario revisar la calidad de vida, la estructura jurídico-política y el gobierno en función para saber la dimensión y magnitud jurídico-política en que nos ha tocado vivir.

Lo cierto es que cuando se respeta plenamente el Estado de Derecho, se puede hablar de democracias maduras y ciudadanía consicente de sus derechos y obligaciones ante su persona, familia y las personas que hacen posible su mundo.

Entonces, hay que tener cuidado con los grandes apoderados económicamente que buscan su riqueza de cualquier forma inclusive a espaldas de gente de bien y en forma inexplicable. Es ahí, donde hay que magnificar la atención para que no se violenten las garantías individuales generando con ello, injusticias, pobreza y muerte.

Por lo tanto, estamos a favor de la libre y sana competencia, de la apertura de los mercados, de la inversión de grandes capitales, siempre y cuando no afecte a otras personas y esa grandeza monetaria se haga con la más amplia responsabilidad y calidad humana.

En este sentido, Habermas, lo percibe de la siguiente forma:

---

[256] Ibid., p. 102.

Las instituciones de derecho público y privado posibilitan, por otro lado, el establecimiento de mercados y la organización del poder estatal; pues las operaciones del sistema económico y del sistema administrativo, diferenciadas de los componentes sociales del mundo de la vida, se efectúan en las formas que les presta el derecho.[257]

Finalmente tenemos que el derecho va a ser el instrumento social, capaz de aglutinar las diversas contradicciones, deficiencias, propuestas e inconformidades que se susciten en las sociedades humanas. Es realmente en esos espacios temporales, donde el derecho va a ejercer su poder a través de los medios coercitivos correspondientes.

La propuesta de Habermas en este sentido es:

Y como de esta forma el derecho forma engranaje tanto con el dinero y con el poder administrativo, como con la solidaridad, en sus operaciones relativas ha integración de la sociedad ha de elaborar y dar forma a imperativos de muy diversa procedencia.[258]

En este contexto, el derecho va a ser el encargado a través de sus operadores sistémicos, de mantener la viabilidad del Estado jurídico-político. Un Estado judrídico que tendrá la capacidad de aglutinar las más diversas manifestaciones y configuraciones humanas en un ambiente de respeto, tolerancia, prudencia y aceptación de las leyes como impertivo garantista de la interacción humana.

La propuesta de Habermas es:

También las operaciones de integración sistémica que el sistema económico y el aparato estatal efectúan, respectivamente, a través del dinero y del poder administrativo, deben quedar conectadas con el proceso de integración social que representa la praxis de autodeterminación de los ciudadanos, a tenor de la comprensión que la comunidad jurídica plasma de sí en su derecho constitucional.[259]

Es importante destacar el hecho de que el dinero, siempre tendrá un gran peso en las configuraciones socio-políticas y jurídicas, pues para el sistema dinero, la garantía jurídico-política de una sociedad le va a dar herramientas

---

[257] Ibid., p. 102.
[258] Ibid., p. 102.
[259] Ibid., p. 103.

certeras para la inyección de grandes capitales, activando con ello, economías que tendrán que generar riqueza en los Estados económicos activados por el dinero y sus respectivas instancias generadoras de riqueza.

A continuación tenemos una dosis de filosofía del derecho pura desde la posición de Jürgen Habermas:

La tensión entre el idealismo del derecho constitucional y el materialismo de un orden jurídico, en particular de un derecho económico, que no hace sino reflejar la desigual distribución del poder social, encuentra su eco en los contrapuestos caminos que toman la consideración filosófica y la consideración empírica del derecho.[260]

De donde podemos desglosar las siguientes premisas:

a. El derecho constitucional.
b. El materialismo de un orden jurídico.
c. Derecho económico.
d. La desigual distribución del poder social.
e. Propuesta filosófica del derecho.
f. Propuesta empírica del derecho.

Estas son las grandes líneas de conocimiento jurídico que hace Habermas de la filosofía del derecho. Por lo tanto, cuando se atienden y cubren racionalmente estas consideraciones del derecho, es más fácil hacer del derecho un instrumento por excelencia que beneficie la evolución de las sociedades humanas.

Hay dos propuestas que le llaman la atención a Habrmas: la administración del poder y la presencia del dinero en la integración social de las comunidades humanas. Ambas premisas económicas-administrativas, tendrán que ser ejercidas con un objetivo: canalizar sus propuestas hacia el bienestar de las personas en su generalidad. En este sentido, las propuestas generadoras de derecho de ambas premisas sociales, son válidas siempre y cuando sean canalizadas hacia la génesis de riqueza en su generalidad, es decir, influir en la estructura social, con la finalidad de ampliar los horizontes de crecimiento y desarrollo integral de las personas. Esta sería una, -de tantas propuestas filosóficas del derecho-, que considera Jürgen Habermas.

Más adelante Habermas es enfático al señalar que:

---

[260] Ibid., p. 103.

El derecho tiene que mantener su fuerte pretensión de que ni siquiera el subsistema regulado a través del dinero y el subsistema regulado por el poder administrativo pueden sustraerse por entero a una "integración social", medida a través de la conciencia social global; por otro, es precisamente esta pretensión la que parece ser víctima del desencantamiento del derecho por parte de la sociología.[261]

Sin duda, Habermas como gran representante de las diferentes corrientes filosóficas de la escuela de Frankfurt, sabe de la importancia que significa la influencia de las "relaciones de producción" en las estructuras sociales. Su propuesta es la siguiente:

No son las relaciones jurídicas, sino las relaciones de producción, las que constituyen el armazón óseo que sostien al organismo social.[262]

En este sentido, tenemos que la producción de riqueza tiene que ver directamente con la creación de estructuras jurídico-políticas que tendrán que ser consideradas como ingredientes básicos en la génesis de las estructuras jurídicas con la finalidad de que no se afecten los intereses de los grandes productores.

Habermas sentencia:

El derecho pertenece a la superestructura política de la base económica de una sociedad, en la que la dominación de una clase sobre otra se ejerce en la forma apolítica de la capacidad de disposición privada sobre los medios de producción.[263]

Esta hipótesis es una realidad contundente en las sociedades humanas, sin embargo, es importante considerar que esas riquezas materiales tendrán que impulsar también a las personas menos favorecidas, con los medios sociales y económicos suficientes para generarles una vida de calidad y confortable, aunque no se encuentren en la misma posición económica de los grandes empresarios. Por lo tanto, es necesario que los grandes empresarios se preocupen por el bienestar de sus trabajadores y de la humanidad en conjunto, pues finalmente todos somos seres humanos y habitamos el mismo planeta. El hecho de que no hayamos sido afortunados desde nuestro nacimiento, es decir haber nacido en sociedades poco

---

[261] Ibid., p. 105.
[262] Ibid., p. 109.
[263] Ibid., p. 119.

afortunadas, no significa que tengamos menos posibilidades de crecer y desarrollarnos como seres humanos de luz e inteligencia superior, por lo contrario, en nuestro poder y capacidad personal, está el destino de nuestra vida. Una vida de lucha permanente hasta el límite definitivo o simplemente el conformismo sin explotar y explorar nuestras capacidades superiores humanas. En nosotros mismos está nuestro destino, debemos esforzarnos para despegar, por ejemplo, a través de una formación profesional para seguir subiendo por los caminos del conocimiento, en especial cuando no hemos nacido en sociedades afortunadas.

Por lo tanto, estamos a favor de la riqueza material y espiritual de las personas siempre y cuando lo hagan en forma digna y con responsabilidad, hacerlo de otra forma es atentar contra el bien de la humanidad.

Entonces los que poseen grandes fortunas, deben de preocuparse por el bienestar de la humanidad también, pues es gracias a ella como, en cierta forma, han obtenido sus grandes fortunas.

De las consideraciones anteriores ¿cómo debe actuar un oficial de policía ante un evento donde este relacionada una persona que posee grandes fortunas? ¿Un político? ¿Un pordiosero? ¿Un menor de edad? ¿Un incapaz?

Ya lo hemos referido que en la aplicación del derecho todas las policías tienen la obligación de ejercer su trabajo en forma imparcial. Deben actuar como la imagen clásica de la dama de la justicia con los ojos tapados, es decir, no hacer consideraciones, pues cuando se violenta el Estado de derecho hay que actuar y ejercer la autoridad. Existen leyes espaciales para tratar a menores e incapces, sin emabrgo, cuando se violentan las leyes hay que trabajar, no tenemos otra opción más que ejercer nuestro poder, deteniendo cuando haya flagrancias, patrullando cuando somos preventivos de actos violatorios de derecho, investigando cuando sea la orden y cumplir las mandatos ministeriales y judiciales cuando así sea.

Por lo tanto, los oficiales de policía no tenemos compromiso con nadie más que con las leyes que rigen nuestro trabajo, el no actuar así, nos hace acreedores a ser sancionados administrativa o penalmente.

Entonces tenemos que el derecho es el instrumento coercitivo por excelencia encargado de manetener la estabilidad social de las diferentes comunidades humanas. Un derecho que se tiene que modernisar y actualizar permanentemente para no cometer injusticias.

La idea de Habermas es:

El derecho funciona, por asi decir, como un transformador, que es el que asegura que la red de comunicación social globalsociointegradora no se rompa.[264]

Por otra parte, ya habiamos referido que los Estados políticos son importantes pues en ellos se articulan todas las demandas y necesidades que tienen las personas en una comunidad específica. En este sentido, el Estado político es el resultado de un esfuerzo racional donde la inteligencia, la propuesta, el acuerdo, la tolerancia y el diálogo, hacen posible el fortalecimiento del mismo. Es ahí, donde queda plasmada la evolución socio-política de la humanidad; sin embargo, es necesario reconocer que un Estado político, tiene los siguientes compromisos:

a. El control y seguridad a través de la estructura jurídica.
b. El desarrollo y crecimiento integral de las personas por medio de las políticas sociales establecidas.
c. La búsqueda permanente del bienestar de las personas.

Por lo tanto, el vivir en Estados políticos consolidados no es cualquier cosa, es el hecho de vivir en otro nivel de conciencia socio-cultural donde el respeto, la libertad, la igualdad, la tolerancia y el diálogo, son premisas especiales para garantizar y aceptar la viabilidad de dicho Estado.

Entonces vivir en un Estado político es una ventaja pues en el mismo ya están aseguradas nuestras garantías naturales y sociales como seres de inteligencia superior. Si a esta consolidación estatal se le agrega que está determinado por una forma de gobernabilidad democrática, todavía es más confortable, pues, la libertad, la igualdad y la tendencia a la superación personal son una constante permanente.

La propusta de Habermas en este sentido es:

Estado de derecho y estado social son también en principio posibles sin democracia.[265]

---

[264] Ibid., p. 120.
[265] Ibid., p. 153.

En este contexto, la democracia es vital para la salud del propio Estado y sus habitantes, pues a través de ella, es posible que se ejercite con mayor responsabilidad la política y por ende, la libertad e igualdad de las personas, permiten que el desarrollo y crecimiento integral humano, este garantizado por el propio Estado como ya lo hemos referido.

Ahora continuamos con Habermas, quien considera al derecho de la siguiente forma:

Por "derecho" entiendo el derecho positivo moderno, que se presenta tanto con la pretensión de una fundamentación sistemática, como con la pretensión de interpretación vinculante e imposición coercitiva por los órganos competentes. El derecho no sólo representa, como la moral postconvencional, una forma de saber cultural, sino que constituye a la vez un importante componente del sistema de instituciones sociales. El derecho es ambas cosas a la vez: sistema de saber y sistema de acción.[266]

Aquí lo que nos interesa destacar es lo que refiere Habermas como "sistema de saber" y "sistema de acción". En otras palabras es la sabiduría y la practica en la implementación de la operatividad jurídica. Entonces contamos con un derecho vivo, un derecho vigente que queda legitimado por el gran empuje que la brinda la sabiduría como premisa permanente para que sea un derecho de calidad y por la otra, tenemos la acción del derecho como una constante que se debe manifestar permanentemente por medio de su operatividad concreta, objetiva y directa en torno a la praxis jurídica. De tal modo que un derecho con sabiduría y operativamente viable, nos está demostrando que es posible la consolidación con protecciones jurídicas altamente congruentes con la inteligencia superior de los seres humanos. No estamos hablando de un derecho pobre, incongruente o mediocre, por lo contrario se está haciendo énfasis en un derecho de calidad e inteligente de acuerdo a las demandas directas de la población humana.

Hay una propuesta de Habermas que no queremos dejar de considerar y es la que se refiere al hecho de que las personas, en el fondo de su actuar, son gobernados por leyes, no por personas. Las personas son simplemente el medio para la actualización y operatividad de las leyes, mientras que las leyes, son el espíritu de armonía, inteligencia e interacción que prevalece en los grandes Estados políticos. Su propuesta es la siguiente:

---

[266] Ibid., p. 145.

Michelman consideró que el constitucionalismo americano se basa en dos premisas concernientes a la libertad política: la primera es que los americanos son políticamente libres en la medida en que se gobiernan colectivamente a sí mismo, y la segunda es que los americanos son políticamente libres en la medida en que son gobernados por leyes y no por hombres.[267]

En consecuencia, podemos afirmar que las leyes son el medio para llegar a los fines que son el bienestar y seguridad de las personas. Por eso, es importante que exista la cultura jurídica, para que a partir de esa percepción, no exista mayor problema en cuanto a la aceptación y respeto por las leyes en determinado Estado político.

En este sentido, tenemos la siguiente propuesta de Habermas:

Es necesario el estado como poder de sanción, como poder de organización y como poder de ejecución porque los derechos han de imponerse, porque la comunidad jurídica necesita tanto de una fuerza estabilizadora de su identidad como de una administración organizada de justicia, y porque de la formación de la voluntad política resultan programas que han de implementarse.[268]

De la hipótesis anterior podemos observar las siguientes propuestas, de Habermas con respecto al estado político y en consecuencia de una filosofía del derecho:

- El Estado debe sancionar para garantizar seguridad jurídico-política.
- El Estado debe de organizar, con el fin de que haya certidumbre en las instituciones y soluciones a las personas en materia de estructura social.
- El Estado debe considerar la "voluntad política" pues es en el fondo lo que alimenta a las propias instituciones de gobierno, le dan seguridad jurídica y legitimidad ante la organización, el respeto y la imposición de la legalidad cuando así es necesario.

Entonces tenemos que la libertad, la imposición, el ejercicio del poder político, bajo la consideración de la "voluntad política-popular", será la estrategia real para que las personas encuentren en el Estado de Derecho

---

[267] Ibid., p. 165.
[268] Ibid., p. 201.

democrático, la seguridad objetiva-subjetiva de que su existencia va a ser desarrollada con todo el apoyo de las instituciones de gobierno. Estas premisas que hemos considerado, son realmente las que dan legitimidad al propio derecho; finalmente estas premisas también le proporcionan certidumbre y confiabilidad de las personas hacia su estructura jurídico-política.

La propuesta de Habermas en este sentido es la siguiente:

El poder político sólo puede desplegarse a sí mismo a través de un código jurídico que haya sido institucionalizado en forma de derechos fundamentales.[269]

En esta idea, tenemos que el poder jurídico va a legitimar y posicionar al poder político, sin un poder jurídico sólido, el poder político se enfrenta ante situaciones complicadas, pues es necesaria la legitimidad que proporciona la legalidad para asumir con amabilidad el poder político. Sin embargo, tenemos también que el poder político es el que le da legitimidad al poder jurídico a la hora de ir estructurando las leyes. En este sentido, los integrantes del poder político deben ser muy inteligentes para realizar leyes que fortalezcan la legitimidad de ambos poderes y no queden descuidados aspectos minimos que podrían afectar su propia legalidad-legitimidad. Por lo tanto, ambos poderes dependen de sí-mismos en forma recíproca. Es necesario fortalecer la legitimidad para que, a través de ella, se logre la aceptación y credibilidad en el propio Estado de Derecho.

Las palabras de habermas, en este sentido son:

No es la forma jurídica como tal la que legitima el ejercicio de la dominación política, sino sólo la vinculación al derecho *legítimamente estatuido*.[270]

De tal forma que, un derecho legítimamente estatuido le da forma, fondo y poder al propio derecho, para que a partir de esa legitimidad jurídica se fortalezcan las producciones políticas y jurídicas que el porpio derecho vaya generando.

Pero, para darle certeza a estas operaciones jurídico-políticas, es necesario contar con el lado coercitivo del Estado, es decir con los cuerpos de policía encargados de hacer que se cumplan los ordenamientos jurídicos. Y entonces

[269]   Ibid., p. 201.
[270]   Ibid., p. 202.

ya estamos ante las corporaciones policiales. Mismas que tendrán que distinguirse por su alta formación integral humana. Una policía de primer nivel donde no se tengan problemas estructurales como falta de personal, excesos de trabajo, sueldos poco dignos, falta de tecnología y recursos económicos, entre otras deficiencias. En consecuencia, se necesitan cubrir los mínimos de operatividad policial para que se ejerza dicho servicio en forma profesional y con calidad.

El no cumplir con estos instrumentos básicos para la operatividad policial, normalmente se tienden a los defectos humanos de todas las democracias débiles: la corrupción, el cohecho y la violación a los derechos humanos y, por lo tanto, la poca credibilidad a las instituciones de gobierno y a la propia policía.

Por lo tanto, la buena atención a los integrantes de los cuerpos de policía, es fundamental para hacer de las mismas, instituciones leales con los sietmas jurídicos-políticos correspondientes.

Una policía profesional siempre tendrá, hara y dará una imagen real de seguridad y orden en los sitemas políticos. Una policía profesional, será la garantía de la credibilidad en las instituciones de gobierno y del propio derecho. Una policía débil, con pocas atenciones, dará una imagen limitada y reducida en relación a las grandes expectativas que significa el contar con una estructura jurídica de gran envergadura.

Finalmente para tener una policía profesional, eficiente y culta, se necesita invertir en dichas corporaciones para lograr los objetivos de todo Estado de Derecho, ejercer el poder coercitivo con toda seguridad contando con cuerpos de policía profesionales, responsables y de alta calidad humana.

La posición de Habermas en este sentido es la siguiente:

La dominación política se apoya en una potencia de amenaza y sanción, que viene cubierto por medios de violencia acuartelados; pero simultáneamente, viene *autorizada* mediante derecho legítimo.[271]

Entonces si hay legalidad y legitimidad en el derecho, es necesario contar con cuerpos policiales de excelencia que también sean producto de esa legalidad-legitimidad que poseen los sitemas políticos. De tal forma que, la legalidad-legitimidad, sea una premisa permanente para las instituciones

---

[271] Ibid., p. 203.

de gobierno y el fortalecimiento del Estado de derecho, y en este sentido, generar una cultura de credibilidad en las instituciones, el gobierno y las policías.

Finalmente tenemos que el poder comunicativo es el medio por excelencia para construir o desconstruir las realidades institucionales artificiales. Ese poder comunicativo que todo lo penetra y modifica. Ese poder comunicativo donde se debate el derecho, la política y la filosofía para policías. Ese poder comunicativo que sintetiza la inteligencia de las personas y la evolución socio-cultural de la humanidad. De tal forma que el poder comunicativo es el instrumento por excelencia de los seres humanos capaces de producción intelectual.

Es importante destacar que en el fondo de ese poder comunicativo encotramos la mina de conocimientos que poseen las personas para activar su vida racional. Por lo tanto, el conocimiento acumulado, será el sustento para las construcciones de las realidades artificiales, a través del ejercicio sistematizado de la acción comunicativa.

Las palabras de Habermas en este sentido son:

Todo poder político deriva del poder comunicativo de los ciudadanos.[272]

En suma tenemos que el lenguaje es nuestra máxima facultad inteligente para evolucionar como seres de luz con alta inteligencia natural que se debe ir alimentando a través de conocimientos de excelencia y calidad para hacer de nosotros mismos y de la humanidad en su conjunto, habitantes de este planeta con un sentido agudo de responsabilidad por la impartición del bien común. Un bien común que tiene que beneficiar a las mayorías y en su oportunidad a todos los seres que habitamos este planeta.

Cerramos la propuesta de Habermas con la siguiente cita:

La administración de justicia, para imponer sus decisiones –y ejecutar las sentencias- ha de recurrir a los medios de represión del aparato estatal y dispone, por tanto, ella misma del poder administrativo.[273]

---

[272] Ibid., p. 238.
[273] Ibid., p. 241.

No puede dejar de considerar Habermas, la importancia que significa la policía para que se cumplan los ordenamientos jurídico-políticos de las sociedades contemporáneas.

Por eso, un estado Democrático de Derecho, necesita contar con una policía de excelencia, profesional y responsable del alto compromiso que significa mantener la estructura jurídico-política en forma estable, con credibilidad y con un alto índice de aceptación.

Una policía eficiente y comprometida con los habitantes de sus respectivos Estados políticos. Una policía que fortalece al Estado político, su estructura jurídica y el ejercicio político. En suma, una policía humana, inteligente y culta, siempre responderá en forma eficiente, a las necesidades estructurales de las organizaciones jurídico-políticas.

La política criminal como garantía para la seguridad y libertad humana. (Claus Roxin).

Ahora entramos al pensamiento de otro gran filósofo jurísta: Claus Roxin, quien refiere:

La ciencia que se ocupa de la sistematización de la ley y del conocimiento generado por la ciencia y la jurisprudencia es la dogmática jurídico penal.[274]

Entonces tenemos que la dogmática jurídico-penal abarca la jurisprudencia, la ciencia jurídica y la sistematización de la ley. Estas tres categorías del conocimiento son las que, en cierta forma Roxin introduce al mundo del derecho a través de la comprensión de la política criminal.

Como podemos observar, la presencia de Roxin en el mundo jurídico, abarca la sistematización amplia con la que se pueden cubrir las diferentes fenomenologías que se generan o podrían generar en el horizonte jurídico. A continuación intentaremos desarrollar algunas propuestas jurídico-políticas que nos pueden ayudar a perfilar una filosofía jurídica, en forma parcial desde la posición de Roxin.

Partimos de la idea general del delito, al reconocer que toda violación a la ley para tener un espacio-temporal y su posible aplicación sancionadora,

---

[274] Cf. Roxin, Claus. *Evolución y Modernas Tendencias de la Teoría del Delito en Alemania.* UBIJUS-IFP. México, 2008., p. 10.

tiene algunas características específicas, las cuales deben ser consideradas para que no se genere algún exceso, irracionalidad e injusticia en su aplicabilidad. Estas categorías son:

1. La tipicidad.
2. La antijuridicidad.
3. La culpabilidad.

En la tipicidad encontramos una conducta específica, peculiar, real-objetiva en una dimensión espacio-temporal, y que es aplicable a una realidad concreta. En términos jurídico-penales esta tipicidad, la consideran como: los elementos legales de un delito. Es decir, aquellas conductas específicas que determinan la tipicidad de una conducta violatoria de la legalidad.[275]

En cuanto a la antijuridicidad, estamos hablando, del acto que rompe lo legalmente aceptado. Por ejemplo, el homicidio, es un acto grave donde se rompe con una legalidad definitiva y absoluta: la existencia humana. En este sentido, sabemos que todos los seres humanos por el simple hecho de existir adquirimos derechos fundamentales como el de la propia existencia, la libertad, la igualdad, la educación, la alimentación, entre otros derechos naturales a la especie humana. Entonces, cuando se priva de la vida a otro ser humano se esta violentando la legalidad de la persona. Una legalidad definitiva y absoluta es violentada, por ende, se dice que el homicidio es un acto antijurídico, pues lo jurídico es lo permitido, lo dado, siempre y cuando no afecta los intereses de otras personas. Mientras que la anti-jurídico es lo que está fuera de lo jurídico, de lo permitido, de lo tolerado, de lo penado, de lo acordado, de lo tipificado como conducta aceptable.

Por lo tanto, lo anti-jurídico, es una característica específica de la violabilidad a la legalidad.

En términos penales encontramos la siguiente referencia en el Código Penal del Distrito Federal 2010, en su artículo 1, que a la letra refiere:

A nadie se le impondrá pena o medida de seguridad, sino por la realización de una acción u omisión expresamente prevista como delito en una ley vigente al tiempo de su realización, siempre y cuando concurran los presupuestos que para cada una de ellas señale la ley y la pena o la medida de seguridad se encuentren igualmente establecidas en ésta.

---

[275] Cf. Artículo 2 del Código Penal del Distrito Federal, 2010.

En cuanto a la culpabilidad, es la referencia que se desarrolla y proyecta directamente hacia el autor material y formal del acto violatorio de derecho.

En el Código Penal del Distrito Federal, en su artículo 5, esta culpabilidad se puede dar por acción y omisión. En lo que se refiere a la acción, es una relación directa en el fenómeno delictivo, es una irrupción en la legalidad. Es una acción de causa-efecto. Metafísicamente tenemos que es la actualidad de una potencia, pero que esa actualidad es violatoria de la normalidad humana. De la vida pacífica e integral de las personas. Mientras que la imputación por omisión, se refiere a la actualidad considerada como delito donde se ejerció la acción por descuido, en forma accidental o inconscientemente, por lo tanto, esta acción jurídica no es tan impactante como cuando se ejerce la violación legal en forma consciente, con responsabilidad y directamente, es decir, sin posibilidad anti-meditativa, como es el caso de los delitos por omisión.

Entonces tenemos que las características del delito, se tienen que dar, para que se pueda hablar de un delito, en su generalidad y aplicabilidad en su concreción.

Una de las propuestas de Roxin es que:

No hay pena sin ley.[276]

Entonces es necesario encontrar la juridicidad de aquellas realidades que afectan la integridad o intereses de las personas. En este sentido, la legalidad no es absoluta ni definitiva, habrá que escavar y econtrar permanentemente respuestas jurídicas a aquellas situaciones que afectan a la propia humanidad.

La propuesta de Roxin refiere que, para que haya culpabilidad tiene que haber ley, juridicidad y por lo tanto, sancionabilidad.

Otra premisa de la filosofía jurídica de Roxin y que en esta ocasión la hemos considerado para la integración de la filosofía policial, es la que se refiere a la legítima defensa. Esto significa que una de las prioridades contemporáneas es el hecho de la defensa personal, por la dinámica de las propias complejidades criminales contemporáneas, es decir, el crecimiento de la ola de actos delictivos que muchas veces pone indefensas a algunas

---

[276] Op. cit., Roxin, Claus., p. 11.

personas, en especial de aquellas que no conocen o saban de las garantías que les proporcionan las leyes locales, regionales y universales ante una situación de legítima defensa.

Así tenemos que para Roxin la legítima defensa es prioritaria. Su propuesta es:

La causa de justificación más importante y reconocida universalmente es la legítima defensa.[277]

Entonces tenemos que la figura jurídica de la legítima defensa es válida siempre y cuando se compruebe que efectivamente había una situación ante la que era necesario ejercer cierto tipo de defensa para no afectar los intereses personales, familiares, laborales o de los ciudadanos en su generalidad.

Las palabras de Roxin, en este sentido son:

Quien golpea a su agresor realiza el tipo de un delito de lesiones, pero está justificado por la defensa legítima.[278]

En este sentido, la legítima defensa hay que entenderla y aceptarla como una garantía universal-humana que esta en potencia de ser desencadenada en cualquier momento que se busque afectar nuestra integridad.

Sin embargo, es importante también reconocer que cuando se agrede a otra persona sin que haya motivo fundamentado, se está violentando la integridad de otra persona y entonces, uno-mismo se convierte en agresor y podemos sufrir del desencadenamiento verbal, psicológico, físico o mortal de una legítima defensa.

En esta idea Roxin reconoce que:

Quien incurra en una acción típica sin estar amparado por una causa de justificación se ha comportado de forma ilegal.[279]

En esta idea, tenemos que para Roxin, la legítima defensa es una premisa penal importante de entender, en el sentido de que es una forma de mantener

---

[277] Íbid., p. 11.
[278] Ibid., p. 11.
[279] Ibid., p. 12.

nuestra ecuanimidad, seguridad y aplicabilidad de la legalidad cuando se violente nuestra persona o seres que hacen posible nuestro mundo.

Y entonces llegamos a la siguiente conclusión de Roxin:

Todas las nuevas elaboraciones dentro de la teoría del delito constituyen sólo diferentes niveles de evolución en el ámbito de un desarrollo permanente.[280]

¿Qué significa esto?

Simplemente que la humanidad continúa en permanente evolución, en este sentido, el derecho debe ir creciendo con base en las necesidades e intereses actuales de las personas en convivencia e interacción en las sociedades modernas contemporáneas. Un derecho agradable, humano, justo y real-objetivo, donde el culpable tenga que asumir consecuencias en especial cuando el acto delictivo se realiza con alevosía, ventaja, injustamente y a proósito. En este sentido, la evolucín jurídica para Roxin es un compromiso permanente no sólo para legisladores, sino para toda la sociedad en conjunto que es la misma que inyecta oxigenación intelectual a aquellos esquemas jurídicos que han sido rebasados por la propia evolución humana.

En esta propuesta también alcanzamos a vislumbrar el hecho *del ser* y el *deber ser*. En otras palabras, encontramos la realidad y la subjetividad. El querer y el hacer. Sin embargo, hay que esforzarse para que el ser y el deber ser, se manifiesten en un solo acto que beneficie a todos los humanos que hacen posible una realidad.

Ahora encontramos las dos corrientes jurídicas más representativas de la época moderna: el causalismo y el finalismo, mismos que Roxin enriquece con su aportación de la política criminal.

En este sentido, refiere que:

Causalismo y finalismo coinciden, a pesar de todas su diferencias, en construir el sistema con base en datos derivados del Ser (la causalidad o la conducción de la acción).[281]

---

[280] Ibid., p. 13.
[281] Ibid., p. 18.

Aquí lo que me llama la atención es la hipótesis donde refiere que los datos que fundamentan el causalismo y formalismo son derivados del ser.

Ciertamente el ser, filosóficamente y como ya lo hemos considerado, es la base de las construcciones sociales y humanas. Un ser que tiene disponibilidad de influir en los actos humanos a través de sus dos facultades naturales: el propio ser y su inteligencia. A partir de la consideración de estas dos peculiaridades humanas es como se van construyendo no sólo las cuestiones jurídicas sino que las realidades artificiales que se generan a través del lenguaje como lo diría Habermas, son una constante permanente.

En esta idea, finalismo, causalismo, criminología política y todo lo que resulte, es una posibilidad que el mismo ser nos permite construir para nuestras respectivas interacciones sociales por medio de nuestra inteligibilidad, la cual, como lo hemos referido, es una peculiaridad coparticipada por el propio ser.

Otra de las propuestas filósoficas-jurídicas de Roxin, es la siguiente:

El sistema de la teoría del delito desarrollado por mí transita por una vía muy diferente: se fundamenta en la función social, en el fin (la misión) del derecho penal y de la pena, y constituye el sistema basándolo en las decisiones valorativas y político-criminales que se ubican detrás de estos fines.[282]

Esta hipótesis es una de las más integrales del pensamiento de Roxin, intentaré ubicarlas bajo el esquema metodológico de la hermenéutica pragmática.

1. Roxin habla de una teoría del delito desarrollada por él.
2. Se fundamenta en la función social.
3. En el fin del derecho penal.
4. Usa decisiones valorativas y
5. Políticas-criminales.

De estas premisas epistemológicas del pensamiento de Roxin, podemos apreciar que se fundamenta en la realidad social y es alimentada, -su teoría del delito por la política criminal-, que prevalece en determinada construcción social. En este sentido, la teoría del delito de Roxin, no queda encajonada en determinada escuela de conocimiento como lo sería, en este

---

[282] Ibid., p. 19.

caso, el finalismo, causalismo, racionalismo, funcionalismo, -entre otras tendencias de pensamiento jurídico-, sino que al considerar la política criminal como una premisa integral para comprender la fenomenología criminal, rebasa, las diferentes tendencias de pensamiento jurídico y se ubica en un horizonte de conocimiento más amplio, menos comprometido con la rigurosidad de una línea de conocimiento jurídico. De tal forma que, Roxin, tiene un horizonte más amplio para enriquecer la teoría jurídica.

En este sentido encuentro que, la teoría del delito de Roxin, es más rica en posibilidades argumentativas. Así lo podemos percibir en la siguiente propuesta del derecho:

El derecho penal no tiene como tarea imponer una determinada religión o ideología, sino que debe asegurar a los ciudadanos una vida en común que sea segura y pacífica, y más aún, debe garantizar la libertad personal.[283]

Entonces, la seguridad, la paz y la libertad, son tres premisas fundamentales integrales de las personas y su relación con su estructura social. Por lo tanto, mientras se respeten y magnifiquen estas situaciones, los seres humanos seguramente gozarán de una calidad de vida más agradable, segura y con la tendencia hacia una evolución superior, cada vez más compleja.

La idea de Roxin en este sentido es la siguiente:

La seguridad y la libertad son problemas centrales de las sociedades modernas.[284]

También hay algunos "bienes jurídicos" que es necesario considerar y asegurar para que las personas vivan en paz. Estos "bienes jurídicos" son para Roxin los siguientes:

Los elementos que son indispensables para que el ser humano pueda tener una vida en común segura y pacífica son denominados por el derecho penal alemán como "bienes jurídicos". Estos bienes jurídicos son, por ejemplo, la vida, la integridad corporal, la libertad sexual, la libertad de movimiento, la propiedad o el derecho de familia, entre otros.[285]

---

[283] Ibid., p. 19.
[284] Ibid., p. 19.
[285] Ibid., p. 19.

Como podemos apreciar estos "bienes jurídicos" son fundamentales para el pleno desarrollo integral de los seres humanos. Lo que me parece intresante es que en esta propuesta jurídica, ya no hay preocupación por la salud, la educación o la habitación en forma clara, contundente y objetiva, y es precisamente porque se está hablando de un país de primer nivel, es decir, un país que no tiene deficiencias en gran consideración existenciales.

Lo que sí considera y que finalmente es lo más importante de todo Estado de Derecho, es la existencia humana, es decir, vidas humanas que tendrán que ser atendidas jurídica, política y económicamente.

La idea es:

El derecho penal está dirigido, independientemente de la comisión de un delito en concreto, a todos los integrantes de la sociedad y pretende evitar la comisión de delitos mediante la prohibición de comportamientos peligrosos que pongan en peligro bienes jurídicos, así como también salvaguardar dichos bienes antes de ser lesionados.[286]

En otras palabras, el derecho penal tiene dos funciones vitales:

1. El ejercer el poder del Estado Democrático de Derecho a través del control de los comportamientos que violenten los "bienes jurídicos" de las personas y,
2. Como una forma de prevenir e intimidar a las personas para que se conduzcan por el camino del bien.

En este sentido, tenemos que el derecho penal tiene función preventiva y ejecutiva de penalidades hacia las personas violadoras del derecho.

Las palabras de Roxin en este sentido, son las siguientes:

El fin de la pena es influir en toda la sociedad, la cual a través de la pena impuesta al delincuente, deberá evitar incurrir en la comisión de delitos y reforzar el respeto al derecho en la vida diaria.[287]

Finalmente tenemos que el derecho penal es un ejercicio de responsabilidad social que tendrá que ser actualizado permanentemente con la finalidad de influir en las personas en el sentido de garantizarles sus derechos

---

[286] Ibid., p. 28.
[287] Ibid., p. 29.

fundamentales y crearles en la mente, una idea de seguridad, libertad y pacificación permanente.

En conclusión tenemos que Roxin confía en **la política criminal** como una posibilidad para la construcción del derecho penal y una forma de entender la etiología y posible solución de las conductas criminales; de tal forma que la responsabilidad personal se convierta en un estímulo de referencia para actuar por el camino del bien. En el fondo de estas hipótesis observamos la educación sólida como una forma de garantizar el buen comportamiento de las personas y la responsabilidad sistemática en el actuar de todos los días.

Por último, tenemos la siguiente fórmula jurídica de Roxin:

SER HUMANO = LIBERTAD + RESPONSABILIDAD = TEORIA DEL DELITO PENAL = POLÍTICA CRIMINAL = ESTADOS DEMOCRÁTICOS DE DERECHO.

Finalmente la visión de Roxin, a futuro, es el cambio de la teoría de la caulpabilidad por una teoría de la responsabilidad, donde haya mayor compromiso personal por llevar una vida con mayor atención y comprometida por el bien hacer y el bien actuar.

Como podemos apreciar, el interés filosófico jurídico de Roxin, va más allá de los parámetros ciclícos de delito-pena; su propuesta es la responsabilidad personal a través de una política criminal que comprometa a todos los inteligencias naturales superiores para que a través de una sólida política socio-cultural, permita que la personas se vuelvan más consicentes de sus actos personales y así evitar caer en comportamientos delictivos que les pueden cortar su libertad. Entonces, estamos de acuerdo por la implementación de la política criminal de Roxin, siempre y cuando todos los integrantes de los Estados contemporáneos esten dispuestos a coadyuvar desde su prosición socio-cultural e historica por generar una cultura de respeto, tolerancia y responsabilidad bajo un ejercicio permanente de madurez inteligente en beneficio de todos los que hacemos posible las sociedades políticas contemporáneas.

Por último, tenemos que, como policías contamos con un marco jurídico que es el que determina nuestra actuación por la vía legal, es decir, es lo que nos legitimiza y legaliza nuestro actuar. Este marco legal, ha pasado por una serie de periodos diferentes donde en cada época histórica se han adoptado diferentes mecanismos de control social con la finalidad de que las personas vivan bien, no haya violencia y sí respeto, tolerancia y ecuanimidad en las relaciones humanas. Por lo tanto, el derecho es un instrumento coercitivo por naturaleza, encargado de controlar la viabilidad de los Estado políticos a través de sus leyes impuestas por los cuerpos de policía y militares, con la finalidad de salvaguardar el Estado de derecho y sus respectivos habitantes.

De tal forma que, el derecho siempre será una constante permanente en las construcciones sociales con el propósito de garantizar la vida y trascendencia humana. Habrá un esquema jurídico mínimo, cuando las personas alcancemos a madurar nuestra inteligencia y nuestro comportamiento sea realmente como seres de luz superiores y energéticos para la alimentación sistemática del bienestar de toda la humanidad, pues, en la actualidad, las grandes diferencias humanas y sociales, es lo que realmente le abre las puertas al derecho para poner orden ante tanta complejidad humana.

Afortunadamente esa complejidad es posible de moldear hacia el bienestar común; es decir, procurar el bien entre todos los habitantes de este planeta y hacer con ello, actos de justicia humana donde prevalezca nuestra inteligencia.

Esta sería, una forma de aproximación a lo que sería una filosofía para el policía, donde la filosofía del derecho es fundamental para comprender nuestra legalidad y legitimidad en los Estados de Derecho Democrático.

Nuestra obligación como seres de inteligencia, es entender la evolucón jurídica y participar en las nuevas construcciones jurídico-políticas para hacer de nuestra existencia, una estadía agradable en este planeta generoso.

A continuación entramos a lo que es el misterio de la mente humana, su pragmática biológica, psiquiatríca y el cómo influye la filosofía, como plataforma para entender la exuberancia y complejidad mental.

CAPITULO VI.

Filosofía de la conciencia
(Neuro-psiquiatría filosófica).

El cerebro es el órgano más importante del ser humano. En él encontramos todo el misterio de la inteligencia, los avances y retrocesos de los actos de la humanidad.

En esta idea, la filosofía, neurología y psiquiatría, buscan las respuestas científicas, metafísicas e intuitivas sobre la fenomenología del cerebro y sus procesos inteligentes.

De tal modo que el futuro de la humanidad, lo tendremos que buscar en la inteligencia de los seres humanos.

No es fácil entender estas hipótesis desde un punto de vista particular, para ello es necesario acudir a las diversas ciencias que se preocupan por el comportamiento, evolución y bienestar de los seres humanos. Estas ciencias son realmente muchas, por ejemplo la antropología, la psicología, tecnología, las ciencias médicas, las ciencias sociales, las ciencias exactas, la teología, la metafísica, entre otras epistemologías al alcance de los seres pensantes.

Como podemos ver, la filosofía de la mente, es bastante compleja. Los policías tienen el compromiso de entender los procedimientos, metodologías y tendencias que buscan encontrar respuestas al misterio de la mente humana. Ya lo hemos señalado con anterioridad: el policía que sabe, tiene mayores oportunidades de comprender la interacción entre la naturaleza, el ser humano y la energía eterna que le da vida, movimiento y trascendencia a la humanidad.

En suma, el policía culto, comprenderá con mayor claridad el comportamiento y las relaciones humanas.

Iniciaremos esta aportación con la presencia de la neurología como la ciencia encargada del estudio de los órganos, sistemas y subsistemas que hacen posible la acción del sistema nervioso de las personas. Posteriormente, analizo las principales aportaciones de la psiquiatría como la ciencia encargada de las enfermedades mentales y, finalmente, considero a la filosofía como la ciencia encargada de entender los principios y fines de los procesos mentales.

Como se puede observar, esta aportación es realmente una sumatoria de la existencia y construcción de la conciencia e inconsciencia de la mente humana. Para ello es necesario querer y entender los procedimientos e interrelaciones de la mente.

Estoy seguro que el oficial del policía, podrá comprender la complejidad de las mentes humanas; asimismo, darse cuenta cuando está interactuando con una persona enferma mental, mismas que normalmente se delatan por el lenguaje y actitud que usan.

Otro de los puntos importantes que considero, son los tres ámbitos fundaméntelas de la existencia humana: lo biológico, lo psicológico y lo social y que intervienen en la configuración de comportamiernto humano. En el ámbito biológico es posible encontrar, por medio de la genética algunas deformaciones hereditarias y que se manifiestan a través de comportamientos enfermizos o exuberantes.

En el ámbito psicológico, encontramos los comportamientos humanos que se desprenden de las mentes enfermas y, finalmente en el ámbito social, encuentro aquellas premisas construidas por los humanos que influyen en el ámbito de sus relaciones.

Para profundizar, un poco más en lo que es la filosofía de la conciencia, es necesario reconocer que, una cosa, es la filosofía de la mente y otra, la filosofía de la conciencia. Así tenemos que, la filosofía de la conciencia estará limitada por el acto de estar consciente, es decir, los actos conscientes son los que determinarán está filosofía; mientras que la filosofía de la mente es más amplia y no tiene limitaciones, pues la mente es un universo en pequeño:

Es importante destacar también que hay seres humanos demasiado inteligentes, otros pueden ser anormales y muy pocos genios. En este contexto, estos seres anormales, son los que finalmente generan conocimiento y paradigmas, -en algunas ocasiones-, que permiten que la humanidad evolucione.

Entonces, estos seres humanos genios, anormales e inteligentes son los más exóticos mentalmente dentro de la humanidad, sus cerebros son realmente un misterio. Al utilizar esta palabra de exótico, quiero hacer referencia al hecho de que son personas que rebasan el conocimiento ordinario y tienen la potencialidad, en forma aguda, de penetrar a los misterios del conocimiento en su complejidad.

Sin embargo, es importante también reconocer que las mentes enfermizas son una gran tarea por descifrar y continuar estudiando.

En este contexto, por ejemplo, es importante destacar que la locura "tiene en mente principalmente a una masa indiferenciada de perturbaciones que hoy denominamos específicamente psicosis maniaco-depresiva, parálisis general, epilepsia y particularmente a la insanidad clásica, hoy llamada esquizofrenia."[288]

Entonces tenemos que hay diversas tendencias enfermizas de la mente. Los tres mundos integrales de los seres humanos influyen en dicha etiología: lo biológico, lo psicológico y lo social. Dichos mundos con diversas intensidades y modalidades, pero con la seguridad que estimulan el comportamiento enfermizo de las personas en esta categoría existencial, son una realidad.

De tal forma que la esquizofrenia dentro de las enfermedades mentales es la que más va acorde con la locura, pues en ella, quien la sufre tiene ataques no controlables. Dentro de esta locura, escucha voces, ve colores, oye sombras, no hay control de sus procesos mentales.

Estas personas esquizofrénicas deben estar bien controladas por medio de sus medicamentos, los cuales les ayudan a neutralizar su conducta alucinada, violenta y a veces homicida.

Sin embargo, es gracias a la medicina como a estas personas se les humaniza más y se les permite incorporarse, de acuerdo a sus posibilidades al medio social y familiar.[289]

---

[288] Cf. De la Fuente, Ramón y Álvarez Leefmans, Francisco Javier. *Biología de la mente*. FCE. México, 2006.
[289] Cf. De la Fuente. *Nuevos caminos de la psiquiatría*. FCE. México, 1992.

En este contexto, la psiquiatría es la ciencia que finalmente va a ayudar a estos enfermos a través de cinco grandes corrientes: médico-biológico, psicodinámica, fenomenológica, conductual y social.

Estas cinco ramas auxiliares de la psiquiatría, ayudarán a entender mejor y sobrellevar, cuando así sea, esta problemático contemporánea.

Por otra parte, las grandes enfermedades de la mente podrían clasificarse de la siguiente forma:

1. Esquizofrenia.
2. Depresión.
3. Angustia.
4. Algunos otros tipos de psicosis.

Estas serían las enfermedades más importantes de la psiquiatría.

Por otra parte, tenemos que la neurofisiología, tiene que ver con algunas enfermedades mentales, es decir, cuando no funciona correctamente el sistema nervioso y sus órganos correspondientes, se ve reflejado ese malestar en la conducta humana.

Las partes neurofisiológicas más importantes del ser humano son:

1. La corteza cerebral.
2. El cerebelo.
3. El tálamo.
4. El bulbo raquídeo.
5. El hipotálamo.
6. El mesencéfalo.
7. La medula espinal.
8. La sinapsis. Entre otras partes del sistema nervioso central y periférico que pudieran estar afectados en su funcionamiento, creando con esto las enfermedades psiquiátricas que hemos considerado.

En suma, la psiquiatría y la neurología, son dos ciencias que estudian, investigan y generan conocimiento para beneficio de los enfermos mentales. Las palabras del doctor Juan Ramón de la Fuente son: "Tratar de devolver a los enfermos ese poder que han perdido, es la tarea humilde y difícil del psiquiatra."

Asimismo, los neurólogos buscan la etiología de las enfermedades mentales a través de diversos exámenes bioquímicos como son:

a. Química sanguínea.
b. Punción lumbar.
c. Electro encefalograma.
d. Electro cardiograma.

Y cuando quieren profundizar más en los estudios de los enfermos mentales, se les puede aplicar exámenes más sofisticados los cuales son: La resonancia magnética nuclear, la tomografía computarizada, entre otros estudios.

Lo importante para el neurólogo, es encontar alguna falla en el sistema nervioso –central y periférico-, y poder descartar algún problema neurofisiológico.

Con respecto a la filosofía, tenemos la preocupación por la génesis de los procesos mentales, es decir, ¿cómo se genera el conocimiento? Y ¿Cuáles son las limitaciones del conocimiento?

Podemos afirmar que:

1. El conocimiento se obtiene por medio de los sentidos.
2. La conciencia es el acto de darse cuenta de lo que pasa en la realidad natural y social, generando con ello, la posibilidad de la actuación humana.
3. La inteligencia "expresa la capacidad de la raza humana, superior a la del resto de los seres de la escala animal para utilizar sus conocimientos y experiencias al encontrarse ante situaciones nuevas. Esta capacidad es compleja y depende, entre otras condiciones, de la facultad de retener lo aprendido y recordarlo en el momento en que se necesita."[290]

Como podemos apreciar, la inteligencia es un acto mental que depende de las capacidades de cada ser humano para entender, analizar y proponer nuevas formas del conocimiento. Esta inteligencia incluye lo racional, la voluntad, lo irracional, la intuición, la atención, entre otras facultades mentales, las cuales determinarán la personalidad, capacidad e inteligibilidad de cada uno de los seres humanos que habitan este planeta.

---

[290] Cf. De la Fuente, Juan Ramón. *Psicología médica.* FCE. México, 2008., p. 111.

Finalmente, la filosofía por ser la ciencia que busca la sabiduría a través de la ejercitación de la inteligencia aguda, nos permite entender y disfrutar con mayor responsabilidad la existencia humana y sus respectivas actuaciones.

Como policías de prestigio, tenemos el compromiso de buscar las teorías, hipótesis, metodologías, tesis, antítesis y demás procedimientos mentales, para entender la complejidad humana desde el punto de vista existencial, cognitivo y trascendental.

En suma, el conocer la filosofía de la mente, nos permitirá ubicarnos como seres mortales, inteligentes y que buscan la verdad e importancia de los procesos y en su caso, enfermedades mentales para poder aceptar que los seres humanos también somos capaces de enfermar la mente generando con ello, una oportunidad para conocer las mentes criminales.

Entonces tenemos que la **neuropsiquiatríafilosófica**, es un término compuesto que hemos adoptado para poder especificar, magnificar y profundizar, en el horizonte de los procesos mentales.

Procesos mentales que tienen que ver con la existencia humana y posteriormente, con las determinaciones que vayamos adquiriendo como consecuencia de la información que recibimos por medio de los sentidos.

De tal forma que, la neurología y la psiquiatría, la unimos para comprender etiológicamente la evolución del sistema nervioso humano.

Son tres ramas del conocimiento que juntas y desde su particular aportación cognitiva, nos permitirá, como policías, entender el misterio de la mente humana: neurología-psiquiatría-filosofía.

Finalmente, debemos reconocer que la formación biosicosocial de los seres humanos, nos abre la oportunidad para amarrar el conocimiento que se manifiesta en los procesos mentales, los cuales están determinados por la transacción de los tres mil millones de interconexiones neuronales[291] que hacen posible decir, por ejemplo: ¡hola!

¿Qué hay atrás de esta palabra desde una perspectiva de la filosofía de la mente?

---

[291] Op. cit. Biología de la mente., p. 11.

1. Es una palabra inventada por el ser humano.
2. Para invocarla es necesario estimular la memoria.
3. La activación de la memoria necesita de ciertas proteínas para activar las diversas sinapsis que influyen en la actualización de la memoria.
4. Es una palabra que necesita de la atención para poder recordarla.

Podemos continuar, sin embargo, terminamos diciendo que para pensar palabras, imágenes, sensaciones, necesitamos intentar toda nuestra estructura mental. Entonces, pensar, estar cosncientes, estar atentos, hablar, no es nada fácil, necesitamos de la actualización de diferentes procesos mentales para poder decir: ¡hola!

Sin embargo, gracias a la repetición e intentos de los actos pensables, es como vamos acostumbrando a nuestro sistema nerviso a trabajar en forma inteligente, eficiente y con calidad, en especial en las personas que son exigente consigo-mismos.

Entonces lo complejo se convierte en acciones tranquilas, efectivas y de acuerdo a los intereses que nos mueven. Lo importante es que el policía conozca algunos principios biopsicosociales que influyen en el comportamiento de los seres humanos.

En conclusión tenemos que la mente humana es un misterio para la ciencia, el conocimiento empírico y los destellos de sabiduría.

Neurología de la mente.

Comenzamos con algunas cifras que nos permiten ubicar la dimensión estructural del sistema nervisoso humano.

"Cien trillones de interconexiones en serie y en paralelo proveen la base física de la velocidad y sutileza de operaciones del cerebro, haciendo posible sus funciones."[292]

¿Qué significa esto?

1. Las células que efectúan su trabajo en el sistema nervioso y sus órganos respectivos, los cuales son: Cuerpo calloso, diencéfalo, mesencéfalo, tallo cerebral, cerebelo, medula espinal, entre otros,

---

[292]   Op. cit. *Biología de la mente.*, p. 12.

son las neuronas.[293] De tal forma que estas células son las encargadas biológicamente de influir en las determinaciones cognoscitivas.

2. Estas células, son de diferente tamaño y realizan diversas funciones, como informar, activar, actualizar entre otras actividades específicas.

3. En este sentido, cuando hay problemas con los organos del sistema nerviso central y periférico, quedan afectadas estas células generando con ello problemas de funcionalidad, operatividad e intelectuales, pues, ha quedado algún órgano averiado y en consecuencia, las neuronas no alcanzan a realizar sus funciones en forma eficiente; de ahí se desencadenan una serie de problemas que tiene que ver con el comportamiento, pensamiento, enfermedad y movilidad humana.

4. Hay algunas propuestas que refieren que las células nerviososa no se reproducen, otras que sí se reproducen, inclusive existe un medicamento conocido como el famoso "prozac"[294] que en su etiología, maneja la palabra "neurogenerativa", además de sus funciones específicas que consiste en mantener la serotonina, más tiempo en las sinapsis nerviosas (unión de neuronas) con la finalidad de procurar el estado de ánimo placentero por más tiempo del natural.

---

[293] Cf. Damasio, Antonio. *El error de Descartes.* Crítica. España, 2006., p. 45.

[294] Medicamento que es utilizado para la depresión. Asimismo, los doctores Arturo Álvarez-Buylla y Carlos Lois, refieren que "En la migración radial, las neuronas recién formadas que salen de la zona ventricular se asocian con prolongaciones de células gliales que les sirven a manera de adamio y guía para desplazarse (radialmente) hiacia regiones más superficiales del cerebro", op. cit. *Biología de la mente.,* p. 111. Así tenemos que en los **ventrículos** nacen las neuronas nuevas. Mismas que se desplazan específicamente donde hay demanda de las mismas en las diferentes zonas del sistema nerviso y sus respectivos órganos; incluso, continúan estos neurofisiólogos que: "Es concebible que determinados neurotransmisores secretados por células vecinas a las migradoras influyan sobre la velocidad y dirección con las que estas últimas se desplazan y maduran." Ibid., p. 113. Pero ¿quién determina donde hace falta cierta cantidad de neuronas en el sistema nerviso? Es asombroso el laberinto de la mente y su inconmensurable red interactiva neuronal, estimulada por procesos biquímicos. Entonces, señores policías, somos el resultado de las interacciones neuronales y sus respectivas influencias biquímicas, las cuales determinan la forma de actuar humano que es resultado de las estimulaciones sensoriales externas e internas que influyen en la movilidad humana.

En consecuencia, las neuronas son las células encargadas de la comunicación entre el ser interno y el ser externo (mundo-interno, mundo externo; objetividad-subjetividad). Entre lo que pasa en la naturaleza y los procesos que son desencadenados por influencia de los estimulos externos e internos, creando con ello un acto consciente de nuestra existencia.[295]

Entonces tenemos toda una red de interconexiones neuronales, las cuales desde el punto de vista etiológico, hacen posible las operaciones cognoscitivas.

¿Esto para que le sirve al oficial de policía? Simplemente para darse cuenta que, realmente el ser humano es el resultado de la unión de dos células bastante exóticas y supercomplejas: óvulo-espermatozoide.

Si somos la unión de dos células que se unifican en una misma que se convierte en un nuevo ser, luego entonces, somos una célula en potencia biológica, psicológica y social.

Las palabras del doctor Damasio, son en este sentido las siguientes:

"Cuerpo, cerebro y mente" son los que determinan al ser humano.[296]

De tal forma que, esta es la configuración etiológica de un ser humano, llámese delincuente o persona de bien.

Pero ¿qué es la conciencia desde el punto de vista biológico? Existen infinidad de conceptos en relación a la conciencia, sin embargo, consideramos el siguiente para efectos de aprendizaje policial:

"... la conciencia es un proceso mental, es decir, neuronal, mediante el cual nos percatamos del yo y de su entorno en el dominio del tiempo y del espacio."[297]

---

[295] Para el doctor Leefmans, las "neuronas son células especializadas en captar, integrar, conducir, trasmitir y procesar la información contenida en las señales químicas como los neurotransmisores, y en las eléctricas, como son los potenciales de acción (impulsos nerviosos) y los potenciales sinápticos. Op. cit. *Biología de la mente.*, p. 74.

[296] Op. cit., *El error de Descartes*, p. 17.

[297] Op. cit., *Biología de la mente.*, p. 54.

En otras palabras tenemos que las neuronas son las encargadas de estimular las zonas específicas del cerebro y su respectivo sistema, con la finalidad de estar conscientes de que se está consicente, logrando con ello la conciencia personal.

Por ejemplo, cuando dormimos y despertamos, en ese momento nos volvemos conscientes de nuestra existencia, de nuestra realidad, de nuestra forma de ser; y cuando dormimos y soñamos ¿nos damos cuenta de que estamos soñando en el mismo sueño, o es necesario esperar a despertarnos para darnos cuenta de que estabamos soñando?

Lo cierto es que hay una serie de características que maneja el doctor Leefmans, para ubicar la conciencia:

1. Es un fenómeno neural.
2. Existe en el hombre y en otros animales. a) Atención selectiva. b) Manipulación de ideas abstractas. c) Capacidad de expectativa o predecibilidad de situaciones futuras. d) Advertencia de sí mismo y de los demás. e) Valores estéticos y éticos.
3. Varía en un mismo individuo y es farmacológicamente modificable.
4. Implica fenómenos de percepción.
5. Implica memoria.

Estas cualidades neurofisiológicas, del doctor Leefmans, permiten al ser humano estar consiente de su consciencia.

Lo que nos interesa enfatizar para el oficial de policía es que la conciencia se genera con la percepción, donde los sentidos corporales son fundamentales como medios para la captura del mundo exterior e interior (por ejemplo, internamente nos damos cuenta de los latidos del corazón, de nuestra posición corporal, de nuestra respiración, entre otras cuestiones). En otras palabras, la realidad entra por nuestros sentidos hasta nuestro cerebro en forma de impulsos nervisosos, y ya en el cerebro, la misma estructura cerebral cognitiva se encarga de escanear dicha información para canalizarla al lugar o zona correspondiente del cerbero y con ello generar una respuesta-reacción. ¿Pero quien hace esta escaneada mental? ¡Tremenda la situación! Nada fácil, hay que seguir investigando para encontrar respuestas, mis distinguidos compañeros policías.

Otra sacudida mental: **"... hay estructuras y procesos mentales no consciencies que intervienen en la experiencia consciente del individuo, en sus pensamientos y en sus acciones."**[298]

En esta hipótesis del doctor Leefmans, encontramos que la actividad inconsciente también influye en los actos conscientes. En otras palabras, lo consciente e inconsciente influye en la actuación humana. De donde obtenemos la siguiente formula:

YO + CONSCIENCIA-INCONSCIENCIA = ACTOS HUMANOS.

Con esta fórmula podemos afirmar que la mente humana es capaz de digererir y sintetizar conocimientos complejos que pueden ser aterrizados y digeridos para mentes policiales. En otras palabras, nada es imposible para la mente humana cuando hay interés, intención, una pasión en busca del conocimiento y en especial, cuando se busca explorar y conocer los laberintos exhoticos del cerebro y la mente humana.

De las consideraciones anteriores tenemos la siguiente cuestión: ¿para estar conscientes de que estamos conscientes, que necesitamos? ¿Solamente una parte del sistema nervioso se actualiza o es todo el cerebro?

Podemos continuar preguntando pero las respuestas no son fáciles, ya habrá la oportunidad para profundizar en estos cuestionamientos.

Finalmente, tenemos que el oficial de policía debe saber parte de los procedimientos mentales para entenderse él mismo, planear sus actividades laborales, familiares y personales ya que es el cerebro quien en suma, planea los actos humanos, ni el estómago, ni los intestinos: el cerebro señor oficial de la policía.

A continuación entramos a lo que es la conciencia desde una perspectiva psiquiatríca y sus respectivas funciones.

Psiquiatría y mente.

De las consideraciones anteriores, podemos determinar que el cerebro es el órgano corporal donde se construyen los diferentes procesos mentales. Procesos mentales que implican un ciclo de intervenciones biológicas,

---

[298] Ibid., p. 12.

psicológicas y sociales, mismas que influyen en la actuación y sentimientos de los seres humanos.

Este cerebro es el que determina la forma de ser de cada persona. Mientras que el cuerpo es el instrumento que esta a disposición de la mente para su respectiva procuración existenciaria. En este contexto, las palabras del doctor Antonio Damasio, son las siguientes:

"La activida mental, desde sus aspectos más simples a las más sublimes, requiere a la vez del cerebro y del cuerpo propiamente dicho. Creo que, en relación al cerebro, el cuerpo proporciona algo más que el mero soporte y la simple modulación: proporciona una materia básica para las representaciones cerebrales."[299]

Ciertamente dicha materia básica es la información. Información que es aprhendida a través de los sentidos y, la intervención posterior de las complejidades neuronales y sus zonas específicas cerebrales.

Finalmente, la mente desde una perspectiva psiquiatrica debe ser funcional y acorde a los intereses personales que cada ser humano se valla forjando a través de su desarrollo de vida. En este contexto, las palabras del doctor Ramón de la Fuente refieren que: la pricipal tarea de la psiquiatría es restituir a su forma original la personalidad y la conducta de quienes han sufrido su transformación maligna por enfermedad.[300]

Estas enfermedades mentales básicamente serían las siguientes:

- **Esquizofrenias.** Es un síndrome con múltiples manifestaciones clínicas y con diversas etiologías; en otras palabras es una enfermedad con procesos mentales divididos, es decir, a veces se es congruente con la realidad ordinaria y otras veces se rebasa dicha realidad. Sus síntomas característicos incluyen alteraciones en las esferas cognitivas, sensoperceptivas y afectivas. Estas personas se caracterizan por un delirio común: pensar que la mente está siendo controlada por fuerzas externas que al enfermo le resultan misteriosas o grandiosas. La persona con esta enfermedad, en su discurso, cambia de un tema a otro no relacionado, sin tener advertencia de ello; es decir, son personas que divagan entre la realidad y la fantasía, en algunas ocasiones se "clavan" más en dicha fantasía y

[299] Op. cit. Damasio, Antonio. *El error de Descartes.*, p. 15.
[300] Op. cit. *Nuevos caminos de la psiquiatría.*, p. 109.

se ponen a dialogar con sus propias personajes e ideas fantasiosas. No es difícil escuchar que estas personas tienen aliados con grandes personajes de la historia o hechos históricos. Su lenguaje es usado más como un medio de expresión que de comunicación. Es decir, muchas veces no hay una comunicación efectiva con entendimiento real y fluído. Simplemente, estos personajes utilizan su lenguaje para manifestar en cierta forma, el caos que se manifiesta en su mente. Muchas veces su conducta está alterada cuantitativa y cualitativamente; en otras palabras, no se puede estabilizar por sí mismo esta persona, o le cuesta un buen rato, en lo que pasan las crisis alucinatorias. Asimismo, necesitan de medicamentos[301] para controlar su disparidad hacia la incongruencia mental. Finalmente, refiere el doctor Juan Ramón de la Fuente que: **"En conjunto, la conducta del enfermo es inapropiada, excéntrica e imprevisible (...) puede haber excitación prolongada o disminución de la energía y un deterioro notorio en los modales y en el cuidado personal."**[302] Como policías debemos extremar precauciones con estas personas pues, no podemos asegurar su comportamiento en forma normal; es decir, en cualquier momento se nos puede salir de control, por la misma alucinación o conflicto con la autoridad.

- **Transtornos del humor.** Esta enfermedad es la considerada como depresión, donde el estado de ánimo de las personas está aplanado, achatado, sin mayor importancia a pesar de que, por ejemplo, hubiése algún evento conmovedor para una persona normal como un premio, un viaje, un depósito monetario, entre otras cuestiones estimulantes del sistema nervioso central. Hay depresiones normales y depresiones anormales; las depresiones normales son por ejemplo, cuando se pierde un empleo, un familiar, un bien material o simplemente una forma de sentirse tristezón. Sin embargo, las depresiones anormales es cuando ya no es posible superar ese estado aplanado, se llora con demasiada facilidad, se generan abismos entre los seres queridos a pesar de que están presentes. Es un estado en donde por más que las personas "le hechen ganas" como se dice en México, difícilmente se sale de dicho abismo. No hay ganas de hacer nada. No hay interés de nada, no hay proyecto de vida, se esta entre la luz y la sombra, sin algún estimulo substancioso. La atención se fija en eventos dolorosos,

---

[301] El medicamento antipsicótico más usado en esta década es el Zyprexa, mismo que ayuda a neutralizar los disparos de alucinaciones.

[302] Cf. De la Fuente, Ramón. *La patología mental y su terapéutica I.* FCE. México, 2005., p. 160.

es decir, lo terrible de lo actuado se manifiesta en la actualidad de la vida humana, creando con ello, sensaciones catastróficas en las personas que están deprimidas; asimismo, si llegan eventos mentales agradables, no conmueven en mayor intensidad el estado de ánimo de la persona afectada. Entonces, las personas deprimidas desde el punto de vista policial no tienen mayor peligro más que el hecho de que estas personas son las que normalmente se quieren suicidar; el problema real es cuando dentro de esa tendencia al suicidio, quieren comprometer la vida de otras personas; por lo tanto hay que tener cuidado con estas situaciones suicidas. Esta enfermedad normalmente se puede controlar también con medicamentos que se encargan de mantener las sustancias que segrega el cuerpo -y permiten que los estados de animo sean agradables-, por más tiempo, como pueden ser la serotonina y las endorfinas[303] en los procesos sinápticos neuronales.

- **Transtornos de angustia.** Partimos de la propuesta del doctor Ramón de la Fuente en el sentido de que **"... el miedo y la angustia son reacciones de alerta del organismo y recursos de la especie para asegurar su supervivencia."**[304] Entonces tenemos que tanto el miedo como la angustia, son estados naturales del ser humano que le permiten actuar ante una situación difícil. Es gracias a estas peculiaridades como el ser humano ha podido trascender, sin embargo, una vez más, cuando se exceden los límites naturales de estos estados emocionales, la situación cambia, es decir, comienzan a desencadenarse una serie de situaciones que empiezan a afectar la estabilidad emocional de las personas que padecen estos estados existenciales. En concreto, la angustia anormal, podría ser desencadenada por excesos de estrés, situaciones límite, medicamentos o estimulantes, entre otras formas de alteración emocional humana. De esta forma, la angustia anormal afecta la estabilidad mental de las personas. Una de las hipótesis del doctor de la Fuente, en torno a la angustia es la siguiente: **"Desde el punto de vista clínico es necesario distinguir entre angustia normal, la que los humanos experimentamos ante eventos que en la vida ordinaria percibimos como peligrosos y angustía patológica.**

---

[303] Por ejemplo los antidepresivos tricíclicos como la imipramina y los que se encargan de mantener la serotonina por más tiempo en las interacciones neuronales como el excitalopran. Ambos medicamentos, son capaces de mantener con buen estado de ánimo a las personas que se encuentran sufriendo de la angustia en forma anormal.

[304] Op cit. *La patología mental y su terapéutica I.*, p. 210.

La angustia es patológica por su intensidad, su persistencia, su recurrencia, las situaciones que la suscitan y sus expresiones sintomáticas."[305] Entonces tenemos que hay que tener cuidado como policías para no estresarnos por cuestiones insignificantes. Hay que aprender a controlarnos, hay que hacer actividad física para sacar nuestras situaciones estresantes mentales acumuladas y hay que aprender a controlarnos ante situaciones difíciles para no afectar nuestro organismo. En cuanto a algún peligro que tengamos en el trabajo con personas ansiosas, hay que aprender a tranquilizarlas, pero para ello es necesario que primero nosotros controlemos nuestra explosividad que se traduce en angustia deprimida; asimismo, las personas que poseen esta enfermedad mental, pueden también, en determinado momento, afectar a otras personas pacíficas y normales con sus actitudes impulsivas. Medicamente a estas personas se les controla con benzodiacepinas que se encargan de relajarlos y permitir así la ecuanimidad de su comportamiento. De tal forma que, debemos tener cuidado con los niveles estresantes con los que nos enfrentamos todos los días,[306] pues ya lo he mencionado que el oficial de policía desde que sale de casa, es posesionado por esa sensación estresante y angustiante de estar super alertas pues, no sabemos en qué momento se puede desencadenar algún evento de peligro. Hay que aprender a controlarnos por medio de la respiración, la musicoterapia, el diálogo, el encuentro con la naturaleza, un buen café, una buena copa de vino, entre otras formas de relajamiento. Sabemos que nuestro trabajo por su propia naturaleza es estresante, aprendamos a controlarnos, para poder garantizar escenas o enfrentamientos con criminales, en forma inteligente y con ecuanimidad.

Estas serían las enfermedades más comúnes en el ambiente psiquiatrico que, como policías debemos conocer. Posteriormente vienen otro tipo de enfermedades que tiene que ver con los comportamientos anormales de las personas, como los relacionados con los actos sexuales, las mentes estafadoras, las mentes homicidas, entre otro tipo de enfermedades mentales-criminales. Estas enfermedades pueden entrar a la categoría de

---

[305] Ibid., p. 210.

[306] Por ejemplo, tenemos que el estrés en exceso y sin control, genera la siguiente situación: Trabajo cardiaco aumentado, dolor precordial, reacción psíquica en forma de ansiedad y tensión, entre otras sintomatologías. Entonces hay que procurarnos y cuidarnos si queremos vivir una vida justa, racional e inteligente. Op. cit., *Psicología médica.,* p. 361.

las enfermedades que son conocidas como somatoformes, transtornos asociados a disfunciones fisiológicas, transtornos de la personalidad y del comportamiento del adulto, retraso mental, transtornos del desarrollo psicológico, transtornos disociales, entre otros tipos de deficiencias mentales.

Como podemos observar existen infinidad de conductas mentales anormales, las cuales no vamos a tratar aquí, pues no es un manual de enfermedades mentales; sin embargo, si queremos dejar claro, que el oficial de policía debe conocer, en forma aunque sea superficial, este tipo de enfermedades como cultura general y para no confiarse ante personas con algún desliz comportamental de estas posibilidades existenciales.

Lo cierto es que, creemos que ya ha quedado claro que, en la mente-conciencia está el centro de mando donde se desprenden nuestros comportamientos y conductas; nuestra forma de ser y de actuar, entre otras características.

En suma, tenemos que la mente es la que nos ayuda a interactuar con nosotros mismos, nuestro mundo exterior y nuestros objetivos de vida. El cerebro, la mente y el actuar inteligentemente, son las tres líneas epistemológicas que debemos alimentar para buscar la excelencia en cada uno de nuestros actos cotidianos. Finalmente tenemos esa posibilidad y esa libertad de explorarnos y entendernos nosotros mismos para no defraudar la inteligencia humana.

Entonces, la capacidad que tengamos para estimular nuestra inteligencia, tendrá que verse plasmada en nuestro comportamiento a través de los actos humanos policiales que generen seguridad y bienestar en la mente de las personas que no son policías, pero que confían en las personas que hacen el trabajo policial.

En otras palabras, nuestra actuación influye directamente en las mentes de las personas, de nuestro bien actuar, dependerá el prestigio que podemos ir forjando.

Ahora entramos a lo que sería la filosofía de la mente. No de la conciencia, pues, consideramos que la mente va más allá del acto consciente en sí mismo.

Filosofía de la mente.

De entrada surge la pregunta ¿qué es la filosofía de la mente? La respuesta es que esta pregunta va a ser contestada con base en la formación epistemológica de cada una de las personas que se atrevan a entrar a este universo de la mente humana.

De tal forma que reconsideramos la propuesta de Karl Popper en el sentido de que no hay conocimientos definitivos ni mucho menos absolutos, en ninguna parte de la ciencia natural o social.[307] Entonces, la respuesta a dicho cuestionamiento, es una aportación personal que intentaremos desarrollar a través de los pocos conocimientos que poseemos en este universo.

Como podemos observar, hay un interés filosófico, como tendencia a la sabiduría, por conocer el mecanismo filosófico mental para enriquecer esta propuesta de **filosofía para policías**, precisamente porque un policía debe tener un universo cultural lo más ampliamente posible, como ya lo hemos referido.

En este sentido, la mente es tan compleja y exhotica que hay que buscar todos los laberintos para seguir descubriendo y avanzando en sus redes cognitivas.

Las hipótesis que manejamos en este sentido, son las siguientes:

Para el doctor Juan Ramón de la Fuente, la mente puede ser abordada desde una propuesta biopsicosocial.[308] ¿Qué significa esto? Simplemente que lo biológico, lo psicológico y lo social, determinan la complejidad mental de las personas. Así que cuando biológicamente se está bien, tendremos una mente brillante y en constante enriquecimiento para hacer de la persona humana, un ser de calidad y proyectado hacia la excelencia. Mientras que las personas con problemas corporales, la situación cambia; aparecen las enfermedades, las deficiencias y muchas veces la muerte. Por consecuencia hay que mantener el dicho de los antiguos griegos de mantener el cuerpo en mente sana. Esa salud corporal es la que finalmente determinará nuestra vida. Un cerebro enfermo, minimiza la mente, la confunde, la aturde y debilita. Entonces hay que tener cuidado con el cuerpo para que no afectemos la mente. En cuanto al ámbito psicológico, es necesario

---

[307]   Cf. Popper, Karl. *La lógica de la investigación científica.* Tecnos. España, 2004.

[308]   Op. cit. Psicología médica., pp. 11-29.

que nuestra mente este bien para actuar en forma cordial y agradable, en forma inteligente y sin afectar los intereses y existencia de otras personas. Entonces tenemos que psicológicamente sanos, tendremos oportunidad para crecer como seres inteligentes que buscan su realización existencial en forma agradable. Finalmente, tenemos que controlar nuestro entorno social para no ser rebasado o reprimidos por el mismo. Para ello, tenemos que prepararnos todos los días, para aprender a controlarnos nosotros mismos y en consecuencia, el medio social en que nos encontremos.

En este sentido, la propuesta biopsicosocial del doctor de la Fuente, es un ciclo filosófico que nos permite entender la complejidad mental humana y su respectivo comportamiento ante si mismo y el mundo que le rodea.

Por otra parte, tenemos la propuesta filosófica mental del doctor Antonio Damasio quien considera que puede ser entendida como la interrelación entre el cuerpo, el cerebro y la mente. Esta propuesta es similar a la del doctor de la Fuente. Lo interesante es que aquí magnifica al cerebro como el organo por excelencia donde se generan los procesos mentales. En esta idea, es importante que el cuerpo y el cerebro esten bien para que haya mentalidades lucidas y sin mayor restricción que el hecho de pensar e inteligir nuestros actos en forma ecuánime y con una gran dosis de inteligencia y prestigio humano.

Para el doctor Damasio hay una claridad en relación a las enfermedades mentales que se generan como consecuencia de algún problema cerebral. La hipótesis es la siguiente:

"La distinción entre enfermedades del cerebro y de la mente, entre problemas neurológicos y problemas psicológicos o psiquiátricos, es una desafortunada herencia cultural que impregna nuestra sociedad y nuestra medicina."[309]

Aquí el doctor Damasio marca la división entre enfermedades cerebrales-neurológicas y enfermedades mentales-psicológicas o psiquiátricas. Es decir, reconoce las enfermedades biológicas y las enfermedades mentales. Sin embargo, es importante reconocer que ambas enfermedades tienen que ver con la etiología biopsicosocial del doctor de la Fuente.

---

[309] Op. cit. *El error de Descartes.*, p. 61.

En este sentido, las propuestas de de la Fuente-Damasio, enriquecen nuestra cultura filosófica policial en el sentido de que:

- Es neceseario buscar la salud corporal para tener una mente sana.
- El dominio y la superación de las condiciones estresantes en nuestro trabajo, es importante para mantener nuestra existencia sanamente.
- Conocer las enfermedades neurológicas y las enfermedades mentales.
- No descartar la posibilidad de la interacción del cerebro con la mente como una alternativa para mejorar nuestros actos humanos y entender las enfermedades mentales.

Ahora, entramos a juestra propuesta filosófica, misma que es la percepción de la misma desde una perspectiva neuro-psiquiatría-filosófica. Lo cual significa que, la filosofía de la mente puede ser abordada desde una posición neurológica, psiquiatrica y filosófica, logrando con ello, una percepción común que nos permita comprender la etiología de los procesos mentales y en consecuencia, la formación de la mente y su interacción con el mundo que le rodea.

Entonces tenemos que estas tres líneas de conocimiento nos permiten entender la complejidad mental. No podemos entender la mente en forma imparcial sin la consideración de estas tres propuestas de conocimiento.

La neurología, tendrá que ver con las enfermedades biológicas del sistema nerviso central y periférico.

La psiquiatría, al igual que la neurología y psicología, tendrá que encontrar aquellos proporciones cognitivas que hacen posible la cosmovisión de la mente y sus respectivas formas de comportamiento.

Y, finalmente, la filosofía, tendrá que ver con el amor, la tendencia, el interés, la pasión, la entrega, la atención, entre otras circunstancias que hacen posible entender, asimilar y aprehender la mecanica de los procesos mentales desde una posición biológica y mental con la finalidad de pulir los actos humanos. Es decir, en la medida en que nos damos cuenta de la mecánica mental, tendremos información suficiente para comportarnos como policías inteligentes, racionales y en búsqueda permanente de la superación personal.

De tal forma que la filosofía de la mente, enriquece la **filosofía para policías**, en el entendido de que nos vamos a lo más profundo de la mente, sus procesos biológicos, psiquiátricos y sociales.

Finalmente un policía científico profesional, tendrá que contar con una filosofía que le permita y estimule seguir creciendo como persona, servidor público y como un ente capaz de darle duro a los criminales.

Una filosofía que permita al policía entender el lado biológico, psicológico y criminal de las personas. Un policía culto, un policía demasiado humano, Un policía íntegro que se preocupa por el bienestar de las personas, finalmente será un policía de prestigio, excelencia y con una alta calidad integral humana.

Cierto día, estando en un hospital público de la ciudad de México, en espera de pasar a la sala de operaciones para ser intervenido quirúrgicamente por una *apendicitis*, llega una mujer herida por arma punzo-cortante. ¿Qué le pasó señora? le pregunté tranquilamente. Ella explota en llanto: Me asaltaron, me quitaron mi dinero y además me lastimaron. Mire como me dejaron. Apenas podía moverme por el fuerte dolor del apéndice, pero alcance a verle como tres heridas de picahielo. ¿En qué trabaja? -le alcancé a preguntar-. Trabajo en una empresa y hago el asco, lavo baños y procuro que este limpia la zona que me toca. Traigo mucho coraje y dolor porque el dinero era para comer y para mi renta; tengo dos hijos pequeños y mire como me dejaron esos ¿...? –señaló la señora-. Seguramente va a salir bien, le dije.

Fuí trasladado a la sala de operación, no sin antes pensar: gracias a Dios soy policía para poner a este tipo de personas, donde tienen que estar.

CAPITULO VII.

Teología.

A continuación tenemos la presencia de Dios en el mundo del policía. ¿Cómo entenderlo? ¿Cómo aceptarlo? ¿Cómo disfrutarlo? ¿Cómo percibirlo? Pero sobretodo ¿cómo sentirlo?

Y esto ¿qué tiene que ver con el policía? La respuesta es: porque también somos seres humanos; sentimos, sufrimos, pero lo más importante, luchamos contra el mal y nos lanzamos por el bien para que las personas puedan sentirse seguras de su existencia, pertenencias y trascendencia.

Al referirme al humanismo policial, también estoy haciendo referencia a un ser superior que nos ha dado la existencia y la inteligencia. Un ser que permanecerá por toda la eternidad, mientras que nosotros nos vamos, es el ciclo natural de la vida.

Empiezo por dos ideas estimuladoras del pensamiento filosófico-teológico contemporáneo generadas por Humberto Eco y Carlo María Martín:

- **Lo humano se conserva justo en cuanto se considera fundado sobre lo divino.**
- **¿Qué es lo que de hecho funda la dignidad humana si no el que cada ser humano es una persona abierta hacia algo más alto y más grande que él?**[310]

Esta idea nos invita a pensar sobre la aplicación de la justicia en la condición humana, a través de la penetrabilidad de la divinidad. Una divinidad que tendrá que manifestarse permanentemente en los actos humanos por medio de la libertad, la paz, la justicia y el amor. Entendiendo el amor como una

---

[310] Op. cit. Humberto, Eco y Carlo María Martín. *¿En qué creen los que no creen?* Pp. 96-99.

actitud que engrana el movimiento humano y divino con la existencia de las personas. De tal forma que, lo humano es un rasgo de la divinidad en la tierra y, la divinidad en la tierra es un reflejo de la fe, creencia y compromiso de la humanidad en y con un Ser superior.

¿Hay algo más grande que el ser humano? Evidentemente, el máximo creador del Universo. El Ser absoluto. El Ser eterno: la energía pura y absoluta.

De esta forma, ese algo más alto y más grande que uno mismo, es el Ser eterno. Por ende, no hay por qué no aceptar la divinidad en el ser humano. Esa divinidad que es energía, movimiento y compromiso de los actos humanos para bien de la humanidad. Entonces, tenemos al Ser eterno materializado en nuestra existencia. Nuestro principio, desarrollo y fin. Él permanece, nosotros nos vamos.

Las dos potencialidades: humanismo-divinidad, es lo que nos permite ser, seres de alta calidad existencial. Por lo tanto, los seres humanos, somos la máxima expresión pensante en la tierra. De tal forma que los humanos, gracias a esa donación inteligente y coparticipación del ser eterno, tenemos como arma por naturaleza: la inteligencia. En suma, debemos desarrollarla, ejercerla y magnificarla en cada uno de nuestros actos cotidianos para que esos actos estén llenos de sentido espiritual-inteligente. Con esa proyección, será posible hacer de nuestra existencia, un tiempo-espacial-material específico, que marcará nuestra existencia como seres agradables y llenos de felicidad.[311]

En este sentido, un humanismo alimentado por la divinidad, nos permitirá ser más responsables, en el entendido de que somos conscientes de nuestras limitaciones y potencialidades. En suma, seremos personas libres, pero con responsabilidad afinada, en el entendido de que somos seres limitados y con el tiempo justo, para hacer una vida con elevada ética humano-teológica.

Ahora atendemos una propuesta de Jürgen Habermas quien refiere: **"En el encuentro con existencias ajenas logramos claridad sobre el <u>poder de la fe</u> de la que la propia existencia obtiene su fuerza."** [312]

---

[311] Cf. Op. cit. De Aquino. Tomás. *Suma contra los gentiles.*

[312] Cf. Habermas, Jürgen. *Fragmentos filosóficos-teológicos. De la impresión sensible a la expresión simbólica.* Trotta. España, 1999., p. 48. Subrayado mío.

Una fe y creencia en algo en particular, es como el motor que nos permite llegar por acto de fe a aquellas situaciones donde por medio de la razón, no se puede consolidar algo en específico. De tal forma que en la fe, la razón entra muy suavemente. Es decir, que muchas veces nuestra razón no alcanza a percibir o fundamentar lo que nuestra fe concibe. Es, por ende, cuando por actos de fe, en especial en el ámbito de credibilidad teológica, podemos visualizar la existencia del Ser eterno.

De esta forma regresamos con el uno-mismo responsable ante sus actos, creencias, actos de fe y compromisos sociales. Ser uno mismo para hacer de la vida personal, un acto de felicidad, de libertad y justicia divina terrenal, como lo refiere Habermas.

En el encuentro de uno mismo con la diversidad, nos damos cuenta de nuestras limitaciones, de nuestras potencialidades y de nuestra capacidad inteligente para entender que el constitutivo humano, rebasa los límites de la razón y encuentra respuestas en los actos de fe; en la creencia y aceptación de un Ser superior a uno mismo y los demás.

En suma, ese "poder en la fe", nos abre caminos e ilumina nuestros actos cuando nuestra racionalidad llega a situaciones límite donde ya no es posible avanzar, en este caso, en el conocimiento humano, llámese empírico, científico o sapiencial.[313] En otras palabras, esa fe, hace camino en el horizonte humano.

Es ahí donde aparece la teología, la sabiduría y el camino para avanzar por el sendero de la superación personal y la cognoscibilidad de todo lo posible existencial. Es ahí, donde nos enfrentamos contra nuestras debilidades y limitaciones como seres temporales y pensantes: como seres frágiles.[314] Es ahí donde nos damos cuenta que hay un Ser eterno, que permanece y genera la vida, el movimiento y la armonía del Universo. Un Ser perfecto. Un Ser actualizado permanentemente; precisamente porque los seres limitados, los seres finitos humanos y no humanos, estamos en movimiento

---

[313] Cf. Bautista, L. Erasmo. *Los fundamentos del conocimiento humano.* Universidad Pontificia de México. México, 2000.

[314] Somos tan frágiles que podemos perder la vida en un segundo. Así no más. En un suspiro, en un cerrar de párpados. Hay muertes humanas naturales, accidentales y provocadas. Es importante cuidarnos para disfrutar lo más que se pueda esta vida maravillosa, increíble y momentánea. Somos apenas un instánte en la eternidad, muy pequeño, pero con un gran potencial para transformar la naturaleza e influir en nuestro destino como humanidad.

permanentemente, hasta que llegamos a nuestro límite existencial, mientras el Ser eterno permanece y trasciende. Nosotros dejamos de ser.

La Teología natural.

Pensar, por ejemplo, ¿cómo es posible que la tierra gire? ¿Por qué los seres vivos somos limitados? ¿Por qué morimos? ¿Quién es ese Ser absoluto capaz de todo cuanto es posible e imposible? ¿Por qué el Universo sigue en expansión? ¿Por qué la nada y la antimateria? ¿Por qué el ADN? ¿Por qué la sangre? ¿Por qué la vida? ¿Por qué el movimiento? ¿Por qué el mal? La respuesta de esta y más interrogantes, no son posibles responder con la inteligencia del ser humano. Si acaso, se encuentran respuestas con argumentos parciales por las propias construcciones de la especie humana. Pero una respuesta definitiva, sólo el Ser absoluto la tiene. Por ende, continuamos con las mismas interrogantes. No hay respuestas. El ser humano tendrá que continuar manteniéndose en ese abismo racional, en ese misterio, en ese suspenso, en esa intuición; en esa inteligencia paralizada por el asombro de la contemplación de la eternidad.

Sin embargo, a estas alturas de la **filosofía para policías**, hacemos referencia a la Teología Natural para iluminarnos, un poco, sobre esta esfera del conocimiento antropoteológico y en su posibilidad, obtener una referencia ética.

En este sentido, encontramos a la Teología como la rama de la Filosofía que estudia, promueve y responde sobre las grandes interrogantes del Ser eterno. De la constitución natural de todos los seres vivos, de los seres finitos y de los seres humanos.

Asimismo, la Teología como tratado sobre Dios, según la posición griega, en esta idea, ciencia de lo divino. Un Dios del latín *deus* en correspondencia con el griego *theós*.

Para introducirnos en el conocimiento de la Teología Natural, hemos acudido al doctor Ángel Luis González. Quien refiere que: **"La vía metafísica hacia Dios –que se denomina teología natural o teodicea- es el máximo conocimiento natural o racional que de Dios puede alcanzar el hombre."**[315]

---

[315] Cf. González, Luis Ángel. *Teología natural.* Eunsa. España, 2000.

Entonces, aquí tenemos tres niveles para conocer y percibir la existencia de Dios.

Primero.- Hay una posibilidad por medio de la cual encontramos a Dios que es por la simple percepción. En algunas personas humanas, se manifiesta a través de expresiones de la naturaleza, milagros, creencias, superstición, intuiciones, entre otras.[316]

Segundo.- Se percibe por medio de explicaciones racionales, las cuales demuestran la existencia de Dios[317].

Tercero.- Por la vía metafísica, misma que se manifiesta a través de la fe y la razón; la gnoseología y la metafísica. Intentaremos aproximarnos, levemente, a estas tres tendencias del pensamiento, con la intención de percibir la presencia y existencia del Ser eterno.

La idea de fondo es darnos cuenta que a través de la demostración de la existencia de Dios en la Tierra[318] y, por ende, en el Universo, será posible magnificar el pensamiento teológico-político para generar una ética que recupere esa unificación de Dios con los actos del hombre, y así fortalecer y encontrar aquellos vínculos teológicos que fortalezcan la política mundial con la finalidad de superar las grandes debilidades de la humanidad contemporánea.

Así, tenemos el compromiso de actualizar el pensamiento teológico, con el objetivo de demostrar que la presencia de Dios en la Tierra sigue y seguirá latente hasta el fin de todo ser pensante.

---

[316] Por su parte Levinas refiere que todo parte y regresa a la propia naturaleza. Su propuesta es: "El conocimiento no podrá ser más que un proceso causal que se da entre el ser material y el ser psíquico, formando ambos parte de la misma naturaleza." En el fondo podemos vislumbrar los dos caminos de la psique y lo material soportados por la naturaleza y tras ella, al propio Ser eterno. ¿Quién más podría garantizar la evolución, manifestación y trascendencia de la propia naturaleza? Cf. Levinas, Emmanuel. *La teoría fenomenológica de la intuición.* Sígueme. Salamanca, 2004., p. 41.

[317] Véase las cinco vías de la demostración de la existencia de Dios a través del pensamiento de Tomás de Aquino.

[318] Ya el santo padre Ratzinger lo ha referido: **"El reino de Dios es la vida en plenitud, y lo es precisamente porque no se trata de una *felicidad* privada, una alegría individual, sino el mundo en su forma más justa, la unidad de Dios y el mundo."** Op. cit. *Jesús de Nazareth.*, p. 408.

La propuesta de Luis González es que: "... **la existencia de Dios es el problema de los problemas, o mejor, el problema esencial del hombre esencial, por el cual cualquier otro problema de la existencia adquiere la última claridad (la ética, el derecho, la economía). En la solución de ese problema el hombre compromete su vida entera, en una determinada orientación, y fundamenta su conducta.**"[319]

En este sentido, entendiendo y aceptando esta cosmovisión teológica, será posible, superar la condición limitada humana y ver la trascendencia de la humanidad, así como la expansión del Universo desde una posición más inteligente, más íntegra y sobretodo, con una gran dosis de humanismo teológico.

De esto, Luis Gonzáles refiere: "**Dios es tema central para la filosofía, no sólo históricamente, sino en sí mismo considerado, pues del conocimiento de Dios que llegue a alcanzar una filosofía, depende, en gran parte de ella.**"[320]

Aquí, de lo que se trata, es de poner en su justa dimensión a la filosofía, a la teología y su impacto en las construcciones teológicas-políticas contemporáneas.

Así, tenemos que el hombre puede conocer a Dios, de la siguiente forma:

- Por las solas fuerzas de la razón. De modo pre-científico o espontáneo y de modo científico y filosófico.
- De modo sobrenatural. Que excede los modos de la razón humana: por la fe y por visión.
- Vía metafísica hacia Dios. Es el máximo conocimiento natural y racional. Como lo hemos considerado con anterioridad.

Estas tres formas de conocer al Máximo creador del Universo, está a disposición de todos los seres humanos que buscan una respuesta o manifestación de la presencia de Dios en la Tierra, la humanidad y el propio Universo. Por lo tanto, estamos ante una gran incógnita, filosofía y complejidad de la creencia, percepción, raciocinio, inteligencia y aceptación del Arquitecto del Universo.

---

[319] Op. cit., González Luis, Ángel. *Teología natural.*, p. 16.
[320] Ibid., p. 17.

Finalmente tenemos la fe, la razón y la sabiduría para entender la existencia de una fuerza superior a la finitud de la naturaleza humana. Incrédulos y creyentes, agnósticos y demás seres mortales, están en libertad para abrir su horizonte existencial y enriquecerlo con el conocimiento del Ser Infinito en el aquí y ahora o nos limitamos a llevar una vida normal, racional y bien delimitada de nuestra existencia. Finalmente somos seres libres, estamos en paz, y somos justos, en la búsqueda permanente del crecimiento y conocimiento humano.[321]

Por otra parte, hay tres líneas de conocimiento que maneja Luis Gonzáles para visualizar las posibilidades de credulidad e incredulidad en torno a Dios, las cuales son:

El **ONTOLOGISMO**,[322] mismo que refiere: **"... mientras Dios, es la fuente ontológica de las cosas creadas, son las cosas creadas la fuente cognoscitiva de nuestro conocimiento de Dios."**[323]

Ahora bien, todo lo que es, tiene que haber pasado por la consideración del Ser eterno. En la hipótesis anterior, se da la posibilidad de conocer la presencia de Dios a través de las propias cosas existentes, es decir, un ser finito, puede entenderse por medio de la presencia de un Ser infinito. En esta reflexión, nos damos cuenta de la presencia del Ser eterno en el transcurrir del tiempo.

---

[321] Sin embargo, es importante reconocer, aceptar y difundir el pensamiento culminante de la ética mundial de Hans Küng: "No hagas a los demás lo que no quieres que te hagan a ti." Y "Debemos tratar a los demás como queremos que nos traten a nosotros" Op. cit, *Reivindicación de una ética mundial.*, pp. 17-18.

[322] Según el Diccionario Herder español, el Ontologismo es el primer objeto o primer ser que conoce la mente humana, el cual es Dios. Por otra parte, se maneja la idea que entre el cerebro y la mente hay una reciprocidad manifiesta, por una parte tenemos al cerebro como máximo órgano regulador de las percepciones, sensaciones, movimientos corporales, entre otras peculiaridades y, por otra parte tenemos a la mente como el espacio ilimitado donde se construyen las propuestas mentales. Ambos, forman parte de una sola naturaleza humana. Cf. Shorojova, E. V. *Fundamentos fisiológicos de la conciencia.* Grijalvo. México, 1979.

[323] Ángel Luis González. Op. cit., p. 31.

Las palabras de González son: **"El ser finito no puede ser visible por una idea que le represente; ninguna de las ideas –finitas- puede representar al infinito; el infinito solamente puede verse en sí mismo."**[324]

De tal forma que la finitud, nos hace volver al cuestionamiento de ¿cuál es el primer principio de todo cuanto existe? Ya lo consideraremos e incluso, algunos astrónomos refieren que el principio del Universo por medio de la explosión del "Big-Bang", es la manifestación plena del Ser superior y Creador del Universo.

En este sentido, **"... lo finito se ve en lo infinito..."**[325] Por lo tanto, mientras los seres vivos tenemos límites, el Ser eterno continúa, trasciende. Es el Ser omnipotente.

Luis González, destaca: **"... no podemos ver la esencia del infinito sin su existencia, la idea del ser sin el ser..."**[326] En otras palabras, el ser que nos hace ser, es coparticipado por el Ser eterno. Para que tengamos ser y seamos; el Ser superior tendrá que participar de su Ser a los seres inferiores. A los seres limitados, a los seres para la muerte. Pero no sólo para morir, sino también para explotar nuestras capacidades inteligentes como seres racionales, espirituales y constructores mientras vivamos.

Por otra parte, tenemos **EL AGNOSTICISMO.**[327] En palabras de Luis González, **el agnóstico no niega, la existencia de Dios, como hace el ateo; lo que rechaza es la capacidad del hombre para probar argumentativamente dicha existencia.** [328]

Están también las personas que no creen. Su inteligencia no es capaz de generar esa posibilidad de la existencia de un Ser superior. Si no veo: no creo, no lo acepto, lo niego, es indiferente.

---

[324] Ibid., p. 30.

[325] Ibid., p. 30

[326] Ibid., pp. 30-31.

[327] En el Diccionario Herder español en CD, encontramos que esta palabra procede del griego *agnostos,* que puede interpretarse como no saber, ignorar. Asimismo, no es posible afirmar ni negar la existencia de Dios. Por ende, no se afirma, ni se niega la existencia del Ser absoluto.

[328] Op. cit. Ángel Luis González., pp. 32-49.

En **EL ATEÍSMO.**[329] Dios no existe. Es lo que muchas veces se da con las personas que llegan a puestos de poder económico, político o intelectual. Se marean, se confunden, pierden el piso, se sienten dioses, pero no un Dios Universal coparticipado, sino semidioses arrastrados por la soberbia, la ignorancia y sobretodo, la falta de calidad y humildad. Están en su derecho de creer o no creer en un Dios eterno. Lo cierto es que ahí están en su limitado mundo racional. En el fondo todo es aceptable, creyentes y no creyentes, somos mortales. El Ser omnipotente es el que continúa, es el que trasciende. Nosotros nos vamos. Él se queda: Él trasciende. En suma, los ateos no creen en Dios. Y más cuando llevan una vida confortable, se olvidan incluso de que van a morir. Simplemente se dejan llevar por el momento sin llegar a darse cuenta de que también somos seres espirituales.

Finalmente, lo importante es que todas las personas encuentren objetivos claros en su vida, si se acercan a la presencia de Dios, es posible que sus ideas, intereses y compromisos se vean más claros, seguros y con mayor calidad humana y sobre todo, que no se pierdan en los abismos del mal. Que los bienes materiales sean exclusivamente para llevar una vida agradable y no que sean para generar el mal.

Luis González, cierra la idea del ateísmo con una propuesta que considera la ética personal y la existencia de Dios. Esta propuesta, en el fondo enriquece nuestro horizonte de conocimiento:

"... el fundamento metafísico del ser (...) permite alcanzar a Dios como plenitud de ser, y proporcionar al hombre un sentido para su vida, con la participación de aquella plenitud de ser en la que consiste Dios." [330]

No cabe duda que la plenitud del Ser, está en cada persona, es necesaria encontrarla y desarrollarla para conocer su operatividad en nuestra existencia. Por ejemplo, el generar vida, concluir un posgrado y cumplir algún objetivo de vida, entre otros compromisos. El estar conscientes de que vamos a morir; en fin, hay un sinnúmero de manifestaciones del Ser eterno en la tierra, mismas que nos hacen voltear al interior de nuestra persona y darle gracias por permitirnos vivir, estar sanos y ser inteligentes.

---

[329] En el Diccionario Herder encontramos que ateo es una palabra griega que significa sin Dios. En otras palabras, la negación de la existencia de Dios o de la posibilidad de conocer su existencia.

[330] Op. cit. Angel Luis González., p. 59.

En suma, no hay que buscar a Dios en el cielo, lo tenemos en nuestra propia existencia. Es Él, quien nos permite continuar respirando y caminar en esta tierra esplendorosa.

Dios: el máximo creador del Universo.

Con este Dios trabajamos, con el Dios natural y sobrenatural; superior al mundo humano, trascendental y creador del Universo en expansión.

Algunas hipótesis astronómicas que en cierta forma iluminan nuestra percepción en relación a un principio eterno, lo podemos apreciar en las siguientes propuestas de los astrónomos Barrow y Silk:[331]

I. **¿Es la estructura del Universo un argumento de la existencia de un Gran Diseñador?**

Un Gran Diseñador del Universo es como estos astrónomos se dirigen al máximo Creador. Son años de estudio, sorpresas, errores y avances lo que les ha permitido llegar a esta conclusión.

Por ende, se da esa posibilidad existencial de un Ser Superior. Algunos de sus argumentos que les han permitido mantener esa posición del Gran Diseñador del Universo son:

II. **En muchos aspectos, el Universo está hecho a la medida de la vida. Es lo bastante fresco, lo bastante viejo y lo bastante estable para evolucionar y sostener la frágil bioquímica de la vida.**

Con esta idea, nos queda claro que la fragilidad bioquímica de todo cuanto existe, puede dejar de ser. Para ello es posible la soberbia humana, la naturaleza propia de la tierra y los fenómenos provenientes del exterior del planeta que podrían afectar su constitución y armonía generando el caos.

Por ende, existen fenómenos y posibilidades internas y externas que finalmente podrían terminar con esa fragilidad bioquímica. Pongamos el máximo de nuestra inteligencia e inversión en ciencia y tecnología para librarnos de esos fenómenos exteriores a la capacidad humana. Mientras a nivel terráqueo, esforcémonos por fortalecer los principios éticos universales

---

[331] Cf. Barrow, Jhon D. y Silo, Joseph. *El lado izquierdo de la creación. El origen y la evolución del universo en expansión.* FCE. México, 1998.

que nos pueden ayudar a mantener la vida en la tierra y trascender como seres inteligentes.[332]

Uno de esos principios éticos mundiales, los podemos encontrar en el pensamiento de Karl Popper.

Para Popper, la ética tiene que ver con la responsabilidad en su máxima expresión; sugiere un programa humanitario más o menos aceptado universalmente, su propuesta es la siguiente:

a. **Más libertad controlada con responsabilidad.**

Estas dos palabras: libertad-responsabilidad, son de gran dimensión, es decir, con ellas podemos superar nuestra condición como seres racionales normales, para superar ese nivel, por medio de la ejercitación de la libertad-responsabilidad. En este sentido, el ser humano tiene el compromiso natural y racional de comprometerse con este binomio existencial para hacer de su persona, un ser por excelencia que busca, finalmente, una vida llena de satisfacciones, ecuanimidad y estabilidad emocional.

Por lo tanto, la libertad es un imperativo natural de la especie humana; el responsabilizarse de esa libertad, es lo que realmente importa para que se vallan generando personas de excelencia e inteligentes.

De esta forma, mientras más responsable sea una persona, mayor será su horizonte de felicidad y lo contrario, mientras más libre es una persona, tendrá que ser más responsable para vivir una vida digna y con arte, a propósito, y llena de satisfacciones para asumir una muerte en paz y consciente de esta finalidad.

En la medida en que la humanidad sea responsable inteligentemente de sus actos, automáticamente, la condición y actuación humana en la tierra, tendrá que irse afinando, elevando e intensificándose la calidad de la misma.

---

[332] Aquí acudimos a algunos principios éticos mundiales promovidos por Hans Küng: 1. Todos somos responsables en la búsqueda de un orden mundial mejor. 2. Un compromiso con los derechos humanos, con la libertad, la justicia, la paz y la conservación de la tierra. 3. Que nuestras distintas tradiciones religiosas y culturales no deben ser obstáculos que nos impidan trabajar juntos a favor de una mayor humanización. 4. Que estos principios puedan ser compartidos por todo ser humano. 5. Procurar el bien de la humanidad entera y de cuidar el planeta tierra. Op. cit. *Reivindicación de una ética mundial.*, pp. 30-31.

b. **Paz mundial.**

¿Cuál es el imperativo de la especie humana en el planeta? Evidentemente vivir con seguridad, en paz y con salud. Mientras siga prevaleciendo la ignorancia, la mediocridad, la falta de responsabilidad inteligente, habrá grandes abismos existenciales y por ende, pautas para que la ignorancia, la soberbia, la mezquindad, la inseguridad, entre otras deficiencias, se apoderen de aquellos lados débiles y se genere la incertidumbre, la violencia, la insalubridad, el hambre, entre otras debilidades. ¿Qué importancia tiene el Creador del Universo detrás de esta mecánica de muerte y destrucción? ¿Hace falta un guía Universal por encima de los errores, deficiencias, ignorancia, soberbia, mezquindad, apatía, entre otras, fragilidades de la especie humana? Evidentemente sí. Por ende, a través del mensaje del todopoderoso: **amor, paz, justicia, libertad** y **reconciliación**,[333] se podrá sensibilizar más a los grandes personajes de las construcciones socio-políticas de todo el planeta.[334] Recuérdese que las deficiencias humanas, a la larga, afectan a toda la humanidad no sólo a algunos cuantos pues, finalmente, todos habitamos este planeta.

c. **Lucha contra la pobreza.**

La prioridad número uno para frenar la pobreza en el planeta, continúa Popper, es la educación, la formación humana. En la medida en que se satisfaga esta potencialidad: cultivación de la mente a través de una formación educativa para la vida, la responsabilidad, la libertad y el crecimiento humano, en suma, la especie humana afinará mejor su existencia y trascendencia como personas. Entonces, tenemos que una forma de frenar la pobreza material y espiritual, es por medio de la formación humana. No hay otro camino, por lo menos racionalmente.[335] Una especie humana culta y bien educada, tendrá mayores horizontes y oportunidades para vivir una vida a propósito y de calidad. Porque la vida no es vivir por vivir. Es una vida limitada, por

---

[333] Cf. Baptist Metz, Johan. *Dios y tiempo.* Trotta. España, 2002, p. 18. Subrayado mío.

[334] Inclúyase líderes políticos, empresarios, guías espirituales y lideres religiosos, intelectuales y organizaciones gubernamentales y no gubernamentales.

[335] Albert Eistein aparece en la propuesta de Hans Küng, su aportación es: "... la pervivencia de nuestra civilización depende de que cultivemos la ciencia de las relaciones humanas: la capacidad de personas de diferente origen de vivir y trabajar juntas y en paz en el mismo mundo." Op. cit., *Reivindicación de una ética mundial.*, p. 55.

lo tanto, tenemos la obligación de buscar todas las posibilidades para que sea de calidad.

En la medida en que una persona se educa, se abren mayores espacios para su trascendencia como ser profesionista: como un ser de principios, pensamientos brillantes y propuesta cognoscitiva. Una persona educada, se vuelve más responsable con su persona y con el mundo social. En este sentido, la pobreza es una posibilidad, pero el horizonte de la vida con calidad se torna más accesible. En suma, en nosotros como seres racionales, está el condenarnos o liberarnos de la pobreza material y espiritual.[336]

d. Lucha contra la explosión demográfica.

Esta es otra hipótesis de Popper para subir la calidad de vida en la humanidad: la educación. Pero no cualquier educación, sino una educación para vivir bien. Para pensar, para ser responsables y en búsqueda permanente de la superación personal. Una **educación integral racional y espiritual**. Ya hemos visto que cuando se le da prioridad a la racionalidad, la vida humana espiritual de las personas queda incompleta de calidad humana. Sin embargo, cuando se atienden ambos lados de la persona: vida racional-espiritual, se puede hablar de personas educadas bajo la luz de un formación íntegra.[337] Una formación que te permite pensar, pero también amar. Una formación para la vida, la libertad y la responsabilidad. En el fondo, esta responsabilidad es la que realmente vale la pena, precisamente porque las personas se vuelven más inteligentes de sus actos personales y sociales. Con base en esta formación hay menos errores y por lo tanto más control de los instintos humanos. Por ende, más **responsables de los actos sexuales**. Sí al acto sexual pero con responsabilidad.[338] No al acto sexual sin compromiso. Es precisamente en la reproducción, donde está de por medio el más alto compromiso de la especie humana. Ese acto sexual nos dignifica como personas o nos minimiza como seres vivos que nacen, crecen, se reproducen y mueren.[339] Una vez más, en nuestra inteligencia está

---

[336] Cf. Savater, Fernando. *El valor de educar.* Ariel, España.

[337] Op. cit. Ocampo Ponce, Manuel. *Las dimensiones del hombre. Un estudio sobre la persona humana a la luz del pensamiento filosófico de Santo Tomás de Aquino.* Edicep. España, 2002 así como, García Alonso, Luz. *El hombre: su conocimiento y libertad.* Porrúa-Universidad Anáhuac del Sur. México, 2000.

[338] Cf. Sartori, Giovanni. *La tierra explota.* Taurus. España, 2003.

[339] Cf. Baptiste Botal, Jean. *La vida sexual de Immanuel Kant.* UNAM. México, 2004.

la responsabilidad y decisión para seguir actuando como seres superiores o mediocres. El control de nuestros actos sexuales, siempre implicará una fuerte carga de racionalidad y presencia espiritual, para hacer de nuestra existencia seres superiores. Repetimos: sí a la reproducción humana, pero con responsabilidad, inteligencia y entrega. Traer seres humanos a la tierra a sufrir o, traer seres humanos a la tierra para vivir como personas dignas. Esa sería una de las grandes interrogantes. Ese es el gran paradigma de la magia, y compromiso humano: la reproducción de la especie humana para vivir bien o para estar limitados por la pobreza. Evidentemente, detrás de estos actos, está el máximo creador del Universo quien en última instancia es el que hace posible la vida en la tierra y en concreto, con la especie humana. De tal forma que, querer es fácil, poder, es lo complicado. Sin embargo, no existen imposibles para los seres humanos, sólo el Ser creador es el único que nos puede decir: ¡Hasta aquí llegaste!

e. **Educación para la no violencia.**

Uno de los principios teológicos que se manifiestan a través de diferentes corrientes religiosas es la paz. Una paz que busca la permanencia y trascendencia de la especie humana. Por ende, señores propietarios de los medios de comunicación masiva electromagnéticos y escritos: la violencia se ha dicho, genera más violencia por el medio que se quiera pensar. Violencia en el corto, mediano y largo plazo. En las familias y en las desarticulaciones humanas. Violencia en hogares, en los niños y los adolescentes, en la vía pública y centros humanos. Sólo se pide un poco de ética con sentido común[340] para no seguir fomentando esta tendencia denigrante y destructiva de la humanidad. Un esfuerzo por superar un mínimo de la dignidad humana por encima de los intereses económicos. Es inclusive por la propia familia de los responsables y dueños de los medios masivos de comunicación. En fin, un **NO rotundo a la violencia** cualquiera que esta sea y por el medio que sea.

f. **Dominio y limitación de la burocracia.**[341]

---

[340] Cf. Duthíe, Ellen. *Thomas Reid. Investigación sobre la mente humana. Según los principios del sentido común.* Trotta. España, 2004 así como Hernández Prado, José. *La filosofía del sentido común. Thomas Reid.* UAM-Azcapotzalco. México, 2003 y, Sartori, Giovanni. *Homo videns. La sociedad teledirigida.* Punto de lectura. España, 2005.

[341] Op. cit. Popper, Karl R. *La responsabilidad de vivir. Escritos sobre política, historia y conocimiento.* Pp. 265-268.

La burocracia tiene razón de ser cuando es eficiente y no está comprometida con grupos de poder y de presión. Cuando tiene límites y es transparente. Aquí, lo importante es reconocer la idea de menos Estado y más libertad. Un Estado mínimo es suficiente para cubrir las necesidades y conflictos administrativos. Es necesario que la burocratización este consciente de su responsabilidad y no obstaculice la libertad y tranquilidad de las personas.[342] Que el burócrata está para servir, atender y solucionar problemas. Lo destacable también es que dentro de la burocratización se encuentran los servicios de policía. En este sentido, los oficiales de la policía tienen mayor compromiso para garantizar la libertad, la paz y la justicia entre la población. Ese es el imperativo de cualquier Estado Democrático de Derecho. Por ende, los policías como la manifestación más inmediata del Estado jurídicopolítico, tendrá que actuar con responsabilidad, profesional y con la idea de servir con ética y sentido común, para lograr que las personas vivan bien en cualquier Estado Político.[343]

Con respecto a la Ética Mundial, Karl Popper refiere:

---

[342] Sin embargo, encontramos que la política es importante para garantizar las relaciones entre las personas. También para regular el derecho, la economía y la administración pública; ejerciendo políticas que se traduzcan en ser eficientes para la buena interacción de las personas en sociedad. En suma, la aplicación de la política como imperativo regulatorio de la especie humana, siempre será el paradigma garante de la libertad, la seguridad, la justicia y el pleno crecimiento y desarrollo de la humanidad. En este contexto Habermas refiere: "La democracia se adecua a esta forma moderna de un Estado territorial, nacional y social, dotado de una administración efectiva, porque una comunidad debe estar suficientemente integrada desde un punto de vista político-cultural y ha de ser suficientemente autónoma desde el punto de vista espacial, social, económico y militar, esto es, independientemente de influencias externas, si es que los ciudadanos unidos quieren estar dispuestos a gobernarse en las conocidas formas del Estado constitucional democrático y de configurar políticamente su sociedad." Op. cit., *Tiempo de transiciones.*, p. 95. Con esta idea habermasiana, percibimos que una organización política bien estructurada, bajo un esquema de un Estado Democrático de Derecho, goza del respeto a las personas entre ellas mismas, así como la garantía de sus derechos fundamentales. Finalmente, la política es un instrumento capaz de garantizar la plenitud de la humanidad.

[343] Cf. Ruiz, José Luis. *Política y administración de la seguridad pública en el Distrito Federal: 1995-1997.* Tesina de licenciatura. UNAM-FCPyS. México, 1998.

- **Necesitamos una ética que rechace absolutamente éxito y recompensa.**

No hay éxito ni recompensas, sólo hay una ética que busca la libertad, la responsabilidad, la justicia, el rigor en el conocimiento, el compromiso con la calidad de vida y la formación educativa-cultural de la especie humana. En este sentido, se busca una ética personal sin mayor interés que el desarrollo biopsicosocial de uno mismo, para de esta forma, reflejar esa calidad de vida en el medio social.

- **Tenemos que aprender a hacer nuestro trabajo, sacrificarnos por él y no por conseguir la fama o evitar el deshonor.**

En este sentido, el trabajo debe ser un gesto para dignificarnos, ser responsables y que se cubran nuestras iniciativas personales y profesionales, las cuales forman parte de la ética de cada persona. Un trabajo que genere satisfacción personal y proyección para la realización de objetivos personales; lo contrario, nos desgasta, encapsula y limita nuestras capacidades y potencialidades humanas.

- **Somos nosotros quienes hemos de decidir cuál debe ser la meta de nuestra vida, y determinar nuestros fines.**

Este es uno de los principios éticos más importantes de la existencia humana. Nadie más que uno-mismo es responsable de su vida. El mundo que nos rodea es lo que afecta nuestra cultura, nuestro conocimiento y formación humana; sin embargo, nosotros somos los que debemos responder ante nuestra vida, libertad y personas que hacen posible nuestra existencia. Otras (os), nada más comparten su espacio-tiempo y gravitación con nosotros; pero, uno-mismo debe formularse sus objetivos de vida, los medios y su alcance, eso en el fondo es responsabilidad inteligente. Esto es lo que quiere Popper para la humanidad: que asuman su responsabilidad como seres racionales y exploten sus capacidades para elevar el nivel de convivencia y existencia personal; lo contrario es vivir sin mayor trascendencia que los seres normales naturales: nacer, vivir, reproducirse y morir.

- **Somos absolutamente responsables de nuestras acciones y de la repercusión de las mismas en el curso de la historia.**

Todos los seres humanos dejamos una idea, una imagen, un "algo" que se reflejará en las construcciones de las personas que compartieron su tiempo con nosotros; en este sentido, es necesario hacer buenas obras para que se beneficien nuestros descendientes, amistades o compañeros de lugar-tiempo-gravitación. De tal forma que, hay que dejar ejemplos positivos que beneficien a la humanidad, primero los más próximos a nuestro mundo, posteriormente la trascendencia con otras personas. Por ende, actuar bien, nos beneficia a todos, en palabras de Tomás de Aquino: hacer el bien y evitar el mal. Generar y actuar con base a procurar el bien común y, en este sentido, compartir la calidad de vida con la humanidad.

- **El progreso depende de nosotros, de nuestros desvelos, de nuestros esfuerzos, de la claridad con la que nos representamos nuestros fines, y del realismo de nuestras decisiones.**[344]

Otra hipótesis central popperiana que se puede reflejar por cualquier persona y en cualquier parte del planeta: la fuerza integral del ser humano (razón + voluntad = inteligencia)[345]en los actos personales para cumplir con los objetivos de vida social. Es por medio de ese esfuerzo sistematizado como podemos lograr nuestros más altos objetivos, lo contrario nos debilita, nos desestabiliza y confunde. Por ende, fortaleza y objetivos claros para cumplir con los compromisos dignificantes de toda persona comprometida con la calidad de vida y una ética mundial con mensajes claros de amor, paz, libertad y justicia social; en suma estamos ante un gran reto en nuestra vida.

Hemos repasado algunas propuestas éticas y humanas del filósofo Vienés Sir Karl Popper, precisamente porque él es un gran crítico del conocimiento, de la formación humana y defensor de la calidad de vida, no sólo en países occidentales, sino también en países subdesarrollados. Esa es la gran aportación por la cual hemos acudido a Popper. En suma, un Popper exigente con su persona, con su conocimiento y con la formación humana que nos beneficiará a los que continuamos en este camino del conocimiento teológico, filosófico y político.

En conclusión, estas propuestas popperianas, las podemos sintetizar de la forma siguiente:

1. La responsabilidad humana.
2. La educación.
3. La ética mundial.

---

[344] Op. cit. Karl Popper. *La responsabilidad de vivir.,* pp. 171-174.
[345] Op. cit. José Luis Ruiz. *El pensamiento jurídico-político en Tomás de Aquino y su aplicación a la gobernabilidad en México.*

4. El control de la natalidad.
5. La paz mundial.
6. El control de los medios masivos de comunicación.[346]

Finalmente, esa perfección y armonía de la vida en la tierra y el Universo, no puede ser obra más que del Máximo Creador. Claro que en las construcciones humanas existen aproximaciones a la perfección, pero una perfección absoluta, la podemos alcanzar con el autor de todo cuanto existe del Gran Diseñador.

Con estos principios ético-filosóficos popperianos, en coadyuvancia con los principios para una ética mundial promovida por Hans Küng, el perfil de una política y ética mundial se aclara y, por ende, se perfilan oportunidades para que a través de la política, la teología y la responsabilidad, la humanidad supere y afine la calidad de vida contemporánea y venidera.

En suma, no hay motivos para negarse a la integración de una política y ética teológica mundial; la voluntad, e ideas están, hay que buscar el encuentro para consolidar estos principios para el bien de la especie humana.

Regresando con el astrónomo Robert M. Wald, en referencia a Dios, encontramos las siguientes hipótesis:

La prueba de la existencia de Dios se encuentra en la constancia e inmutabilidad de leyes de la naturaleza.

Hay una constancia y un cambio en la naturaleza que, sin embargo, cambian para permanecer, para trascender. Esa constancia permanente, así como las diferentes mutaciones, tienen que darse por la dinámica de la propia naturaleza y detrás de ella, el Gran Diseñador del Universo. Imaginémonos al ser humano como el Gran Diseñador de la naturaleza. ¿Es posible eso? Para ser una gran diseñador no de cualquier cosa, sino de la naturaleza, es necesario superar el tiempo, el espacio, la causalidad, el movimiento y la gravitación.[347] Pero además, poseer el poder y energía suficiente para mantener la armonía, movimiento y trascendencia de todos los fenómenos internos y externos al *habitat* humano. Entonces, las cosas no son sencillas, es necesario comprender la potencialidad del Universo para empezar a entender la presencia del máximo Creador y Diseñador del Universo.

---

[346] Aquí agregaríamos la mayor inversión en ciencia y tecnología.
[347] Op. cit. Wald, Robert M. *Espacio, tiempo y gravitación. La teoría del "Bing Bang" y los agujeros negros.*

Otro de de los argumentos que manejan estos astrónomos, es la presencia de milagros, fe, creencias, entregas, entre otras, donde se vea la respuesta en las manifestaciones, por cualquier vía del máximo creador del Universo.

En este contexto, encuentro la siguiente hipótesis:

La primera prueba de una deidad se encuentra en los informes de milagros: violaciones de las leyes de la naturaleza.

Estos milagros, como podemos determinar van más allá de los parámetros racionales y convencionales del movimiento que le da vida a la estructura humana. Esos milagros que se manifiestan por medio de actos del Máximo Creador del Universo a la especie humana, enriquecen las posibilidades de conocimientos susceptibles de conocer. Sólo los humanos, son capaces de aceptar la manifestación de ese poder absoluto que emana del constitutivo formal-material del Universo. Por ende, los milagros, favores y demás actos de persuasión que se pueden generar en la percepción humana van más allá de sus propias limitaciones. Esta es otra consideración de los astrónomos que le dan posibilidad a la exposición del Máximo Creador del Universo y el mundo.

Asimismo, encontramos, en la propuesta de Barrow y Silk, la presencia del Ser eterno con la consideración de la materia y anti-materia. La hipótesis es la siguiente:

Es el ligero desequilibrio entre materia y antimateria el que permite a la materia sobrevivir a los extremos de la Gran Explosión; sin él, el Universo sólo contendría radiación.

La anti-materia, en esta hipótesis astronómica, es parte de la constitución, movimiento y trascendencia de la materia. Sin embargo, aproximarnos a la percepción de la anti-materia es tomar en consideración la presencia y existencia de un Ser Superior que no se puede manifestar plena y completamente, pero que ahí está, como constitutivo de lo que es y no es: Un máximo Creador que abarca lo contrario de lo que no es, y que sin embargo, puede ser. En este sentido, podemos generalizar que el Máximo Creador del Universo es el mismo que le da ser a lo que es y no es. Al ser y la nada como lo diría Jean Paul-Sartre.[348]

---

[348] Op. cit. Sartre, Jean Paul. *El ser y la nada.* Alianza. Madrid, 1989.

Finalmente, tenemos la hipótesis de estos astrónomos quienes refieren que la máxima manifestación del creador es cuando se da la Gran Explosión.

Analicemos la propuesta:

En las teorías cosmológicas el papel del Creador es esencialmente asumido por la desnuda singularidad de la Gran Explosión.

En ese momento se junta el espacio, el tiempo y la gran gravitación en una sola brevedad instantánea, dentro de un campo electromagnético, generando en los primeros 10 segundos, la historia de la expansión del Universo. Es ahí donde, nuestros grandes astrónomos, Barrow-Silk,[349] encuentran la primea gran manifestación del Gran Diseñador del Universo: Dios. El Ser eterno; el arquitecto de todo cuanto es y no posible dentro de nuestra limitada existencia.

En este contexto, la propuesta de estos astronautas, nos sacude la conciencia ordinaria con la que trabajamos todos los días y nos llevan a una dimensión de reflexión rigurosa en torno a nuestros orígenes, trascendencia y decadencia como seres racionales, limitados y diseñados naturalmente para dejar de existir.

Estas propuestas son de dos grandes conocedores de la ciencia, por ende, su conocimiento no queda limitado exclusivamente a la cientificidad, por lo contrario, trascienden esas limitaciones cognoscitivas y llegan a la aceptación de que hay un ser superior a las posibilidades humanas y naturales. Ese es el Gran Creador. El que determina, estructura y define los fenómenos naturales y humanos: Dios.

¿Qué pasa entonces con la presencia de Dios en el oficial de policía?

Dios en la mente del policía.

Se puede analizar desde diferentes perspectivas, la presencia de Dios en la mente del oficial de policía. Así tenemos que en la cultura teológica del policía hay varias tendencias de credibilidad en un ser superior y poderoso en relación al poderío humano.

---

[349] Op. cit., Barrow, John D. y Silo, Joseph. *El lado izquierdo de la creación. El origen y la evolución del universo en expansión.*

Todo depende, una vez más de la formación socio-cultural del oficial de policía. En este contexto, sabemos por lo menos en la policía capitalina mexicana, que existe credibilidad, fe, aceptación o simpatía en lo siguiente:

1. La virgen de Guadalupe.
2. San Judas Tadeo.
3. La Santa Muerte.
4. Santeros.
5. Cristeros.
6. Magia blanca.
7. Magia Negra.
8. Chárbelistas
9. Metafísicos.
10. New ege.
11. Testigos de Jehová.
12. Pentecostes.
13. Incrédulos.
14. Agnósticos.
15. Panteístas.
16. Otros.

Como podemos apreciar, son varias las tendencias teológicas policiales. Este hecho nos remite al respeto en las creencias. Por lo tanto, existe esa posibilidad de credibilidad en un Ser superior a la condición humana.

¿En qué momento surge ese acercamiento policial hacia esos seres superiores a uno-mismo?

Lo cierto es que en el mundo policial, por la misma actividad que está más allá de los encuentros ordinarios y que convive con delincuentes, enfermos mentales y personas débiles; donde la violencia, el mal, la enfermedad, la barbarie y animalidad humana, es una constante, es precisamente donde es necesario encontrar un ser superior a la esencia humana que brinde ese consuelo, ese calor, esa guía, esa seguridad que rebasa nuestros procesos racionales.

En conclusión, somos los seres que estamos en interacción permanente con las personas que se dedican a realizar su vida por el camino del mal. ¿Qué posición debemos adquirir en este sentido? De entrada podemos afirmar que somos seres más fuertes que los seres ordinarios, por lo menos mentalmente por lo mismo del encuentro con el mal y la fortaleza ante el mismo.

En suma el conocimiento de un ser superior por vía racional, por medio de la fe o simplemente por el afán de creer, nos permite darnos cuenta de que podemos contar con dichas percepciones y configuraciones de conocimiento, mismas que nos generan bienestar, paz interior e inteligencia para hacer y seguir haciendo bien nuestro trabajo, por lo menos en las religiones y creencias que se dedican a hacer y buscar el bien.

Estas creencias, religiones y tendencias filosóficas, finalmente nos permiten reconocer que hay un ser superior a las capacidades humanas y que se puede manifestar en la armonía y perfección de la naturaleza; en las limitaciones y finitudes del ser humano; en la idea y percepción de la eternidad, en el bien y el mal; en fin, lo cierto es que ese ser eterno es y lo podemos apreciar, por ejemplo en nuestro ser e inteligencia. Con esa percepción, tenemos argumentos suficientes para darnos cuenta de nuestra perfección humana, de nuestras potencialidades, debilidades y posibilidades, en fin, de nuestra existencia.

Entonces como policías ¿cuándo podemos acudir al ser eterno, a su consejo, simpatía e impulso para continuar adelante?

En todo momento sería la respuesta, precisamente porque nosotros más que otras paersonas estamos expuestos a los comportamientos más sanguinarios y manipuladores de la especie humana. Es un trabajo exclusivo para personas fuertes, física y mentalmente, precisamente porque debemos de mantener la ecuanimidad ante situaciones complejas de vida o muerte, de secuetros con violencia y sufrimiento generalizado, en fin, estamos expuestos a una serie de comportamientos humanos donde el mal es la estructura que nos permite trabajar.

De tal forma que somos los enemigos primordiales del mal, porque lo atacamos en todas las formas posibles.

Justamente el ser policías es un honor, un prestigio y una forma de actualizar el bien por medio del ataque al mal.

CONCLUSIONES

Hablar de una filosofía para policías, no es fácil. Es un trabajo intelectual que hay que delimitarlo, afinarlo y encausarlo por los senderos que le resulten entendibles y prácticos para las mentes policiales.

Es un compromiso intelectual complicado porque, normalmente no hay mucha propuesta en relación al trabajo policial, si acaso, existen algunas aproximaciones con tendencia jurídica, técnica y operativa; pero el lado humano e intelectual del policía ciertamente es atendido en forma parcial.

¿Qué significa esto? Posiblemente que el poco interés que se demuestra en Universidades, Institutos, Tecnológicos de educación superior, entre otro tipo de instituciones de estudios, se debe a que el trabajo policía suele ser lejano a los parámetros de conocimiento convencionales, en este sentido, no vale la pena el estudio serio del trabajo policial.

Sin embargo, en esta propuesta generamos, un poco de conocimiento en relación al trabajo policial.

Por lo tanto, el policía no solamente es:

- Un ente mecánico y limitado
- Un ser no-humano.
- Una persona que no piensa.
- Un ser que no siente.
- Un ser eterno.

Por lo contrario, el policía es:

a. Un ente con inteligencia superior.
b. Un ser que se preocupa por el bienestar de las personas.
c. Un ser que siente y sufre.

d. Un ser con energía, valentía y coraje por hacer bien su trabajo en beneficio de otras personas.[350]
e. Un ser que tiene familia.
f. Un ser que es educado y cuenta con estudios superiores.
g. Un ser que conoce del lado oscuro de la humanidad.
h. Un ser que convive con el mal y que lo sabe atacar y sobrellevar.
i. Una persona que sabe que, en cualquier momento, puede perder su vida, su libertad o trabajo.
j. Un ser que ejerce la ciencia y técnica como premisas fundamentales para profesionalizar su trabajo.
k. Un ser en potencia pero que, necesita del conocimiento para despertar esas potencialidades y actualizarlas, y, en ese sentido, generar el bien.
l. Finalmente el oficial de policía es un científico social.
m. Un ser que necesita del conocimiento general (científico-filosófico, experimental-empírico, teológico-metafísico) para entender el comportamiento complejo natural de los seres humanos y sus construcciones sociales.
n. En suma, el policía es un crítico social, un psicólogo social, un guía humano y un garante del Estado de Derecho: un filósofo de la existencia y complejidad humana.

En esta **"Filosofía para policías"** es lo que intentamos magnificar: Un mensaje para la mente del policía. Un mensaje que lleva varias líneas de conocimiento que finalmente le servirán para entender la evolución socio-cultural de la humanidad. Una filosofía que permita al policía humanizarse cada día más, a través de su propio trabajo y el conocimiento teórico pragmático que proporciono en esta obra.

Es un trabajo que sigue los principales postulados de algunos filósofos, corrientes de pensamiento, ramas de la filosofía y tendencias teológicas.

Es una obra que coadyuvará, -en forma limitada-, a despertar el pensamiento crítico del policía, aclarar sus horizontes de conocimiento y proyectarse por el camino del bien, la responsabilidad, el profesionalismo y la conciencia de que este trabajo es de los más difíciles, peligrosos, angustiantes, estresantes y por ende, una forma de adquirir claridad mental para entender la complejidad humana y la mente de las personas que se inclinan por el camino del mal.

---

[350] Aunque desafortunadamente existen malos compañeros que se han inclinado por el camino del mal. Afortunadamente son los menos.

En fin, es una obra rigurosa, pero no imposible de asimilar, pues es un trabajo generado por una mente policial, política y filosófica que busca compartir el conocimiento por el bien de los propios policías, los ciudadanos y el bienestar de todas las personas que hacemos posible este mundo.

En este sentido, concluir una obra no es fácil, precisamente porque así es el conocimiento, una constante en permanente movimiento que es aprehendido por la inteligibildad humana, y en cierta forma, como base en la dedicación, atención y entrega que se deposite en esa tendencia al conocimiento, será posible ser personas sabias. Pero no seres cognitivos de alta envergadura, sino apenas, un mínimo, un ápice, un poquito como decimos en México, en relación al conocimiento universal. En este sentido, nos damos cuenta que mientras más conocemos, más percibimos que es poco el conocimiento que captamos en relación al conocimiento universal posible y, mucho menos, al conocimiento posible de alcanzar, mismo que está en potencia, pero que por nuestras limitaciones racionales e inteligentes nos cuesta mucha trabajo arribar a él. Sin embargo, en la medida en que nos esforzamos todos los días por conocer más, en ese intento engrandeceremos nuestra mina cognitiva.

Por lo tanto, esta es una obra filosófica inconclusa, precisamente porque no tendríamos toda nuestra vida para concluir lo que deseamos para los policías; sin embargo, considero que este es un leve avance que, espero otras mentes continúen en este horizonte de aportar conocimientos para uno de los seres más interesantes que caminan por este planeta: los policías.

En este sentido, esta obra es un principio filosófico para policías. No quedamos satisfechos en el fondo, pero superficialmente estamos en paz, precisamente porque hemos abierto nuestros pocos conocimientos filosóficos para compartir con los grandes oficiales de policía que se preocupan permanentemente para llevar a donde tienen que estar a los violadores de las leyes y buscar la paz, tranquilidad, desarrollo y crecimiento inteligente de la especie humana.

En esta obra, hemos hecho filosofía pues finalmente, la filosofía es "amor a la sabiduría"; de tal forma que los oficiales de policía con mente crítica, mente inquieta, mente comprometida con el conocimiento, seguramente les servirá, para continuar por la vía de la superación personal y grupal.

Es un trabajo que reconoce el poder de la metafísica, de la epistemología-gnoseología, de la ética-moral, de la filosofía del derecho, de la filosofía de la mente y finalmente de la teología como posibilidad para tener la mente y el espíritu policial en paz y en armonía consigo-mismo y con el Ser que hace posible la existencia en todo el universo.

Es una propuesta filosófica que pide dos cosas: atención y superación intelectual. Como oficiales de policía no podemos quedar sólo con los conocimientos que aprendemos en las academias e institutos de policía, ya lo hemos referido, el policía tiene el compromiso de ser un pragmático, un científico social y un sabio; juntando estos tres estadios de conocimiento, será posible contar con policías cultos, profesionales, eficientes y con alta calidad humana. ¿Pero, por qué es importante el cultivo intelectual de los policías? Justamente porque trabajamos directamente con seres humanos, no con máquinas o animales inferiores, simplemente trabajamos para generar satisfacción, felicidad, seguridad y armonía entre los seres más inteligentes de la tierra.

Entonces, un policía, mientras más culto sea, tendrá mayores posibilidades para disfrutar su vida, su trabajo y aceptar su muerte inevitable, absoluta y definitiva.

Por lo tanto, esta obra es para mentes críticas policiales, rigurosas con el conocimiento y con la llama interna que nos proyecta hacia el mundo de la sabiduría; de hacer el bien y de atacar a los delincuentes pues, son enfermos, desadaptados sociales y que por cuestiones atropológicas y socio-culturales, son lo que son.

Nuestra misión es simplemente aplicar la ley para evitar que estas personas hagan daño a seres normales, inocentes y con mentes limpias, sanas y agradables.

Finalmente, es una obra para todo el público interesado en lo que hay en la mente de algunos oficiales de policía que se preocupan por crecer intelectual y socialmente, en beneficio de todos los que hacen posible la vida en esta tierra maravillosa.

BIBLIOGRAFIA

- Alvira, Tomás; Clavell, Luis; Melendo, Tomás. *Metafísica* Eunsa. España, 1998.
- Apel, K. O. *la transformación de la filosofía.* Madrid, 1985.
- Arendt, H. *Los origenes del totalitarismo.* Madrid, 1982.
- ----------. *La condición humana.* Barcelona, 1993.
- Aristóteles. *Ética. Metafísica.* Edimat. España, 2002.
- Artigas, Mariano. *Lógica y ética en Karl Popper.* Eunsa. España, 2001.
- Basave Fernández del Valle, Agustín. *Metafísica de la muerte.* Limusa. México, 1983.
- ---------------------------------------. *Meditación sobre la pena de muerte.* FCE-Comisión estatal de Derechos Humanos. Nuevo León. México, 1998.
- Baptist Metz, Johan. *Dios y tiempo. Nueva teología política.* Trotta. España, 2002.
- Barrón Cruz, Martín Gabriel. *Policía y seguridad en México.* INACIPE. México, 2005.
- Barrow, John D. y Silo, Joseph. *El lado izquierdo de la creación. El origen y la evolución del universo en expansión* Fce. México, 1988.
- Bautista L., Erasmo. *Los fundamentos del conocimiento humano.* Universidad Pontificia de México. México, 2000.
- Becker, W. *La libertad que queremos.* México, 1990.
- Biblia de Jerusalén. Porrúa. México, 1988.
- Bobbio, Norberto. *Estado, gobierno y sociedad. Por una teoría general de la política.* FCE. México, 1989.
- Buber, Martín. *Eclipse de Dios.* Sígueme. España, 2003.
- ----------------. *¿Qué es el hombre?* FCE. México, 2006.
- C.J. Friedrich. *La filosofía del derecho.* FCE. México, 2002.
- Canetti, Elías. *Masa y poder.* Alianza Editorial. México, 2002.
- Cardona, C. *Metafísica de la opción intelectual.* Rialp. España, 1973.

278 [JOSE LUIS RUIZ]

- Carrillo Prieto, Ignacio. González Ruiz, Samuel y Mendieta Jiménez, Sergio. *Hacia la profesionalización de la policía judicial federal mexicana.* INACIPE. México, 1992.
- Cassirer, Ernst. *Antropología filosófica.* FCE. México, 1974.
- Castaneda, Carlos. *La rueda del tiempo. Los chamanes del Antiguo México y sus pensamientos acerca de la Vida, la Muerte y el Universo.* Plaza y Janés. México, 1999.
- --------------------. *The active side of infinity.* HarperCollins, New York, 1999.
- --------------------. *El conocimiento silencioso.* Emecé. México, 1988.
- Código Penal para el Distrito Federal, México, 2008.
- Coll, Rosa. *Ni ética ni cultura. En torno a Nietzsche y Heidegger.* Catálogos. Argentina, 1993.
- Constitución Política de los Estados Unidos Mexicanos. (Comentada) UNAM, México, 1985.
- Cruz Prados, Alfredo. *Historia de la filosofía contemporánea.* Eunsa. España, 1991.
- Chalmers, David. *La mente consciente. En busca de una teoría fundamental.* Gedisa. 1999.
- Chalmeta Olaso, Gabriel. *Ética especial. El orden ideal de la vida buena.* Eunsa. España, 1996.
- Changues, Jean Pierre. *El hombre neuronal.* Espasa Calpe. 1985.
- Damasio, Antonio. *El error de Descartes.* Crítica. España, 2006.
- ---------------------. *En busca de Spinoza. Neurología de la emoción y los sentimientos.* Crítica. España, 2009.
- ---------------------. *La sensación de lo que ocurre. Cuerpo y emoción en la constitución de la conciencia.* Debate, 2001.
- De Aquino, Tomás. *Tratado de la ley. Tratado de la justicia. Gobierno de los príncipes.* Porrúa. México, 2000.
- --------------------. *Suma contra los gentiles.* Porrúa. México, 1998.
- De la Fuente Ramón. *Psicología médica.* FCE. México, 2008.
- ---------------------. *Nuevos caminos de la psiquiatría.* FCE. México, 1992.
- ---------------------. *La patología mental y su terapéutica I y II.* FCE. México, 2005 y 2006.
- ----------------------- y Álvarez Leefmans, Francisco Javier. *Biología de la mente.* FCE. México, 2006.
- Diccionario de Filosofía Heder-cd. España.
- Dussel, Enrique. *Debate en torno del discurso de Apel. Diálogo filosófico norte-sur desde América Latina.* Siglo XXI. UAM-I. 1994.
- Eco, Humberto y Carlo María, Martín. *¿En qué creen los que no creen?* Taurus. México, 2002.

- Forment, E. *El problema de Dios en la metafísica.* PBU. Barcelona, 1986.
- Gadamer, Hans-Georg. *Verdad y método I y II.* Sígueme. España, 2004-2005.
- García Alonso, Luz. *El hombre: su conocimiento y libertad.* Universidad Anáhuac del Sur- Porrúa. México, 2000.
- García, Dora Elvira. *Variaciones en torno al liberalismo. Una aproximación al pensamiento político de John Rawls.* Galileo-Universidad Autónoma de Sinaloa. México, 2001.
- García Maynez, Eduardo. *Ética.* Porrúa. México, 1966.
- ---------------------------. *Filosofía del derecho.* Porrúa. México, 1980.
- García Ramírez, Sergio. *Delincuencia organizada. Antecedentes y regulación penal en México.* Porrúa. México, 2005.
- Gilson, Étienne. *La unidad de la experiencia filosófica.* Rialp. España, 1998.
- González Ángel, Luis. *Teología natural.* Eunsa. España, 2000.
- Goldberg, Elkhonon. *El cerebro ejecutivo. Lóbulos frontales y mente civilizada.* Crítica, 2002.
- Gutiérrez Sáenz, Raúl. *Introducción a la ética.* Esfinge. México, 2000.
- -----------------------. *Introducción a la filosofía.* Esfinge. México, 2003.
- -----------------------. *Introducción a la antropología filosófica.* Esfinge. México, 2000.
- Habermas, Jürgen. *Facticidad y velidez. Sobre el derecho y el Estado democrático de derecho en términos de teoría del discurso.* Trotta. España, 1998.
- --------------------. *Escritos sobre moralidad y eticidad.* Paidós. España, 1998.
- --------------------. *Aclaraciones a la ética del discurso.* Trotta. España, 2000.
- --------------------. *Teoría de la acción comunicativa I. Racionalidad de la acción y racionalización social.* Taurus. España, 1998.
- --------------------. *Teoría de la acción comunicativa II. Crítica de la razón funcionalista.* Taurus. España, 1998.
- --------------------. *Pensamiento postmetafísico.* Taurus. México, 1990.
- --------------------. *El discurso filosófico de la modernidad.* Taurus. España, 1989.
- --------------------. *Fragmentos filosóficos-teológicos. De la impresión sensible a la expresión simbólica.* Trotta. España, 1999.
- -------------------- y Ratzinger, Joseph. *Entre razón y religión.* FCE. México, 2008.
- Hans, Kelsen. *Teoría pura del derecho.* Ediciones Peña. México, 2001.
- Heidegger, Martin. *Nietzsche I y II.* Destino. España, 2001.

- --------------------. *El ser y el tiempo*. FCE. México, 2000.
- Herrendorf, Daniel E. *El poder del policía en un sistema de derechos humanos*. INACIPE. México, 1990.
- Hernández Prado, José. *La filosofía del sentido común. Thomás Reid*. UAM-AZCAPOTZALCO. México, 2003.
- Hervada, Javier. *Introducción crítica al derecho natural*. Editorial de Revistas, S.A., México, 1985.
- Hirschberger, Johannes. *El Dios de los filósofos* en Kutchski, Norbert. *Dios hoy ¿problema o misterio?* Sígueme. Salamanca, 1967.
- Hobbes, Thomas. *Leviatán. O la materia, forma y poder de una república ecelesiástica y civil*. FCE. México, 1984.
- Humphrey, Nicholas. *Una historia de la mente. La evolución y el nacimiento de la conciencia*. Gedisa. 1995.
- Ian Taylor, Paul y Jock Young, Walton. *Criminología crítica*. Siglo XXI. México, 1985.
- Jaspers, Karl. *La filosofía*. FCE. México, 1996.
- --------------. *Psicopatología general*. FCE. México, 2001.
- Johnson, Mark. *El cuerpo en la mente. Fundamentos corporales y del significado, la imaginación y la razón*. Debate. 1991.
- Kandel, Eric. Schwartz, James. Jessel, Thomas. *Principios de neurociencias*. Mc Grawn Hill-Interamericana. 2001.
- Kamachandran, Vilayanur. *Fantasmas en el cerebro. Los misterios de la mente al descubierto*. Debate. 1999.
- Kant, Manuel. *Fundamentación de la mefítica de las costumbres. Crítica de la razón práctica. La paz perpetua*. Porrúa. México, 2003.
- Kierkegaard, Sören. *Tratado de la desesperación*. Tomo. México, 2002.
- Kuhn, T.S. *La estructura de las revoluciones científicas*. FCE. México, 1986.
- Küng, Hans. *Ser cristiano*. Trotta. Madrid, 2003.
- --------------. *¿Existe Dios?* Trotta. Madrid, 2005.
- --------------. *Reivindicaciones de una Ética mundial*. Trotta. España, 2002.
- --------------. *Vida eterna*. Trotta, España, 2007.
- Lévinas, Emmanuel. *Totalidad e infinito*. Ediciones Sígueme. España, 2002.
- --------------------. *Dios, la muerte y el tiempo*. Cátedra. España, 2005.
- --------------------. *La teoría fenomenológica de la intuición*. Sígueme. Salamanca, 2004.
- LeDoux, Joseph. *El cerebro emocional*. Ariel-Planeta. 1999.
- López Portillo Romano, Paulina. *Libertad o poder. Ensayo en torno a Nietzsche, Heidegger y Levinas*. Taurus. México, 1997.

- ----------------------------------. *El horror.* Ediciones Coyoacán, México, 2000.
- Luis González, Ángel. *Teología natural.* Eunsa. España, 2000.
- Llano, Alejandro. *Gnoseología.* Eunsa. España, 1998.
- Macedo de la Concha, Rafael. *Delincuencia organizada.* (Coordinador) INACIPE. México, 2004.
- Marchiori, Hilda. *Psicología criminal.* Porrúa. México, 1985.
- Marinoff, Lou. *Más Platón y menos Prozac.* Sine qua non. España, 2005.
- Maritain, Jaques. *Humanismo integral.* Lohlé-Lumen. Argentina, 1996.
- Martínez Garmelo, Jesús. *Policia nacional investigadora del delito.* Porrúa. México, 2003.
- Martínez Sierra, Alejandro. *Antropología teológica fundamental.* BAC. Madrid, 2002.
- Mason, Richard. *The God of Spinoza.* Cambridge University Press, 1997.
- Mc. Intosh, Mary. *La organización del crimen.* Siglo XXI. México, 1981.
- Melendo, Tomás. *Introducción a la filosofía.* Eunsa. España, 2001.
- Millán Puelles, Antonio. *Fundamentos de filosofía.* Rialp, España, 1981.
- Monreal Maldonado, Sarah. *Ensayo de metafísica sistemática.* Universidad Pontificia de México. México, 1998.
- Nietzsche, Friedrich. *Obras inmortales 1. Crónica biográfica. Crónica Wagneriana. Crónica bibliográfica. El viajero y su sombra. La gaya ciencia. El anticristo.* Edicomunicaciones. España, 2000.
- ----------------------. *Obras inmortales 2. Así hablaba Zaratustra. Más allá del bien y del mal.* Edicomunicaciones. España, 2000.
- ----------------------. *Obras inmortales 3. Aurora. El origen de la tragedia. El crepúsculo de los ídolos.* Edicomunicaciones. España, 2000.
- ----------------------. *Obras inmortales 4. Ecce Homo. Humano demasiado humano I. Humano demasiado humano II. Opiniones y sentencias diversas.* Edicomunicaciones. España, 2000.
- ----------------------. *La voluntad de poderío.* Edad. España, 1999.
- Ocampo Ponce, Manuel. *Las dimensiones del hombre. Un estudio sobre la persona humana a la luz del pensamiento filosófico de Santo Tomás de Aquino.* Edicep. España, 2002.
- Ortega y Gasset, José. *¿Qué es filosofía? Unas lecciones de metafísica.* Porrúa. México, 1998.
- Osho. *Madurez. La responsabilidad de ser uno mismo.* Planeta de Agostini. México, 2008.

- Pavón Vasconcelos, Francisco. *La causalidad en el delito.* Porrúa. México, 1983.
- Pérez Valera, Victor Manuel. *Ser más humano. Reflexiones sobre ética y derecho.* Porrúa-Universidad Iberoaméricana. México, 2005.
- Pinatel, Jean. *La sociedad criminógena.* Aguilar. España, 1979.
- Pinker, Steven. *¿Cómo funciona la mente?* Destino, 2001.
- Pitch, Tamar. *Teoría de la desviación social.* Nueva Imagen. México, 1980.
- Platón. *La república. Las leyes.* Edimat. Libros. España, 2001.
- Popper, R. Karl. *El cuerpo y la mente.* Paidós. España, 1997.
- ------------------. *La responsabilidad de vivir. Escrito sobre política, historia y conocimiento.* Paidós. España, 1995.
- ------------------. *La lógica de la investigación científica.* Tecnos. España, 2004.
- ------------------. *Conocimiento objetivo.* Tecnos. España, 2005.
- ------------------. *Los dos problemas fundamentales de la epistemología.* Tecnos. España, 1998.
- Procuraduría Gneral de la República. *Código de ética profesional para los agentes federales del Ministerio Público y de la Policía Judicial.* México, 1983.
- Rawls, John. *Teoría de la justicia.* FCE. México, 1997.
- -------------. *Liberalismo político.* FCE. México, 2003.
- Reale, Giovanni y Antiseri, Darío. *Historia del pensamiento filosófico y científico. III. Del romanticismo hasta hoy.* Herder. España, 1995.
- Rico, José María. *Policía y sociedad democrática.* Alianza Universidad. España, 1983.
- Rodríguez Luño, Ángel. *Ética general.* Eunsa. España, 1998.
- Roxin, Clauss. *Evolución y Modernas Tendencias de la Teoría del Delito en Alemania.* Traducción Miguel Ontiveros Alonso. UBIJUS-IFP. México, 2008.
- Ruiz José Luis. *Política y administración de la seguridad pública en el Distrito Federal, 1995-1997.* Tesina. UNAM-FCPyS. México, 1998.
- ----------------. *El bien común en la policía, la justicia y la gobernabilidad. Una aproximación jurídica política desde Santo Tomás de Aquino.* Edición personal. México, 2010. ISBN: 978-607-00-2882-3
- ----------------. *Ética para policías. Un cambio en la conciencia policial.* Edición personal. México, 2008. SEP-INDAUTOR: 03-2008-041613115000-01
- San Agustín. *La ciudada de Dios.* Porrúa. México, 2002.
- -------------. *Confesiones.* Porrúa. México, 2002.
- Sánchez Vázquez, Adolfo. *Ética.* Grijalvo. México, 1969.

- Safir, Howard. *Tolerancia cero. Estrategias de combate al crimen en las grandes ciudades.* Plaza y Janés. México, 2004.
- Sartori, Giovanni y Gianni, Mazzoleni. *La tierra explota.* Taurus. España, 2003.
- Savater, Fernándo. *Ética para Amador.* Ariel. España, 2005.
- Scheler, Max. *El puesto del hombre en el cosmos.* Losada. Argentina, 1997.
- ----------------. *Muerte y supervivencia.* Encuentro. España, 2001.
- Schopenhauer, Arthur. *La sabiduría de la vida. En torno a la filosofía. El amor, las mujeres, la muerte y otros temas.* Porrúa. México, 1998.
- -----------------------. *El mundo como voluntad y representación.* Porrúa. México, 2003.
- Solis Quiroga, Héctor. *Sociología criminal.* Porrúa. México, 1985.
- Stein, Edith. *Ser finito y ser eterno. Ensayo de una ascensión al sentido del ser.* FCE. México, 2004.
- Strawson, Galen. *La realidad mental.* Prensa Ibérica, 1997.
- Szabó, Denis. *Criminología y política en materia criminal.* Siglo XXI. México, 1985.
- The Urantia Book. Chicago, 1955, 2002.
- Toynbee, A.J. *An Historian's Approach to Religion.* London, 1956.
- Vattimo, Gianni. *La secularización de la filosofía.* Gedisa. España, 1998.
- Wald, Robert. M. *Espacio, tiempo y gravitación. La teoría del hing-bang y los agujeros negros.* FCE. México, 1998.
- Wilson, Edwaed O. *Consilience. La unidad de conocimiento.* Galaxia-Gutemberg. Círculo de lectores. 1999.
- Wittgenstein, L. *Investigaciones filosóficas.* Barcelona. 1988.
- -----------------. *Tractatus logico-philosophicus.* Alianza Editorial. España, 2009.
- Verneaux, Roger. *Filosofía del hombre.* Herder. España, 1998.
- Yánez Romero, José Arturo. *La policía de investigación: entre las técnicas de investigación y las pruebas judiciales.* UBIJUS-IFP. México, 2010.
- ------------------------------. *El modelo institucional de la policía federal investigadora.* INACIPE. México, 2006.
- Yarza, Iñaki. *Historia de la filosofía antigua.* Eunsa. España, 2000.
- Yepes Stork, Ricardo y Aranguren Echavarría, Javier. *Fundamentos de antropología. Un ideal de la excelencia humana.* Eunsa. España, 1999.
- Zubiri, X. *El hombre y Dios.* Alianza. Madrid, 2003.
- ----------. *El problema filosófico de las religiones.* Alianza. Madrid. 1993.